视 觉 历 史

东线战场
从巴巴罗萨行动到攻克柏林

邓肯·安德森（Duncan Anderson）

[英] 劳埃德·克拉克（Lloyd Clark）　　著

斯蒂芬·华尔什（Stephen Walsh）

李清站 等 译

THE EASTERN FRONT
Barbarossa, Stalingrad, Kursk, Leningrad, Bagration, Berlin

上海三联书店

图书在版编目（CIP）数据

东线战场：从巴巴罗萨行动到攻克柏林/（英）邓肯·安德森，（英）劳埃德·克拉克，（英）斯蒂芬·华尔什著；李清站等译．—上海：上海三联书店，2024.1 重印
（视觉历史）
ISBN 978-7-5426-7127-1

Ⅰ．①东… Ⅱ．①邓… ②劳… ③斯… ④李… Ⅲ．①第二次世界大战战役—史料
Ⅳ．① E195.2

中国版本图书馆 CIP 数据核字（2020）第 147265 号

著作权合同登记号　图字：01-2020-601 号

东线战场
从巴巴罗萨行动到攻克柏林

著　　者 / ［英］邓肯·安德森　劳埃德·克拉克　斯蒂芬·华尔什
译　　者 / 李清站　等

特约编辑 / 舒　沁
责任编辑 / 李　英
装帧设计 / 西风文化
监　　制 / 姚　军
责任校对 / 张大伟　王凌霄

出版发行 / 上海三联书店
　　　　　（200030）中国上海市漕溪北路 331 号 A 座 6 楼
邮购电话 / 021-22895540
印　　刷 / 固安兰星球彩色印刷有限公司

版　　次 / 2021 年 1 月第 1 版
印　　次 / 2024 年 1 月第 3 次印刷
开　　本 / 710×1000　1/16
字　　数 / 328 千字
印　　张 / 20
书　　号 / ISBN 978-7-5426-7127-1/E·11
定　　价 / 88.00 元

敬启读者，如发现本书有印装质量问题，请与印刷厂联系 0316-5925887

CONTENTS 目 录

CONTENTS 目 录

5

斯大林格勒战役   **115**

> 争夺斯大林格勒的战役是整个东线战场的焦点。希特勒的筹码不断加重，而崔可夫的第62集团军则英勇不屈、浴血奋战。

6

南方决战   **145**

> 在斯大林格勒之战激战正酣之际，德国A集团军群却继续在高加索地区过度扩展战线，因而当斯大林派兵出击之时，南方的整个德军阵线迅即陷于崩溃的危险之中。

CONTENTS 目 录

7
THE EASTERN FRONT

库尔斯克之战及其后果   169

> 对德国国防军来说，在库尔斯克突出部实施的代号为"堡垒"的攻击行动是夺取东线主动权的最后机会，它的失败将彻底粉碎德军夺取胜利的最后希望。

8
THE EASTERN FRONT

冬季风暴   205

> 库尔斯克攻势失败后，德国国防军的战斗力遭到了严重削弱。苏军最高统帅部不失时机地利用了这一点。

1

"巴巴罗萨"计划的准备

希特勒在波兰、挪威、低地国家、法国和巴尔干地区的军事行动相继获胜后，把目光投向了苏联。

"巴巴罗萨"计划是历史上规模最大的军事行动，它在东线引发了苏德之间持续近四年之久的战争。它不仅空前激烈，其野蛮程度和破坏性在战争结束的多年之后依然让世人震惊。在军事研究方面，东线战场的战斗吸引着来自全世界的学者。虽然苏联准备不足，却承受住了德军在1941年的进攻，并且逐渐而彻底地击败了侵略者。这一历程不仅在世界历史上占有重要地位，而且对学术界和当代军事研究具有重要的学术价值。

德国人无力回天，无法实现"巴巴罗萨"计划的作战目标，标志着第二次世界大战的一个重大转折。无法迅速战胜拥有丰富资源的苏联使德国人不得不面对一场持久战。事实证明阿道夫·希特勒企图击败苏联的想法是一个彻头彻尾的梦想，但是希特勒在1941年实施这一计划确实有一些不得已的因素。

"巴巴罗萨"计划失败的一个最主要的原因首先可以从希特勒对进攻计划的诸多调整说起。为了实现其政治目的，希特勒从不耻于使用他在20世纪30年代苦心经营起来的战争机器，但当需要在苏联满足其野心的时候，德国的武装力量以及支持它们的经济基础都显得严重不足。

生存空间的要求

希特勒梦想缔造一个从大西洋海岸到乌拉尔山的自给自足的千年帝

↑1941年，希特勒与助手们在武装部队指挥参谋部商讨作战计划。希特勒在二战中屡次忽视其将领们的建议，固执于实施自己的战略计划。希特勒左边的是总参谋长哈尔德，右边是冯·勃劳希契，照片最左边是凯特尔

国，这个帝国必须夺取东方的生存空间，因为东方有着对千年帝国至关重要的农业和经济基础。

苏联与匈牙利和苏台德地区不同，对匈牙利和苏台德地区，德国军队只需侵入占领就可达到目的。苏联也不像法国、波兰和那些低地国家，它们的武装抵抗可以被德国迅速粉碎。这是一个完全不同的国家，具有持久作战的潜力，对它的任何进攻都将是一场规模空前的持久战，这样的现实要求德国军方速战速决。同时不能忽视的是，德国入侵苏联还需要"净化"那些即将成为第三帝国领土的地区，所以在铲除共产主义的同时，纳粹在意识形态上要求清洗数百万斯拉夫人和犹太人。这对德国庞大的军事目标来说是一种冒险，将造成兵力和资源的分流。

希特勒在"巴巴罗萨"计划中要实现的目标太多，而计划的成功与否对于第三帝国的未来生死攸关。征服苏联是一个极其冒险的行动，如果失败，希特勒统治欧洲的梦想将化为泡影。

希特勒的信心

希特勒虽然十分清楚"巴巴罗萨"计划将有许多难以克服的障碍，但

他对实现这一目标却信心百倍。在刚刚取得一系列胜利之后，他深信德军是世界上最优秀的部队，其组织严密、士气高涨，具备轻松粉碎任何抵抗的作战方法和武器装备。1940年4—5月，德军在短短6周内就完成了对法国和低地国家的征服，希特勒大大增强了对陆军和空军的信心，对他们完成作战任务的能力深信不疑。

这些胜利似乎肯定了德国人的作战策略，即通常被称为"闪击战"。闪击战主要是通过装甲师的快速运动包围敌军，再与随后赶到的步兵共同将之歼灭。同时，空军通过强大的空中掩护、支援、运输来配合装甲部队和步兵作战。一个战场上的胜利将有力地支援另一个战场上的战斗，先取得军事行动上的胜利，继而是整个战略上的胜利。德军的目的就是快速并且果断地歼灭敌军，但歼灭战所需时间的长短取决于不同的因素。这些因素包括自然的地理特征、防守敌军的兵力及距离目标的远近。毫无疑问，苏联红军要比1940年的德军规模庞大，但希特勒并不十分看重这些，他所倚重的不是数量而是质量。通过对对手的研究，他获取了这样的信心。

苏联的弱点

1941年的苏联军队仅仅是红军从前的影子和躯壳。在20世纪30年代初

↓德军士兵搬开波兰边界的路障。1939年《苏德互不侵犯条约》签订后，希特勒可以放手入侵波兰而不必再担心来自苏联的进攻

期和中期，苏联红军是一支极具战斗力的部队，并且拥有20世纪中一些最伟大的军事理论家，但是它的强大也成为它的弱点。斯大林开始在部队军官中排除异己，这种做法严重影响了军队的战斗力。斯大林的"肃反"运动在1937—1938年达到高潮，并一直持续到苏德战争爆发的前夕，结果使30 000多名军官被判入狱，他们或在狱中受尽折磨或被处决。苏联5位元帅中的3位（包括红军总参谋长图哈切夫斯基，他于1937年以叛国罪被处死），几乎所有部队和集团军的指挥官、大多数的师级和旅级指挥官，以及半数的团级指挥官都遭受了迫害。

陈旧的装备

这一时期，苏联在新型武器装备的征购方面也受到了影响。虽然苏联有数以千计的坦克，但绝大部分都已十分陈旧，而现代化的KV−1型和T−34型坦克只有不足2 000辆。截至1941年6月，红军虽然有21个机械化军（每一个军包括两个坦克师和一个摩托化步兵师），但他们都没有得到良

↓入侵波兰的过程中，德国士兵在大炮和坦克的掩护下穿过华沙街道。虽然英国和法国已经对德宣战，但他们没有援助波兰，波兰之战不到一周就结束了

↑波兰和德国指挥官在1939年讨论华沙的受降问题

好的训练，并且缺乏诸如电台、卡车、有效的空中保障等最基本而至关重要的武器装备。部署在苏联欧洲领土上的9 500架飞机大部分都已过时。在1939年11月到1940年3月与芬兰进行的冬季战争中，装甲部队的危机表现得格外突出。在这一战争中，红军有4.9万人丧生，15.8万人受伤。

斯大林的整肃降低了装甲部队的士气，使之无法获得战场主动权，从而也就无法实施已经确立的复杂的作战方针，同时也使苏军组织涣散，无法抵御希特勒发动的进攻。希特勒自然很高兴看到这些。苏联经济因工业革命正处于转型中，它的虚弱令希特勒更是幸灾乐祸。

农业由于实行集体农庄制，大批的劳动人口被迁移到西伯利亚、乌拉尔和哈萨克斯坦，为当地的新兴工业提供劳动力。正如在军队中那样，苏联共产党强有力的控制已经深入到苏联社会的方方面面，并非只有希特勒才能看到苏联面对大规模进攻所表现出的防御能力的严重不足，这样的形势也不可能躲过斯大林的眼睛。苏联在苏芬战争后开始了包括释放一些有才干的军官的军事改革，但损失已经无可挽回，所以苏联迫切需要时间来对这种状况进行补救。斯大林在1939年8月23日与德国签订了《苏德互不侵犯条约》，排除了10年之内苏德两国之间发生军事冲突的可能。回顾过去，这个协定看起来似乎有些天真，但我们应该注意，直到20世纪50年代初，斯大林都不相信条约可以阻止德国的入侵，斯大林仅仅希望这个条约能提供一些宝贵的时间来振兴苏联的军事力量。

不祥的征兆

第一次世界大战中德军攻入比利时和法国后陷入了僵持状态，斯大林希望这一幕再次在西线上演，因为西线的持久战对苏联非常有利，它可以削弱德国，使其变得不堪一击。因此1940年初夏，希特勒在西线的迅速胜利对斯大林来说无疑是一个打击，但他从1939年8月23日签署的《苏德互不侵犯条约》中一项秘密协议中也得到了一些安慰。双方在这项秘密条款中商定瓜分波兰，1939年9月完成了对波兰领土的瓜分。在斯大林看来，波兰对苏联的战略意义越来越重要，它在未来的苏德战争中将发挥极其重要的作用。

"巴巴罗萨"计划

德国人知道，入侵苏联将是对他们军事实力的全面考验。希特勒认为对苏联作战的最佳时机是1941年，尽管德国的经济在那时还没有全面振

↓在1939—1940年的冬季战争中，芬兰部队部署了BT-5轻型坦克来抵御苏军。斯大林对入侵战争的错误指导不仅给苏军带来了45 000人的伤亡，而且引起了芬兰人的仇恨，致使在以后的"巴巴罗萨"行动中芬兰与德军并肩作战

←KV-1重型坦克是苏军中少数几种设计精良的坦克之一

兴，但是给斯大林更多的时间只会使苏联变得更为强大。希特勒要不惜一切代价竭力避免在苏联腹地的消耗战。考虑到苏联会随着时间的推移而变得越来越强大，他决定尽快发动进攻。这种速战速决式的战争符合德军的作战方法和德国的经济状况，也符合希特勒的心态。

德国入侵苏联的计划建立在战争开始后数周内迅速消灭苏军部队的基础上。实际上，希特勒在1940年12月18日的第21号指令中就提道："驻扎在西部边境的大部分苏军部队将由德军装甲部队以大胆的纵深穿插为特点的军事行动予以消灭，随后阻止那些仍具备战斗力的部队向纵深撤退，必须要不遗余力地追剿敌军。"

倘若如此，苏联红军170个师中的大部分将必须在最初的370千米的范围内被歼灭，并且时间必须限定在6周之内。德军在进攻中要阻止苏军撤退，否则就会使自己陷入持久战的泥潭之中。

希特勒的方案造成了许多军事上的问题，众多将领都表示反对。陆军总参谋长弗朗茨·哈尔德上将、陆军司令沃尔特·冯·勃劳希契元帅以及即将参加这一行动的指挥官之一格尔德·冯·龙德施泰特都对入侵计划抱有很大的怀疑。1941年5月，龙德施泰特将军对他的同事吐露：

与苏联的这场战争是一个荒唐的想法，我看不到任何好的结

↑苏芬战争中的红军战士，他们装备的是M1891-30式7.62毫米口径步枪，身穿的制服可以追溯到20世纪初

↑《苏德互不侵犯条约》的谈判代表之一莫洛托夫（中）和斯大林（右）在一起

局。如果由于政治的原因这场战争确实不可避免，那么我们必须面对这样一个事实，即无法指望在仅仅一个夏天就取得胜利。只要看一看作战的距离就可以知道，我们不可能在短短几个月内击败敌人，征服从波罗的海到黑海的整个西俄罗斯。我们应当准备一场长期的战争，通过按部就班的方式达到预定的目的。

首先，需要建立一个强大的北方集团军群来攻占列宁格勒及其周围地区，这将使我们与芬兰建立联系，消灭波罗的海的苏联舰队并且增强德国在斯堪的纳维亚的影响。中央集团军群和南方集团军群应当沿敖德萨—伊尔门湖一线前进。那么，如果我们在今年有足够的时间，北方集团军群就可以从列宁格勒向东南方向的莫斯科进攻，中央集团军群可以同时向莫斯科进军。所有进一步的作战行动都应当被推迟至1942年，届时我们可以根据具体的形势制订新的计划。

希特勒置若罔闻

　　然而，希特勒拒绝考虑这些经验丰富的将领的反对意见，并且制订了自己的具体计划。为发动进攻，德军部队被分为三个集团军群，南方集团军群向普里皮亚特沼泽以南（明斯克和基辅之间）进发，由格尔德·冯·龙德施泰特指挥，他的主要任务是夺取基辅并且进入乌克兰至第聂伯河一带。部队包括第1装甲集群、第6集团军、第11集团军和第17集团军，还有一个匈牙利集团军、两个意大利集团军和两个罗马尼亚集团军提供支援。而德国大部分的装甲部队都集中于部署在普里皮亚特沼泽以北的北方集团军群中，它由陆军元帅威廉·里维尔·冯·勒布指挥，包括第18集团军、第16集团军和第4装甲集群。陆军元帅费多尔·冯·博克所指挥的中央集团军群由第9集团军、第4集团军和在北部提供装甲支援的第3装甲集群以及在南部的第2装甲集群组成。北方集团军群要穿过波罗的海国家与由中央集团军群提供的装甲部队一起夺取列宁格勒，同时50万芬兰部

↓苏联和德国军官走出比亚韦斯托克的会场，会议讨论了1939年联合入侵波兰后的边界划分问题

希特勒和古德里安视察战场的过程中，在波兰检阅德军。古德里安被称作德国闪击战之父，他在入侵法国以及以后入侵苏联的战役中扮演重要角色

苏联BA-10型装甲车

↑虽然装备了37毫米（1.46英寸）口径火炮的重型火力，但大量的苏联BA-10型装甲车仍被德军击毁

队也将越过边界向苏联旧都的北部进军。

希特勒在这一阶段特别热衷于征服波罗的海国家和夺取列宁格勒，中央集团军群将向斯摩棱斯克进军，以它的装甲部队包抄敌军，并在两个包围圈中分别歼灭敌军。其中一个包围圈在比亚韦斯克；另一个在明斯克，从这种意义上来说，苏军将被歼灭于白俄罗斯。中央集团军群夺取斯摩棱斯克后的另一个目标是莫斯科，它是苏联的政治、经济和交通中心，同时也是苏军最高统帅部的所在地。进军莫斯科可以消灭残余的苏联部队，占领敌人的权力中心，但莫斯科并没有被希特勒认可为"巴巴罗萨"计划中的一个具体目标。考虑到首批行动后的形势变化，入侵的最终目标被故意定得比较模糊，这样就可以避免陆军和空军在战争开始后仍采取一些已经不再适应形势的行动。尽管希特勒的目的是通过一场战役就让苏联人屈服，但出现的问题往往与计划相冲突而且越积越多，即使可以随机应变，也不能帮助他的指挥官们及时解决。而"巴巴罗萨"行动要想获得成功，这些问题就必须得到解决。

德军面临的问题

←希特勒的外交部部长约阿希姆·冯·里宾特洛甫

在"巴巴罗萨"计划的准备过程中，即将实施进攻的军官们对德国陆军和空军面临的困难一清二楚，但希特勒却并未给予足够的重视，他心

→→德军继续向东进军之前，在苏联一个村庄的井口给他们的水壶加水。步兵运输工具的缺乏将严重影响部队的前进

↓等待德国侵略者的道路。苏联的公路夏天布满灰尘而且路面条件极差，春秋两季则根本无法通行，没有任何铺设石子的路面，这将在战争中对德军的后勤供给产生极大的影响

中充满的是战胜法国后与日俱增的信心。1940年对法国的征服似乎证实了闪击战和包围战的效用，但它只是在近距离同敌人作战，德军并没能对之进行有效的测试，帮助希特勒客观地评估出德国战争机器的作战能力。相反，从阿登海峡到英吉利海峡的快速推进掩盖了德军作战策略的诸多弱点。到1941年6月，这些问题仍然没有得到纠正，它们将在入侵苏联时急速恶化。

希特勒入侵苏联，使德国的军事决策者和指挥官面临了三大挑战：时间、地理和距离。当他们考虑作战行动时间表的时候，时间并不掌握在他们手中。就像1812年拿破仑所发现的那样，俄罗斯从11月到次年5月的气候不适宜于军事行动，而德军需要的则是速战速决。从地理上来说，西俄罗斯的地形以普里皮亚特沼泽为主，这意味着南方集团军群在前进中将不可能得到已深入北方的部队的支援，除非他们远远地跨过基辅。

由于时间和俄罗斯西部地理条件的限制，德军的长途跋涉在所难免。例如，莫斯科距华沙约1 609千米，如果列宁格勒和罗斯托夫都需要部队，

→→直到1941年的最初几个月，斯大林都在努力扩充苏联的装甲部队，并使之实现摩托化，但是许多部队使用的武器装备依然十分陈旧

↓与德国人的宣传相反，德国国防军的大部分部队即使到1941年夏天也没有实现摩托化，许多部队只能依靠马匹作为动力

这将形成一条长达1 931千米的战线。这样的距离将给德军的后勤指挥官带来极大的困难——当德军向俄罗斯纵深推进的时候，后勤供给将向何地运送及从何时运送？他们不仅要计算出补给储备基地与前线的距离，而且要考虑这些补给以什么方式来运输。但他们得出的结论却丝毫未能动摇雄心勃勃的希特勒做出的决定。

苏联后方薄弱的基础设施意味着，德国人要想取得他们以前在闪击战中的速度和冲击力是不可能的，因为苏联的后方几乎没有石子路，夏季尘土很可能给装甲车的发动机带来问题；秋季的烂泥将是行军中潜在的又一大障碍；冬季的严寒很可能使整个作战行动陷入停顿。在这种情况下铁路网将成为德军的运输动脉，但是苏联的铁路与德国的铁路规格不同，所以德国人不得不铺设自己的轨道。这是一个极为艰巨的任务，对于战争的胜利有着相当重要的意义。

机械化装备的匮乏

一些后勤专家指出，单单机械化装备的缺乏就足以导致德军在战场上

的失利。德军不仅没有足够的车辆把供给从铁路线的终点运送到需要补给的地方，而且橡胶、石油和备用物资存在着长期的短缺，这些物资对于制造部队急需的2 000种不同类型的车辆必不可少，而中央集团军群估计他们向前推进的同时需要100万辆额外的车辆。另一个值得关注的原因是只有10%的部队（主要是装甲师）达到了摩托化的运输程度，而他们极有可能在俄罗斯广袤的土地上与其身后的步兵师失去联系。这个问题已经在入侵法国的战斗中出现过，但相对来说在西欧作战距离较近，对敌人实施的包抄并不多，从而减少了潜在的可能遇到的困难。但是在苏联，前线与作战目标之间距离遥远，加上还要对敌军实施包围，这将导致德军出现两种推进速度，从而使供应问题更加严重。

　　这些问题并非德军作战计划的制订者善于解决的，而问题的严重性还导致了一个严肃的问题，即德军是否真的有能力仅仅通过一场战役就击败苏联？尽管如此，希特勒仍决心在1941年入侵苏联。面对称雄整个欧洲的

↓在苏联，许多新工厂建立起来为不断壮大的红军生产坦克。图中，KV-1重型坦克正在驶下生产线

诱惑，他信心百倍地要求立即开始行动。

部署和意外

曾经有人宣称，苏联在1941年春曾计划对德国发动先发制人的进攻，但尚无证据证明。不过的确有一些方案提交给了最高统帅部，要求趁德军部署混乱、组织涣散的时候发动进攻，但是最高统帅部始终没有做出决定，从而使斯大林很快错失良机。考虑一下当时红军的状况，这显然不足为奇，因为苏军当时没有能力发动一场战争。相反，1941年年初，苏联沿新边界所做的前沿部署并没有考虑他们应当从德国的作战策略中可以吸取的经验和教训。北方战线主要是防御向波罗的海国家发动的进攻以及芬兰对列宁格勒的进攻，而西北、西部和西南方面军的部署是为了防御德国的三大陆军集团军；南方面军则是为了应付敌军向敖德萨的进攻。这些部署并没有引起德国人的注意，更不用说让德国人感到斯大林将会发动进攻

↓1941年，德军Ⅲ型坦克越过南斯拉夫边境。德国入侵南斯拉夫和希腊分散了希特勒计划入侵苏联的精力，占用了德国人在苏联冬季到来之前打败斯大林的部分可用时间

了，特别是斯大林的态度已经很明确：他无意与柏林对抗。

　　德国人开始进攻部署的时候，要想成功地隐藏他们的位置或隐瞒他们的意图几乎是不可能的。但是希特勒却仍努力制造一种假象，使部队的部署看起来只是为了迫使斯大林回到谈判桌上来。斯大林十分清楚德国的进攻姿态对苏联是一种公然的威胁，但他认为德军在1942年春季以前发动进攻是不太可能的。1941年6月发动进攻对于德国的部队和经济来说太过仓促，而且若想在这一年中取得胜利已经太晚了，因为从10月开始气候条件将会急剧恶化。苏联和英国的情报部门得出了相反的结论，但是斯大林以不确切为由没有理会这些警告，未把它们传达给军队指挥官，使他们可以更充分地准备这一即将到来的袭击。斯大林对于这场迫在眉睫的战争并没有做太多的准备。通过整肃，他已经严重破坏了装甲部队的战斗力，而现在又对部队的部署进行干预，并且拒绝传达德军即将入侵的情报，所有这些都损害了国家的安全利益。

↓巴尔干战役是希特勒的另一重大胜利，但他需要一定的时间让这些部队来为"巴巴罗萨"行动作准备

即将遭到进攻的前夕，苏联红军还在忙于占领它在几个月前刚刚得到的波兰和波罗的海国家的新领土。他们发现自己并没有处于完全防守的境地，而且根本没有即将受到攻击的预兆。因为整肃，士兵士气低落，兵员严重不足，同时缺乏足够的装备。1941年6月，苏联的6个机械化部队中只有一个是整编的，而且四分之三的摩托化师没有坦克，五分之四的坦克部队的装备是陈旧落伍的。红军处于混乱之中，虽然它拥有绝对数量的人员和装备，但其质量低劣，无法进行战斗。与红军的500万名士兵和2.3万辆作战车辆相对的是350万名德军和3 300辆坦克。虽然知道人数并不占优势，但希特勒毫不畏惧，因为早在1940年，苏军就在除了飞机以外的各个方面都超过了德国。希特勒深知高昂的士气、丰富的经验、良好的装备和卓越的领导都有助于完成这一大胆的军事冒险，余下的问题就是这些优势能否摧毁苏联巨大的作战潜力了。

↓德国在波兰的机械化部队在举行入侵波兰一周年的纪念仪式。位于发言者两侧的是两门105毫米（4.13英寸）口径的加农炮

2

向东方推进

1941年6月22日凌晨，德军向毫无警觉的苏联部队发动了猛烈进攻，规模之大历史罕见，红军很快就陷入了困境。

在德军即将发动"巴巴罗萨"攻势之前，斯大林仍试图与希特勒达成和解以争取更多的时间。1941年6月21日晚，统帅部预感到一些事情将要发生。他们得到的报告显示，前线的德军异常活跃，随时准备进攻。此时，斯大林所做的只能是警告他的部队提防敌人的进攻。即使在德国人发动进攻后，斯大林仍然心存幻想，希望面临的危机可以通过政治方式得到解决。那天晚上，他在下达给边防指挥官的命令中写道：

> 1941年6月22—23日，德国将有可能偷袭列宁格勒前线、西部前线、基辅前线和敖德萨军区前线。我们部队的任务就是不要向任何可能导致事态恶化的挑衅让步，同时部队应当进入最高战备状态以对付德国及盟友的突然袭击。

警告已为时太晚

许多指挥官本来可以从这一命令中获益，但他们收到这一命令时已经太晚了，不可能做好充分的准备。有些指挥官收到这一命令后陷入了一片迷惘，不知当遇到敌军时他们到底应当怎么办。于是，当德国发动被希特

←←做好充分准备的德国部队在"巴巴罗萨"行动开始阶段穿过俄罗斯乡村。希特勒的战争要为德国人在东方夺取生存空间

勒称之为"全世界都会屏住呼吸"的进攻时，虽然情报为斯大林提供了一些可用的时间，但苏联军队由于缺乏准备，面对集结起来对付他们的德国装甲部队只能坐以待毙。

　　然而德国人在进攻前的数周和数月里并非都是事事遂愿。由于在巴尔干的持续战斗，春季的大雨造成的糟糕的路面状况，以及军事准备比预期有所延长，迫使希特勒把实施"巴巴罗萨"行动的时间推迟了五周。该计划在6月中旬将最后实施，但希特勒的许多指挥官对这一日期产生了较大疑虑，因为这进一步缩短了他们已经非常有限的时间，即在冬天到来之前必须完成作战任务。他们的考虑很有道理，而希特勒却仍雄心不减，因为350

↓正在发射炮弹的德国炮兵。经过大规模的空中和地面轰炸，苏军防线很难阻挡德军的进攻

万部队、数千辆坦克和车辆已经部署在从波罗的海到黑海之间长达2 000多千米的战线上，这些部队早已做好战斗准备处于待命状态。希特勒坚信"巴巴罗萨"行动将是迅速而不可阻挡的。

1941年6月22日凌晨3时15分，德军向苏联发起了进攻。炮弹像暴雨一般倾泻在苏军阵地上，攻击部队强渡河流，竭力制伏苏军的任何反击。战斗机、轰炸机和俯冲式轰炸机对苏军指挥部、通信中心、步兵和装甲部队集结地实施猛烈轰炸。为获得制空权，苏联机场也遭到轰炸。很快，德国空军就摧毁了苏军1 200架飞机——其中的绝大多数都没来得及起飞。德国空军获得了绝对的空中优势：苏军的任何反抗都会马上招致德国的空中打击而很快被粉碎。同时，装甲师迅速推进，对付惊慌失措的苏军。而被斯大林部署的成线性防御的部队秩序紊乱，不能随机应变主动出击。一切都不足为奇，第一天的进攻看起来证实了希特勒的观点："我们只需踢开屋子的大门，整个已经腐朽了的屋子构架将会轰然倒塌。"

德国的进攻引起了前线和克里姆林宫的恐慌，从而引发了最高统帅部和政治集团之间的激烈争论——面对德国的突袭，苏联应该怎么办？人们对形势的估计十分悲观，甚至有人提出要割让波罗的海国家、白俄罗斯和乌克兰来寻求和平。同时，外交部部长维亚切斯拉夫·莫洛托夫通过无线电广播向苏联人民宣布了德国入侵的消息。虽然形势严峻，他仍然作出

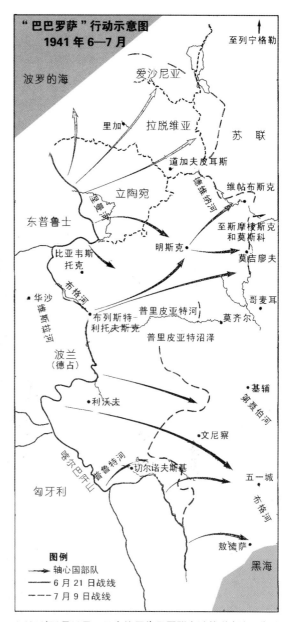

↑ 1941年6月22日，三个德国集团军群穿过苏联边境，发动了"巴巴罗萨"作战行动。希特勒的计划就是将战线一直推进到莫斯科东部。计划的第一阶段包括夺取基辅、斯摩棱斯克和列宁格勒。开始时一切进展顺利，德军在一系列的包围战中俘虏了成千上万名战俘。但希特勒决定分散向莫斯科进军的部队却付出了巨大的代价

了乐观的结论："我们的事业是正义的，敌人必将被击败，我们必将胜利。"德国的入侵令苏联举国震惊。

北方集团军群

从东普鲁士出发，向列宁格勒和波罗的海国家进攻的北方集团军群迅速瓦解了费多尔·库兹涅佐夫上将指挥的西北方面军。苏联第8集团军和第11集团军发现根本无法阻挡德国由埃里希·霍普纳上将指挥的第4装甲集群的攻势。最初三天中，由汉斯·莱因哈特将军指挥的第41摩托化军已经横扫了立陶宛。6月26日，埃里希·冯·曼施坦因将军的第56摩托化军在苏军还没来得及破坏掉道路和铁路桥之前就已经越过了德维纳河。德国的装甲部队在最初5天中以平均每天80千米的令人吃惊的速度向前推进。德军攻占里加后停顿下来，集结部队，等待格奥尔格·冯·屈希勒尔上将的第18集团军和布施将军的第16集团军的到来。由于装甲部队行军速度太快，步兵部队很难跟上它们的步伐，这是由于地理条件造成的结果。尽管如此，苏联的战线已经被瓦解，北方集团军群距列宁格勒只有一半的路程，而时间

↓党卫队帝国师的士兵于1941年6月22日经过苏德边境的界碑

仅仅过了几天。

　　到7月初，冯·勒布率领的北方集团军群已经做好了再次出发的准备。7月8日，勒布的先头部队开始攻取普斯科夫和奥波奇卡。同时，第18集团军向塔林（位于芬兰湾），第16集团军向伊尔门湖进军。一周后，装甲部队在苏军始料未及的情况下攻克了他们临时建立的防御阵地，随后跨过了卢加河。德国部队的速度和气势——近年来他们取胜的基本因素——在这一阶段仍然保持得相当好。苏军组织紊乱，连通往列宁格勒的各个路口都没有设防，因此德军向列宁格勒的进攻有很大的成功把握，但是速度是一个基本条件。在这种情况下，陆军总司令部（OKH）命令装甲部队暂停下来，重新编队和整修道路，这很出乎战场指挥官的意料。毕竟，第4装甲集群正在等待竭力前进的第16集团军和第18集团军。自"巴巴罗萨"计划实施以来，首次暴露出这样一个问题：德军取得的胜利越大，潜在的后勤供应困难就越大。这一时期，德军于7月17日夺取了戈多夫，27日拿下了塔尔士，接着攻占了芬兰湾上的昆达。8月8日装甲部队恢复了前进，很快到达了距离列宁格勒仅34千米的地区，胜利已经在望。

↓开向前线的芬兰坦克。由于怀疑芬兰与希特勒达成了攻守同盟，斯大林对芬兰发动了进攻，从而使芬兰加入了德国的一边。实际上，尽管德国人极力引诱，芬兰人本来是要保持中立的

在这一阶段，为了向列宁格勒发动进攻，北方集团军群试图与芬兰部队取得联系，希特勒竭力做工作促使芬兰与德国结盟，但芬兰人仍决心保持中立。由于怀疑芬兰已经和希特勒缔结了秘密条约，考虑到由此而对列宁格勒造成的威胁，斯大林下令进攻芬兰，这不仅没有吓倒芬兰，反而起了反作用。这个举动激起了芬兰人的愤怒，因而芬兰对苏联宣战。7月10日芬兰人的进攻沉重打击了苏联部队，迫使红军撤回到列宁格勒，让斯大林感到难以置信。到8月中旬，芬兰部队沿拉多加湖前进了约96千米，这一位置已经可以使他们与勒布的北方集团军群取得联系。

↑1941年7月在俄罗斯南部的一名匈牙利宪兵队的军士。这名军士戴着一种独特的羽毛头饰

南方集团军群

苏联的防御部队对南方集团军群的抵抗变得越来越顽强。由米哈伊尔·基尔波诺斯上将负责的西南战线囊括了苏联的一些精锐部队，因为斯大林认为在这一区域德国人将发动最强大的攻势以征服乌克兰，夺取它的农业、工业和矿产资源。苏联倾向于在靠近前线的地区实施线性防御，而在南方一些阵地，他们也进行了一些纵深防御，这些防御主要是为了延缓德军的前进速度，同时大量消灭德军。当然，这正是对付德国闪击战的正确防御方法。例如在6月23日，艾瓦尔德·冯·克莱斯特上将的第1装甲集群遭遇了装备有KV-1和T-34型坦克的苏联部队，并在接下来的战斗中，伤亡巨大、消耗严重。结果，为巩固这一通往普里皮亚特沼泽地区所用的时间大大超过了预期时间。这一区域的德军所面临的困境导致了德军计划的一些变动。第1装甲集群不再向预定的基辅进军，而是向该城西南161千米处进攻，以期在苏军防线上撕开一个缺口。这种随机变动获得了成功，使在乌曼的包围圈在8月初建立起来，并且冯·朔贝特将军的第11集团军在南部进攻，冯·施蒂尔普纳格尔上将的第17集团军在西部进攻。这样一个口袋形的攻势歼灭了苏联的第6集团军和第12集团军以及第18集团军的一部分，俘虏了大约10万名战俘。德军的胜利戏剧性地提高了南方集团军群的地位，但他们还需要渡过第聂伯河，而且希特勒仍然担心基辅周围的红军部队会影响将来冯·龙德施泰特对基辅的进攻。

中央集团军群

中央集团军群向莫斯科进军，首先面对的是由巴甫洛夫大将指挥的苏联西方面军。在冯·博克所率部队前线的右翼，由海因茨·古德里安指挥的第2装甲集群在布列斯特–立托夫斯克渡过了布格河；同时赫尔曼·霍特将军的第3装甲集群和由施特劳斯上将指挥的第9集团军也渡过了涅曼河。6月28日，两个装甲集群从不同的方向向明斯克东部进发。同时，德军第4集团军和第9集团军则对比亚韦斯托克形成了包围，在明斯克和比亚韦斯托克一共俘虏了65万名苏联士兵。

在这一阶段，苏联的西部战线已经被瓦解，但是数以万计的苏联部队正试图从东部撤离。为了防止苏军逃走，巩固胜利成果，德军需要付出巨大的努力，还要消耗大量的能源。由于任务过于艰巨，霍特不得不派遣第12装甲师去协助第9集团军来完成这项工作。尽管如此，7月1日，中央集团军群的装甲部队渡过第聂伯河和德维纳河，分别到达斯摩棱斯克的南部和北部，以便与随后赶到的部队对斯摩棱斯克形成包围并歼灭守军。当斯摩棱斯克拿下以后，哈尔德希望希特勒能意识到莫斯科是中央集团军群的下一个目标，因为在莫斯科这一决定性战役中可以消灭余下的苏联部队。

霍特和古德里安的部队于7月16日完成了对斯摩棱斯克的包围，虽然有5个苏联师成功突围，但8月1日苏军的抵抗被粉碎以后，德军又俘虏了30万名苏联士兵，缴获了3 000多辆坦克和3 000多门大炮，距离莫斯科只

↓德军的前进非常迅速，他们往往不等桥梁重新建好就已开始通过

有402千米。但希特勒拒绝让部队向这座城市冒进，相反，却命令他们按原计划停下来进行整编和补给。7月19日希特勒发布了第33号元首指令，命令霍特和古德里安的装甲部队分别向北部和南部推进，支援勒布和龙德施泰特部队的前进，同时阻击和歼灭向苏联纵深后撤的苏军。在7月30日的第34号元首指令中，他公开反对对莫斯科的任何进攻。

德国人面临的问题

↓德军进入苏联领土以后，为了宣传，德国人导演了这出平民把德军当成解放者来欢迎的闹剧

到7月中旬，德国人已经包围了斯摩棱斯克，深入乌克兰腹地，并且正在向列宁格勒逼近。虽然损失了3 500辆坦克、6 000多架飞机和200多万士兵，但红军并没有屈服，而德军的胜利却掩盖了许多日趋严重的问题。德国人已深入俄罗斯腹地——到7月中旬，德军占领的区域已是法国的两倍——但他们的前进开始变得困难，因为突袭所带来的种种优势已经丧

失。他们的主动出击大都被瓦解，德国人发现要维持三种不同速度的行军已经变得越来越困难。在这一阶段，燃料消耗远远大于预计，出故障和毁坏的车辆也远远超过预期，并且证实有40万人伤亡。在夏日的酷暑下，步兵部队为赶上装甲部队而疲于奔命，德军的交通线也几乎伸展到了极限。补给、伤员、步兵和装甲部队都要使用有限的道路空间。尽管新的铁路

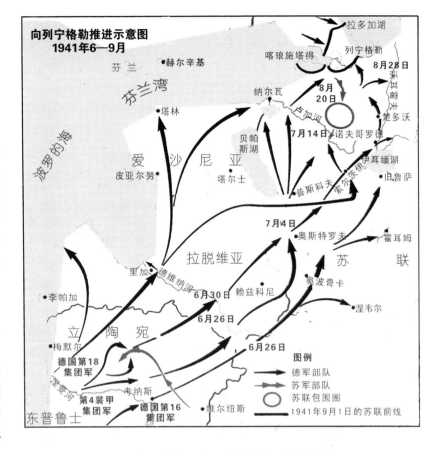

线正在加紧铺设，新的道路也在以极大的代价修建，但后勤供给问题仍然有待解决。正如乌曼包围战之后龙德施泰特所目睹的那样："中央集团军群的暂停和其装甲师为南方集团军群和北方集团军群的前进提供的保障都充分说明，要保持三大集团军群同时前进是极其困难的。"

给德国人带来如此多困难的正是希特勒的战争意图。对希特勒和纳粹来说，入侵苏联不仅可以夺取不计其数的战略目标，还可以征服每一块土地，使之为德国服务，而且纯正的纳粹血统才是最重要的。正如海因里希·希姆莱所说：

　　我对发生在俄国人和捷克人身上的一切丝毫不感兴趣，我感兴趣的是这些国家是富强还是贫穷，因为它们要做我们文化的奴隶；除此之外没有什么可以引起我的兴趣。是否有一万名苏联妇

→→第2和第3装甲集群的指挥官古德里安将军（左）和霍特将军在封住了"比亚韦斯托克口袋"之后，在彼此开着玩笑

女在挖反坦克战壕的时候因劳累过度而倒下并不重要，之所以引起我的注意也仅仅是因为她们影响了德军的进攻速度。

苏联人被认为是不老实的，必须接受审查。为此团级军官被要求必须向党卫队军官交出犹太人及其同党，并且德军可以对苏联平民实施任何暴力——包括抢劫、强奸和杀人——而不用担心受到惩罚。虽然许多指挥官并不赞成纳粹及其政策，拒绝执行和传达这些指令，但对苏联男人、妇女和儿童的屠杀却是普遍存在的，而且德国侵略军也从来不管这些人是军人与否。

希特勒依靠德国军队推行的种族主义意识形态不仅使得德军在时间和资源上出现了大量浪费，而且更重要的是，这一政策和实际战况完全背道而驰。在经历残酷的政治运动后，斯大林已经集中了权威，可以有效运用苏联的庞大人口来抗击希特勒和那支号称要"解放"苏联的纳粹军队。诚然在战争爆发之初的确有少数苏联人向高歌猛进的德军提供了食物和有价值的当地情报。但随着德军愈发深入苏联腹地，他们从当地人手中获得的帮助也越来越少，越来越消极，而纳粹随即也开始了对于战俘和平民惨无

↓当德军疯狂地向莫斯科和列宁格勒推进时，苏联人采取了一些紧急措施来保卫祖国。图中，工人们正在列宁格勒郊外修建碉堡

人道的血腥屠杀。纳粹的残暴无道让红军战士们更加坚定地血战到底，因为他们知道，一旦投降将面临什么下场。

苏联人民的战斗精神完全被德国人低估了。斯大林在德军入侵的第11天平静下来，这些天他早已习惯了用酒来放松神经。随后，斯大林发表了广播讲话，那藐视的口吻是危机发生以来少有的。他告诉苏联人民，红军损失惨重，整个国家正处于危难关头，经济要完全走上战争轨道。他还号召各行各业的人组成游击队，实行"焦土"政策，不留给德国人"一台发动机、一节火车皮、一磅面包或一点黄油"。同时他提醒人民，苏联拥有反抗侵略者的光荣传统，威廉大帝和拿破仑就是德国纳粹的下场。

通过运用诸如"伟大的卫国战争"之类的词汇，斯大林一改往日习惯性的威胁与恐吓式的语言，相反，他通过激起对于祖国的忠诚心调动军民的积极性。这些讲演固然可能在国家陷入危机时产生一定的激励效果，但对于不得不面对这场战争的苏联军人而言收效不大。对于苏军官兵而言，让他们战斗下去的有爱国主义的感召，也在于他们根本没有其他的选择。投降德国人的幸存几率微乎其微，而如果消极怠战则可能因叛国罪被处

↓德军在"巴巴罗萨"行动中俘虏了大批苏军士兵

决。基于这些原因，苏联军民团结一致，在红军军官的领导下，平民也会英勇战斗，而在被推进的德军部队包围的村落中，年轻的姑娘们也端起枪保卫自己的家园。

劳斯将军在以后谈及苏联人的防御技巧时说：

> 俄国人特别擅长在住所内设防。短短的时间内，整个村庄就会变成一个堡垒。精心伪装的射击口，内部放置沙袋；观察孔修在屋顶而碉堡建在地面上，并且通过狭窄的战壕与相邻屋子或外面的防御工事连接……俄国人以伪装起来的反坦克炮或坦克封锁进村的道路……他们的经验是，让敌人接近，然后出其不意地开火。

↑和在波兰一样，紧随国防军之后而来的是党卫军，他们的任务是在新征服的土地上为德国的占领做准备。这张照片是在一个德军士兵身上找到的

夺取村庄并巩固战果需要花费宝贵的时间和资源，但这些要素德国人并不具备。正如劳斯所说：

> 被大炮和轰炸机炸毁的建筑物都被用作防御据点。这些废墟既可以隐藏武器，又可以用来加固地下碉堡。除手榴弹和火焰喷射器之外，即使是最猛烈的轰炸也无法把俄国人从碉堡中赶走。撤退之前，俄国人经常把适于作为指挥所或其他重要军事设施的建筑统统付之一炬……

经过一周的艰苦战斗，德国人占领了布列斯特-立托夫斯克要塞，但

↑德国装甲部队沿着苏联领土上的"胜利之路"前进。国防军仍然快速推进，以至于步兵部队往往被落在后面

要塞中的一些抵抗者在弹尽粮绝的情况下仍坚持战斗近一个月，这种视死如归的举动是司空见惯的（斯大林的儿子雅科夫7月16日在维捷布斯克被敌军俘虏，斯大林随即与其断绝了父子关系）。苏联人的大无畏精神不仅延缓了敌军的前进，对他们的士气也产生了负面影响，高强度的和野蛮的战斗消耗掉了侵略者的大部分精力。到7月初，德军伤亡人数已达10万人。希特勒在给墨索里尼的信中写道："（苏联人在战斗中）拥有某种愚蠢的狂热……拥有如同困兽般的原始兽性。"

游击队的袭击

希特勒的这个类比在某种意义上是正确的。苏联人打得确实很顽强，因为他们被逼入了别无选择的境地，不得不露出其"利爪"；但他们并没有被困。相反，德国人却在苏联腹地越陷越深，疲惫不堪。苏联人拥有许多优势：他们熟悉地形，可以充分利用德国人有意避开的那些地区。由于经常受到来自遍布各地的森林和普里皮亚特沼泽中游击队的袭击，侵略者们必须时刻保持警惕。通过打击敌军力量的薄弱点，游击队竭力阻止着德军的前进。他们最喜欢袭击德军的交通线，从而使德国人的补给成为一个长期困扰的问题，不断变坏的天气更是使德军的补给雪上加霜。

1941年夏季，乌克兰的酷暑往往与暴雨相伴，这给德国部队带来了很大麻烦，也严重影响了后勤供应。由于大部分公路都是土质路面，车辆和部队行军产生的灰尘对发动机和武器装备都造成了影响。劳斯将军在战争结束后回忆道：

战争刚一开始，我们就饱尝了尘土给车辆带来的灾难。经过广阔的沙土地区时，扬起的灰尘使发动机出现了严重故障。许多坦克没有灰尘过滤器，即便装配了过滤器，也会很快报废，沙尘被吸入发动机的现象非常普遍，许多坦克因此抛锚。在尚能使用的坦克中，沙尘的磨蚀作用降低了发动机的效率，增加了燃料的消耗。在这种糟糕的状况下，秋季的泥泞最终使这些坦克彻底报废。

秋雨令遍布灰尘的路面变成了泥浆河，给竭力想穿过这些路段的德军带来了很多麻烦。天气的影响和游击队的袭击大大降低了德军的士气，很大程度上也破坏了德军的后勤供应。结果各种车辆的燃料用尽，火车无法在损毁的铁路线上行驶，基本供应无法通过阻塞的道路，这些问题使德军的士气受到打击。

苏联人民的勇敢、恶劣的地形和天气条件这些严重影响德军进攻的

↓面对德国人的闪电进攻，苏联人民采取了"焦土"政策。图中，苏联人在焚毁村庄，不给德国人留下任何食物和住所

因素加在一起，弥补了红军对于危机的反应错误。古德里安在备忘录中写道，敌人被"国家领导的政治要求"束缚住了手脚，由于"害怕承担责任"而不敢做出决断，通信困难又使这些问题进一步恶化。红军在防御时部队间并不协调，而"必要时可以采取必要措施"的命令又姗姗来迟。尽管如此，虽然备战并不充分，但苏联汲取了教训，以牺牲土地来争取时间的方式，调遣部队实施了准确有效的反击。但是把僵化的指挥体系变为灵活的军事决断绝非易事，斯大林和他的高级指挥官们最初也没有发现这个问题，在遭到德国的进攻后，对指挥体系进行改革的要求愈发迫切。7月中旬，红军开始重组。7月15日，最高统帅部的一项报告分析了三个星期的战斗后苏联的军事形势，指出了红军通信设施落后、编制过分庞大等问题。总参谋长朱可夫大将宣布，要立即通过变革来解决这些问题。从此，红军的变革正式开始。

←←身穿党卫军标准伪装服和武装有卢格9毫米自动手枪的党卫军特别行动队的士兵

↓1941年8月，苏联犹太人被德国人赶出家园，不得不住进集中营。为了显示他们的宗教信仰，犹太人被强迫戴上"大卫王之星"

转变

　　7月19日，希特勒一道关于"转变"的命令留给了苏联宝贵的时间来实施改革并修筑基本的防御阵地。许多德军指挥官都十分清楚，这道命令给苏联人带来了转机。而在进攻到达高潮后，这种延迟只会削弱德军的攻击力。古德里安认为，这是一个严重的错误。对持有同样想法的其他指挥官来说，冯·克鲁格在入侵苏联前的话与他们在数月以前的想法是完全一致的，也是十分正确的：

> 　　莫斯科是苏联共产主义体系的头脑和心脏，它既是首都，又是军事重镇，还是俄罗斯铁路网特别是通向西伯利亚的铁路线的中心枢纽。俄国人肯定会布下重兵，阻止我们占领莫斯科。

　　但希特勒却不同意向莫斯科进军，而是重申占领经济目标对于德国的

↓当德国人即将兵临莫斯科城下时，苏联政府征募志愿者——不论男女——保卫首都。图中的妇女们在报名参军

重要性。不可否认的是，在列宁格勒和波罗的海国家同瑞典进行贸易非常重要，乌克兰的资源对德国的生存同样生死攸关。这本来无可厚非，但希特勒却没有意识到，他很可能是在以牺牲对苏联的胜利为代价来获取暂时的物质利益。最令人费解的是，希特勒自己也曾多次强调，如果攻下莫斯科，击败苏联，那么列宁格勒和乌克兰无论如何都会是德国的。

列宁格勒保卫战

　　尽管古德里安与希特勒争辩过多次，第2装甲集群还是在8月21日转向了南方。数周前，霍特已经率领他的第3装甲集群北上，对进攻列宁格勒的北方集团军群进行了支援。9月9日，列宁格勒进入了勒布将军的炮兵部队的射程之内，同时，德军的装甲部队也突破了这座古都的最后一道防线。红军对这一地区极其重视，城防工事非常坚固，防御纵深长达9千米。劳斯将军后来写道：

↓德军开始阶段的猛攻逐渐平息下来后，红军逐渐加强了防御，非正规军开始发挥越来越重要的作用。图中，一名游击队员捡起一支德制MG34型机枪，准备对付它先前的主人

（列宁格勒南部）防御体系事先经过了长期的准备，外围有水泥和泥土筑成的碉堡，不计其数的由许多战壕相互联结、易于防守的军事设施林立。外部防护圈内遍布着反坦克水渠和沼泽。没有这些天然屏障的地方则挖有宽阔的反坦克壕……距此3 000码的地方是一个环绕整座城市的密集设防的阵地。

红军的防御在这里并没有被德军瓦解。他们的顽强抵抗和德国人在原料供给及人力不足上的问题使德军在城中无法夺取立锥之地，即使在芬兰湾的彼得戈夫和乌维茨克东面的挪弗克森也无法获得一个基地。这次进攻书写了大战中最惨烈的一章，战斗一直持续到1943年1月18日。当时德国人几乎就要取得胜利，却最终因苏军的坚韧和自己后勤供给的困难而遭到惨败。

与此同时，古德里安的第2装甲集群则接近了南方集团军群对乌克兰首府基辅的包围圈的封口。虽然撤退会带来更大的军事价值，但斯大林对守军撤退的请求不加理会。他坚持认为德军不会渡河，而且还告诉丘吉尔，他永远都不会放弃莫斯科、列宁格勒和基辅。9月16日，第2装甲集群在基辅东面的洛克茨莎与克莱斯特的第1装甲集群会师，最终切断了苏军的退路。事后证明，红军如果提前撤退，对苏联将是十分有利的。德军第17集团军和第2集团军进入基辅，开始对这一地区的苏军实行围剿，最后大约有65万名苏军士兵投降。9月6日，希特勒下达第35号元首指令，命令中央集团军群（包括霍特和古德里安的部队）准备实施"台风行动"：全速向莫斯科进军。指挥官们终于可以打一场他们已经争取了许久的战役，但是此时红军已变得更加强大。为了更好地完成作战计划，中央集团军群需要对部队进行整编，以增强战斗力。

中央集团军群对莫斯科的进攻在9月30日开始，大约是夺取斯摩棱斯克后的第9个星期。天气状况的恶劣和交通线已经达到极限，使优势并不在博克这一边。虽然此时中央集团军群拥有150万有作战能力的士兵，但它的装甲部队由于不断损耗、长途奔波，得不到替换和补充而不堪重负，这些都是长期以来就在战场上存在的棘手问题。

而与此同时，苏军最高统帅部也预料到了德军将要对莫斯科发动的进攻——这已是一个明显的目标，因此部署了布良斯克方面军、西方面军和预备方面军保卫莫斯科。但是在敌人开始进攻后，预备方面军的指挥官叶廖缅科将军对古德里安所率部队的行军速度深感意外。惊慌失措之余，他向最高统帅部请求撤退，但是没有得到同意。

向莫斯科进军

为了包围莫斯科，德军在10月初进行了长距离行军。空军凭借有利的条件，充分利用空中优势为地面部队提供强大的空中支援，实施空中打击，进行空运。到10月5日，古德里安的第2装甲集群已到达奥廖尔，嵌入布良斯克方面军防线之后达200多千米。中央集团军群事实上对红军形成了两个包围圈：一个在布良斯克，10万名苏军被围；另一个在维亚兹马，

←←德军的急行军和远距离跋涉对人和机器都是一种摧残

↓ "飞行大炮"——著名的"施图卡"俯冲式轰炸机。它面对新式的战斗机虽说有些脆弱，但德国的空中优势可以保证它在受到攻击时不受损伤

德国人宣称在这里包围了665 000名苏联士兵和1 200多辆坦克。苏军的这些损失令德国人充满了希望，仿佛攻克莫斯科就在眼前。而这也确实使苏军最高统帅部感到绝望，但是像以往一样，他们仍拒绝相信形势的严峻性，即便数不清的报告表明德国人的坦克已经距克里姆林宫仅161千米。在形势进一步恶化之前，斯大林采取的一些行动包括：外国外交官撤离大使馆；把列宁的遗体从红场转移到一个安全的地方；指示朱可夫将军利用西方面军余下的部队和纷纷赶来的预备人员组建一条新的防线。

苏联的士兵和平民万众一心，竭尽全力地抵抗德国人。天气在此时的变化又一次帮了苏联的忙：10月6日，第一场雪降临，大雪融化后又一次把公路变成了泥浆路；而此后几周的大雨则使德国人面临的形势更加恶化。"泥泞的秋天"是寒冬的序幕，现在冬天已经来临。劳斯将军对那段时间里天气对士兵的煎熬及对装备造成的影响这样回忆道：

↓苏联空军在1941年没有什么空中优势，它所依靠的是大批陈旧落后的飞机，如伊－15双翼飞机

1941年秋，我们第一次认识到俄国是如此泥泞，德军损失的各种摩托化装备和坦克数量之多令人惊讶。例如，第2装甲集群

在格扎以北展开行动时，一枪未发就损失了50辆坦克，其中的30
辆是在3天内损失的。因为没有可替换的坦克，损失就显得更为
严重。那时，德国每个月只能生产80辆坦克和40辆突击炮。在泥
泞的道路上，大规模行动是不可能的。1941年秋天，所有的部队
都因泥泞而陷入停顿，这样的天气一直持续了一个月。

　　天气对"巴巴罗萨"计划的影响使许多德军指挥官感到，对莫斯科的
进攻应该在数周以前开始；但他们根本没有时间相互指责，况且这样做也
不会带来丝毫好处。当天气再次恶化时，德军的前进又一次陷于停顿。因
为有时间对部队进行重组，苏军最高统帅部重新恢复了平静，他们知道，
必须要坚持到冬天开始以后。

　　尽管如此，最高统帅部还是制订了如果德军进入莫斯科如何摧毁这座
城市的计划。他们的各项准备证实，德国人以为攻克莫斯科整个苏联就会
垮台的想法是站不住脚的。但是，在德军兵临城下时，莫斯科确实出现了
恐慌。10月19日，在斯大林宣布全城进入戒严状态前曾经出现过骚乱，数

↓苏军士兵从藏身之
处被赶出。许多苏军
战俘不是被当即处
决，就是被冻死、病
死或饿死

以千计的人竭力想登上东去的火车；他们的邻居开始抢劫商店，继而演变为争抢食物的骚乱。但斯大林的讲话在一夜间把莫斯科人的情绪由处于地狱边缘的恐慌变为了一种顽强和镇定。

苏联的防御更加牢固

当莫斯科人决心保家卫国时，德国人正在艰难地前进，他们的一举一动都显得精疲力竭。在德军的行动迟缓下来后，红军的防御准备就简单了许多。在莫斯科西北，康斯坦丁·罗科索夫斯基将军的第16集团军作为增援部队，进入了纵深达20千米的防御阵地。在莫斯科南部苏军的左翼，最近得到加强的第50集团军已经严阵以待，准备迎战仍停留在图拉附近的古德里安的第2装甲集群。苏联人与德国人都在急行军，但红军最后坚持下来，并逐渐增强了力量。最高统帅部得到的情报显示，日本不会立即对苏联发动军事进攻，从而使苏联能够从中国东北前线调集15个师来保卫莫斯科。苏联已经到了最危险的时刻，它在以这是德国的孤注一掷来鼓舞自己。

德军的进攻开始于11月15日，对于每一个经历过这场战役的人来说，

↓苏联的T−34坦克性能卓越，胜过了德国的任何一种坦克

这都是一次痛苦的回忆。虽然目标明确，但实施它的部队既没有获胜的精力，又没有获胜的物质条件。整个计划需要突破莫斯科南北两面的防线，克鲁格将军的第4装甲集群要插入苏军的中央防线，古德里安的部队需要行军60多千米，然后拿下维涅弗，而霍特的第3装甲集群则要向莫斯科的西北进军并且拿下克林。若想取得战役的胜利，德军必须迅速瓦解敌军的防线，但他们的攻势却日趋衰弱。为夺取一个前沿阵地，许多部队都要付出惨重的代价。而此时苏军的反攻却不断加强，很快就夺取了德军艰苦取得的战果。红军已展开了反攻。

　　气温在不断降低，秋天过去了，冬天已经来临。12月1日，气温降到了-35℃，但德军既没有过冬的装备，也没有在苏联过冬的心理准备，结果尝遍了苦头。劳斯将军曾回忆起寒冷的天气对部队造成的影响：

　　　　严寒降低了人和武器的效率。1941年12月初，第6装甲师距离莫斯科城只有9英里，离克里姆林宫也仅有15英里。但气温的骤降和西伯利亚部队的袭击使第6装甲师不得不停止向莫斯科的进军。由于天气寒冷，我们的士兵在射击时无法瞄准，许多武器装备都无法使用。机枪表面结了冰，防冻液冻结在了大炮上，军火供应中断……只有十分之一的坦克在秋季的泥泞中幸存下来，但这些可用的坦克却由于路面太窄而无法穿过雪地……苏联的泥

←←不同类型的德国车辆在苏联的一个村庄编组。在车辆上标明醒目的纳粹标记是为了不被自己的空军误炸

↓莫斯科市民在市郊挖反坦克壕沟。德军在距离莫斯科14千米的地方就开始遇上这些反坦克壕沟

↑1941年7月，红军步兵师的一名下士。他穿着的是斯大林征召来的士兵中常见的制服，佩带7.62毫米口径闩锁式M1940步枪

泞和寒冬给德军的武器和装备带来了巨大的灾难。即使我们的领导正确，士兵作战勇敢，也无法补偿部队战斗力的不足。苏军的许多优势以及天气条件拯救了莫斯科，改变了战场上的局势。希特勒既没有预料又没有计划打一场冬季战争。

实际上，希特勒对不利的天气条件可能带来的问题一清二楚，但他的反应不是要为坏天气做准备，而是强调迅速夺取目标的必要性，这样他的部队就可以避免在冬季作战。可是冬天到了，战斗却仍在继续，许多机械装备都被冻结了。为了防止坦克和车辆被冻结，发动机不得不一直运转，从而造成燃料的浪费。火车头上的管道被冻结而爆裂，数千支部队在忍饥挨饿，许多士兵由于腹泻和冻伤而倒下。在这一时期，一位德国军官在给妻子的信中写道："我们严重低估了苏联，低估了这个国家的辽阔，也低估了那里天气的恶劣……这是现实对我们的报应。"他说得一点都没错，在"巴巴罗萨"计划中被忽略的许多现实性问题，终于在1941年11月底和12月初暴露无遗。整个进攻已经陷入停顿，12月4日，德国的进攻落得一个悲惨的结局。

有所欠缺的考虑

当人们审视为什么"巴巴罗萨"行动会失败时，很容易就会发现希特勒在战略上的考虑失误是德军在1941年面临诸多困难的

←虽然德军在继续进攻，但是他们已经被战斗、疾病以及不断恶化的天气搞得精疲力竭

根源。战略目标的失误再加上希特勒一再坚持列宁格勒、莫斯科和乌克兰同样重要，成为德军灾难性后果的直接原因。由于准备不充分，面对三种挑战——时间、地形和距离时，德国部队颇为头疼。希特勒在战胜波兰和法国以后很乐观，这种乐观让他感觉苏联已经是唾手可得——但他错了。战争刚一开始，德国人就面临后勤供应不足等问题，而这最终将影响到整个作战计划。希特勒对苏联人民的意识形态战和他对部队的干预加剧了时间、地形和距离所带来的问题。希特勒坚持军事上的实用性应当服从他那宏伟的梦想，而他的宏伟目标除了在夏末让中央集团军群改变方向外，就从来没有被具体地描述过。他的干预和盲目的判断与他的高级将领的建议是背道而驰的，这使德国失去了在莫斯科大获全胜的良机。

　　当德军最终实施"台风"行动时，苏联人已经有了充足的时间来加强他们的防御，而德军却只能在恶劣的天气条件下发动进攻。通过自始至终顽强的防守，苏联人拖垮了德军，即便他们自己的行动缺乏协调。而游击队的袭击、"焦土政策"和红军"永不投降"的作战态度则从根本上延缓了德军的前进，使侵略者陷于沮丧和疲惫之中。用一位历史学家的话来说，如果你研究一下"巴巴罗萨"行动，你就不难发现，最确切的说法应当是"被自然原因击败"。

←←苏联平民在莫斯科马雅科夫斯基地铁车站躲避德军的空袭

↓1941年11月7日，尽管德国人已经兵临城下，斯大林仍然在莫斯科红场举行了一年一度庆祝十月革命胜利的大阅兵

3

第一个冬天

当德军的进攻在莫斯科和列宁格勒受阻时，天气进一步恶化。"冬季将军"帮了苏联的大忙，使斯大林取得了战争中的首次胜利。

在德军向莫斯科推进时，12月4日，红军发动了一系列旨在缓解首都被围的压力和恢复士兵、平民士气的反攻。斯大林对胜利充满信心，德军却已筋疲力尽，而且德军后方的交通线经常受到苏联游击队的袭击。极度严寒使德军丧失了斗志，他们连维持生活的必需品都缺乏，更不用说与顽强的对手作战的物资了。苏联的加里宁方面军、西方面军和西南方面军为实施反攻进行的部署成功地避开了德国情报部门的侦察，所以12月5日苏军的首次反攻让德国人大吃一惊。科涅夫将军的加里宁方面军攻击了德军在莫斯科北部建立的突出阵地的外围。侵略者做梦都没想到苏军竟有能力进行反攻，因而很快就陷入了困境。德军根本就没有做防御的准备，在这种情况下，他们发现一时很难将攻势化为守势。

第二天，即12月6日，斯大林的前任总参谋长、列宁格勒守军总指挥朱可夫大将领导的西方面军攻入了德军突出阵地的内部。虽然并不如科涅夫在前一天的攻击那么让德国人吃惊，但这次进攻几乎没有让德军获得组织部队反击的时间，结果德军伤亡惨重。同样的情形又在莫斯科南部的图拉附近重演：西南方面军对古德里安的部队展开了猛攻，迫使他们逃离莫斯科，向后撤退。惊恐万分的德军难以对他们所面临的形势做出反应。1941年在东方战场，德军第一次失去战场主动权，被迫随着敌军的动向而

←←德军士兵很难适应苏联寒冷的冬季，他们正在野外取暖

行动。多数情况下德军反应迟缓，而红军的穿插格局又几乎使他们失去了行动自由，苏军的猛烈攻击使德军举步维艰。

由于天气寒冷，纳粹的飞机几乎都停在地面上，使得由大约350架战机——包括Il-2型攻击机、Pe-2型轰炸机和其他类型的苏联战机——组成的部队占据了空中优势，令德军变得一片混乱。苏联的飞机保存在飞机库里，可以免受严寒的破坏，它们为地面部队提供低空支援，袭击德国的援军和后勤供应，据称还摧毁了1 400架德军飞机，其中绝大多数是在地面被摧毁的。这一事实充分说明，飞机是1941年12月初斯大林得到的作战利器。

这一阶段，称红军已在莫斯科周围获得优势还为时尚早，但他们利用丰富的人力资源，在前线不断确立人数上的优势——每天都有人参军。况且，红军拥有对付恶劣气候的良好武器和装备，其中最重要的就是T-34坦克。当人们提起它时，都认为这是二战中最优秀的坦克，甚至称它是战争中的"决定性武器"。毫无疑问，这是1941年12月间苏军的一大法宝。德军第一次遭遇T-34坦克是在"巴巴罗萨"计划刚开始的那一周，它的威力让在波兰和法国获胜后所向无敌的德国装甲部队感到难以置信。

直到1941年秋德军才逐渐明白，他们的装甲部队实际上很脆弱。以前

↓红军士兵经过隐藏在树林里的T-34坦克群。苏军车辆的侧面通常都会印有爱国主义的标语

之所以能发挥巨大的威力，是依赖先进的整体作战方法，而并非装甲部队
自身的力量。直到遇到T-34坦克和KV-1重型坦克，他们才意识到自身先
进武器的匮乏。1941年间，德国开始生产Ⅲ型坦克（火炮很一般）和Ⅳ型
坦克（火炮比Ⅲ型好，但它是作为步兵的支援武器来设计的）。但大多数
装甲部队都是由轻装甲的Ⅰ型、Ⅱ型、35（t）和38（t）坦克组成的，这
些坦克与装配有倾斜装甲、宽履带和76.2毫米口径高速火炮的T-34坦克无
法匹敌。在"台风"行动接近尾声时，德军的一份报告显示，苏联T-34坦
克的数量在不断增加，希望德军也可以拥有与之匹敌的武器。

苏联幸免于难

1941年12月，斯大林可以使用的飞机和坦克的数量充分说明了苏联维
系其军工生产的能力。即便西部的工业区被占领，它仍有能力弥补其巨大
损失。当德军不断向前推进时，主要的工厂都转移到了东部的安全地区。
由于丧失了一半以上煤、生铁、钢和铝的生产能力以及四分之一的工程技

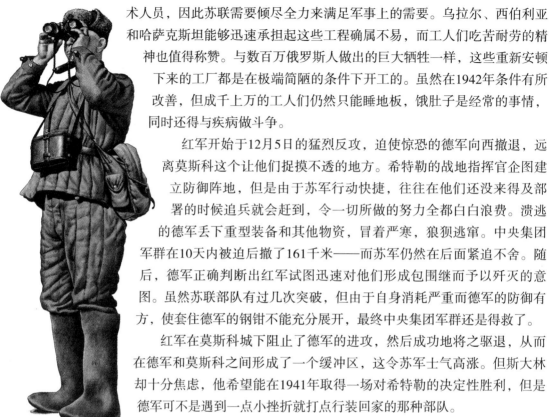

术人员，因此苏联需要倾尽全力来满足军事上的需要。乌拉尔、西伯利亚和哈萨克斯坦能够迅速承担起这些工程确属不易，而工人们吃苦耐劳的精神也值得称赞。与数百万俄罗斯人做出的巨大牺牲一样，这些重新安顿下来的工厂都是在极端简陋的条件下开工的。虽然在1942年条件有所改善，但成千上万的工人们仍然只能睡地板，饿肚子是经常的事情，同时还得与疾病做斗争。

红军开始于12月5日的猛烈反攻，迫使惊恐的德军向西撤退，远离莫斯科这个让他们捉摸不透的地方。希特勒的战地指挥官企图建立防御阵地，但是由于苏军行动快捷，往往在他们还没来得及部署的时候追兵就会赶到，令一切所做的努力全都白白浪费。溃逃的德军丢下重型装备和其他物资，冒着严寒，狼狈逃窜。中央集团军群在10天内被迫后撤了161千米——而苏军仍然在后面紧追不舍。随后，德军正确判断出红军试图迅速对他们形成包围继而予以歼灭的意图。虽然苏联部队有过几次突破，但由于自身消耗严重而德军的防御有方，使套住德军的钢钳不能充分展开，最终中央集团军群还是得救了。

红军在莫斯科城下阻止了德军的进攻，然后成功地将之驱退，从而在德军和莫斯科之间形成了一个缓冲区，这令苏军士气高涨。但斯大林却十分焦虑，他希望能在1941年取得一场对希特勒的决定性胜利，但是德军可不是遇到一点小挫折就打点行装回家的那种部队。

↑与德军不同，苏军有着良好的御寒装备。图中显示的是一个步兵官员在1941年12月穿着卡其制服

斯大林过于乐观

当红军开始准备新的进攻时，许多指挥官都发现，斯大林对他的部队所能取得的成就显得过于乐观。仅仅6个月之前，苏联军事机器的软弱是众人皆知的：那时他们丧失了成千上万有丰富作战经验的部队和数以千计的坦克、飞机。红军在12月初的反击之所以成功是因为进攻的出奇制胜，而且德军面临严重的后勤供应困难。突然袭击在短期内不可能再次得手，况且中央集团军群已经回到了它的供应线，供给困难得以缓解。此外，红军的作战方法还需要进一步精炼。实际上，苏军自身的许多缺点使他们无法对博克的部队实施有效的打击，即便是苏联最优秀的将军也不可能彻底打垮中央集团军群。尽管如此，斯大林仍在12月20日声称，只要再向前进攻，就能彻底打垮东线的德军，他决定在新的一年开始后发动全面的反攻。

那时，苏军最高统帅部已经开始为新的反攻拟订计划，而希特勒也正竭尽全力地确保战线的稳固。10月16日，他曾发布了臭名昭著的禁止撤退的命令。希特勒坚信，如果部队可以坚持到春天，一场大规模的反攻将最终取得胜利，所以他的首要任务就是防止撤退变成溃败。但他的战地指挥官却对元首的指令感到不舒服，他们十分珍惜自己的自主灵活性，认为希特勒的干预是不必要的，因为那时德军已经是强弩之末，并且他们的交通线已经伸展到了极限。

紧随元首指令之后，国防军内部发生了一些重要的人事调整。12月17日，冯·克鲁格元帅代替博克担任中央集团军群司令，原因是博克将军的健康问题。两天后，希特勒任命勃劳希契为陆军总司令。以后几周又有进一步的调整：古德里安被调离第2装甲集群，霍普纳被调离第4装甲集群，施特劳斯被调离第9集团军。这些人事变化清楚地反映出希特勒的意图：国防军中的高级将领应当完全服从元首的意愿。

斯大林也认为只要坚持下来，苏联就能取胜。挫败德军后，他的"不许后退半步"的命令与希特勒的元首指令如出一辙。他希望能在必要的时

↓德军士兵在驾驶缴获的苏联KV-Ⅱ重型坦克。KV-Ⅱ坦克配有大口径的152毫米火炮，但它笨重且行动缓慢，很快就退役了

候用强制力贯彻这条命令。红军的处罚大队已经做好逮捕任何一名从规定线逃走的士兵的准备（在第二次世界大战期间，这支部队的人数达40万人）。在红军部队里，政委都是共产党的代表，他们对于部队的作战效率非常重要。一般都认为，只有部队的指挥官才有权处理诸如监督作战纪律和掌管部队福利之类的军务，但实际上多数情况下，在处理这些事情中，政委在各方面都处于领导地位。他们都是坚定的共产主义者，通常也是工作狂。他们制定的规矩士兵们都必须遵守。但劳斯将军后来却说，政委在某些情况下的影响也是有限的：

苏联士兵的情绪是难以捉摸的，他们的集体主义意识极其强烈。同他们的疯狂抵抗一样，苏军的大规模作战、突然的整体包围都让人无法理解。原因或许就在于士兵士气的波动，任何一名政委都不可能产生这样的作用。

←←莫斯科保卫战的苏联部队。斯大林在这场战役中倾注了所有可用的人力和物力

　　总的来说，德国人在1941年年底对苏联士兵的素质佩服得五体投地。
而事实也正是如此，许多士兵的个人素质如胆量、耐力都十分出色，他们
应用伪装的技巧，在长时间的潜伏中一动不动的能力更是让人称奇。拥有
如此优秀的士兵，使斯大林确信1942年年初的大规模反攻一定会取得巨大
的胜利。

朱可夫的反对

　　在斯大林大规模反攻计划的制订阶段，朱可夫就强烈反对：如果把
部队分散在整条战线上发动反攻，就会重蹈1941年德军分三个集团军群发
起进攻的覆辙。他认为，如果把苏联的资源过分分散在一个广大的区域当
中，进攻很可能会受到限制；集中兵力歼灭一整个集团军群的办法则不会
出现这种情况。但是苏军最高统帅部决心已定。正如希特勒在"巴巴罗

萨"行动之前一样，斯大林忽视了持续歼灭战的实用性，固执地追求不切实际的目标。

这一方案在1942年1月5日付诸实施，目标是消灭德军的三大集团军群。首先要解放列宁格勒，突破德军的阵地，使苏军可以包围并最终消灭北方集团军群；其次，加强对中央集团军群的进攻，然后再通过对奥廖尔、库尔斯克和哈尔科夫的攻击突破南方集团军群的侧翼。在随后三个月的时间里，苏联为实现这些目标消耗了大量的人力物力，但最终却并未取得斯大林所希望的决定性的胜利。事实上，由于中央集团军群在这一时期看起来很脆弱，因此斯大林在列宁格勒和乌兰克的进攻给德国人提供了喘息之机。最终，冬天结束时双方在维亚兹马陷入了僵局。苏联原以为1941年的反击会令德军难以承受，但是对中央集团军群进攻中出现的问题在其他战场也暴露出来，这是因为希特勒的部队已经开始恢复元气。

在苏军实施反攻时，列宁格勒受到了围攻，这场战斗成为第二次世

↑一名部队政委正在向位于莫斯科附近、刚刚获得解放的祖博沃村的村民讲话。莫斯科保卫战的胜利为红军提供了其迫切需要的高涨的作战士气

↑莫斯科战役中党卫军帝国师元首团的士兵。德国平民捐赠的冬装被送往前线，但由于物资紧缺，德军士兵在1941年用床单作冬天的伪装是很常见的

→→这张宣传图片中，德军的坦克似乎并没有受到严寒的影响，但是实际上东线战场寒冷的气温把坦克油箱中的油都冻了起来，坦克被路面和履带之间的泥巴牢牢地冻在地面，动弹不得

界大战中最野蛮和惨烈的一幕。在成为莫斯科保卫战中的关键人物之前，朱可夫上将这位极富才华的统帅9月中旬以来一直在为保卫列宁格勒而殚精竭虑。朱可夫一接替这个职务就立即对可用的物资进行了统计，发现部队组织涣散、装备缺乏。尽管苏军加强了防御，游击队不断进行袭扰，苏军又通过在通往列宁格勒的途中对德军实施打击以阻止其前进，但总的来说，这些都未能阻止德军向列宁格勒进军的步伐。

德军受到激励

随着天气进一步恶化，希特勒的部队越来越希望进入城市，在冬天的严寒到来之前在建筑物中御寒。10月期间，德军抵达莫斯科郊区后遭遇了苏联军民的顽强反击，进攻一度陷入停顿。由于天气不断恶化，交通线经常受到袭扰，德军不得不改变策略。最后，德国第4装甲集群因执行"台风"行动而从北方集团军群调走，这暗示着希特勒决定不再用武力夺取列宁格勒，而是以围困和饥饿为手段迫使苏军投降。

德军成功地切断了列宁格勒的主要供给路线。随着时间一周周地过去，守军和市民的境遇日益恶化。到11月底，士兵的口粮仅能维持生计。由于疾病的流行和寒冷的天气，每天都有数千人死亡，但是列宁格勒的市民并没有投降。德国人相信，整个城市已经处于崩溃的边缘。11月底，苏

联通过拉多加湖西南角才有少许补给运入。由于只有很少的卡车为列宁格勒这个大城市运送补给，因此危机在进一步恶化。对许多人来说，儿童的境遇尤其令人心痛。一位目击者曾谈及包围带来的灾难："这可以从许多孩子玩的游戏中反映出来。即便是做集体游戏，他们也是面色严肃、默不作声，脸上折射出的沉思和痛苦不亚于悲惨故事中的描述。"

在这种情况下，1942年1月苏联发动了旨在为列宁格勒解围的进攻。苏军极力利用前几周由于中央集团军群撤退而引起的混乱，在伊尔门湖攻击了北方集团军群。在苏军的强大压力下，勒布向希特勒请求撤退，并要求将第16集团军部署在洛瓦特河之外，以维持前线的稳固，同时重新集结部队。但希特勒拒绝了勒布的请求，并在1月17日接受了勒布的辞呈，任命屈希勒尔接替他的职务。

苏联的进攻仍然没有减弱，第2突击集团军和第52集团军向伊尔门湖北面进逼。2月初，德国的第2和第10集团军在德米扬斯克被包围——从而印证了勒布的预料。红军在2月8日封住了这一"口袋"，完全切断了被围

↓ "巴巴罗萨"计划之后，大批木制和编织的炮弹箱包正等着被运回德国加以重新利用。在1941—1942年的严冬中，它们多数都被用于给部队取暖

德军与外界的联系。在这种情况下，德国空军出色地扮演了运送补给的角色（并很快变得熟练）。为了拯救10万名被困的士兵，他们使出浑身解数，向包围圈运送了6万吨补给，疏散了数千名伤员。赫尔曼·戈林元帅的空军以出色的工作使地面部队大大增加了获救的可能。最终，被困的部队在3月份获救。德米扬斯克之围的经历在许多方面对未来东线战场的战斗具有重要影响，它表明国防军在逆境中仍可以存活。更重要的是，对于后来的决策而言，这使希特勒明白，部队即使被顽敌围困，同样可以坚持相当长的时间。这种信念以及戈林和空军从这一战例中所获得的信心，直接衍生出了一年以后斯大林格勒战役的策划和决策。

　　红军在德米扬斯克包围战中被拖得疲惫不堪，再加上进攻时面临的重重困难，使北方集团军群毫无损伤地度过了1941—1942年的冬天。事实上，由于苏军的进攻已经远远地超出了它的能力，这反倒使自身变得更容易受到攻击。例如，苏联的第2突击集团军经过一番激战后，在4月份被消灭，使斯大林感到震惊。德国的北方集团军群在此时已经恢复了战斗力，

↓前线僵持不下，双方都开始等待冰雪的融化和好天气的到来。图中，党卫军士兵在他们的木质碉堡中小憩

调整了环德米扬斯克周围的战线，并开始歼灭那些试图缩小原来的包围圈但已疲惫不堪的苏联部队。即便如此，由于要应付恶劣的天气，德军仍处于不利的地位。苏联的梅列茨科夫将军在后来谈及这一时期时说："我永远也不会忘记那些一望无际的森林、沼泽、湿漉漉的田野、泥泞的道路，与敌人进行的战斗以及同大自然的抗争。"

德军装备的匮乏

苏联步兵部队的服装和装备既适合夏季也适应冬天。德国人对1941—1942年西伯利亚步兵部队实用的着装感到羡慕不已，而同一时期东线的德军士兵却没有御寒的衣物，只有从平民或苏军手中抢夺。希特勒在1941年12月底之前一直认为冬天的衣物是不必要的，之后他才明白，如果没有这些服装，他的部队将会被活活冻死。由于德军长期难以解决的供应困难，第一批服装花了几个月才到达前线，而弹药、备用装备、燃料、油、食物和其他许多东西也都很短缺。在这种条件下（在这一关键时期），你不可

↓苏军为实施反击做好准备。一辆T-26型坦克和一辆T-34型坦克为滑雪部队提供支援，士兵们穿着的是冬日的伪装服

能得到一件对你根本没有用的东西。不过有一次，急切需要炮弹的部队却收到了一车皮的夏装。一名军官后来谈论起当时的后勤状况时说：

> 1941—1942年冬天，我们正在寒冷的天气里与顽强的敌人打一场消耗战。我们把一切能用的东西都千方百计地加以利用，然后等待如弹药、食物和防寒服等急需物资的到来。当每次问什么时候才会得到补给时，我总被告知其他部队的情况比我们还糟，我们应当继续与敌人作战，而不是抱怨缺乏供给。为了与敌人战斗，我的士兵不得不在战场上搜索丢弃的武器，希望找到的武器比我们的好用，但总是空手而归。在搜索武器的过程中，我损失了两名最优秀的士兵，同时严寒又夺去了许多士兵的生命。一天夜里，气温降得特别低，士兵们都被冻得失去了知觉。如果敌人杀过来，我们只能无可奈何地任他们宰杀。

↓德军的反坦克阵地，背景中有一辆被击毁的T-34型坦克。德国人以第一次世界大战年份指称的法国施耐德M1897野战大炮已重新列入反坦克使用

德国人的暴行

　　久经沙场、嗜血成性的德军士兵在冬天的严寒下变得更加野蛮。为了获取御寒的衣服、食物和取暖的木头，他们变得不择手段。一位在战争中幸存下来的苏联人这样描述德军的暴行：

　　　　1942年2月8日，德国人到了我们的村庄后，立刻开始抢劫财物，连房屋也被疯狂的士兵推倒。当德军在村中横冲直撞时，我手足无措，不知如何是好。那些试图逃跑的村民都被德国人开枪打死。为了不引起德国人的注意，我往身上涂满血迹，在谷仓边上装死。一些士兵从我身边经过，因为我个头比较小，他们可能没有注意到我的"尸体"。我躺在那里，看到他们从死者身上扒下衣服。这真是可怕的一幕，许多被害者我都认识，一些死者就是我的家人。

↓德军向穿着良好的苏联部队投降。在1941—1942年冬天，一些德军士兵因不堪忍受严寒和恶劣的自然条件而向苏军投降

德国150毫米SFH18火炮

↑ SFH18火炮是第二次世界大战中德军的标准重型野战火炮。后来，它成为"野蜂"式自行火炮的主要装备

　　侵略者在他们所经过的地区抢走了一切可以拿走的东西。在一些地方，平民被剥去衣服，赶到野外活活冻死。这种令人发指的情况的的确确就发生在德军之中。这一时期德军士兵的逃跑率迅速上升，士气低落，而苏联的冬天仍在继续。

　　在1941年秋季的乌克兰，古德里安的部队包围了基辅，南方集团军群也长驱直入苏联腹地。龙德施泰特的部队在战役开始后遇到了一系列的麻烦，情况到此时才出现了转折。到了10月，这位足智多谋的指挥官已经开始考虑渡过顿河之后的军事行动和在高加索的作战计划。10月中旬，第1装甲集群被命令向罗斯托夫进军，第17集团军与在其左翼的第6集团军则向顿河西北进发，同时第11集团军准备征服克里米亚。真正阻止德军前进的主要困难就是三个集团军群面临的共同问题——后勤供应。供给困难使第1装甲集群的前进推迟到11月5日，这不仅使苏联人有了更多的时间备战，也把德军的行动带入了坏天气。

罗斯托夫的陷落

　　虽然在11月初，苏军的防线很快就被德军轻而易举地突破，但紧接着的暴雨却使德军的进攻不得不中断，直到11月中旬才得以恢复。11月20日，龙德施泰特的部队攻克了罗斯托夫，当时的气温已经降到-20℃。德军根本没有时间来庆祝自己的胜利：仅仅两天以后，铁木辛哥的西南方面军就开始了猛烈的反攻。一直处于长途跋涉和艰苦作战的德国国防军陷入了同样的困境。由于无法阻挡苏军的反击，第1装甲集群的指挥官克莱斯特将军提出了撤退的请求，否则他的装甲部队就会被消灭。龙德施泰特看着地图，注意着来自前线的最新消息：第1装甲集群面临的严峻形势是显而易见的。于是他计划把部队撤到约130千米之外相对比较安全的米乌斯河，但希特勒命令在罗斯托夫周围的德军务必坚守战线，并以违抗"禁止撤退"的命令为由，将龙德施泰特解职。具有讽刺意味的是，龙德施泰特的接替者冯·赖歇瑙元帅也认为后撤计划是合理的，他同样请求元首同意他们的意见，希特勒只好答应。这样德军才撤了回来。

与此同时，冯·曼施坦因的第11集团军正在向克里米亚进发。这次进攻进展得非常顺利，第11军在10月25日歼灭了苏联的第51集团军后，继续向前准备穿过彼列科普地峡。向克里米亚首府辛菲罗波尔的进攻要求先拿下刻赤（11月中旬夺取）和塞瓦斯托波尔城，但第11集团军未能及时夺取塞瓦斯托波尔，对该城的进攻一直持续到1942年5月。

红军在克里米亚的反攻

苏军在1941年的最后几天发动反攻，试图夺回克里米亚并且给塞瓦斯托波尔解围。12月26—29日，由于第51集团军和第44集团军的4万名士兵在克里米亚以东的刻赤和费奥多西亚周围成功登陆，红军希望能收复彼列

↓1941—1942年冬天，德国战俘们依靠一条薄毯来取暖，冻伤和冻死的现象非常普遍。士兵们只能剥下死去的战友和敌人的衣服来御寒

科普，从而堵住这一地区的入口并且包围德国的第11集团军。虽然这次反攻的失败对苏联来说是一次挫折，但它确实阻止了德军发动一场最终夺取塞瓦斯托波尔的攻势。德军乘势迅速还击，企图在1月15日瓦解敌人的滩头阵地。但他们的图谋没有得逞，而红军却迅速巩固了阵地。战斗进行得异常激烈，作战消耗之大，令双方都难以承受。一名德国人后来写道：

↑1942年1月，苏联游击队正准备炸毁一段铁轨。许多游击队员是士兵出身，他们都是由于敌军战线的快速推进而被困在敌军后方的。游击队让德国人感到头痛

> 我们没有时间休息，没有时间睡觉。唯一能得到的睡眠就是在这儿打10分钟的盹儿，在那儿小睡15分钟。行军时有士兵倒下是常见的现象。由于始终处于极端疲惫中，人很容易失去神智……放哨的时候情况会更糟，因为四周比较寂静并且没有人在周围检查你是不是还保持清醒。虽然对这些士兵的个人情况不甚了解，但我可以肯定，许多士兵都是因为在哨位上睡觉被打死的。我曾经把石头放在靴子里，以便让疼痛来使我保持清醒。但即便如此，也不是次次都能奏效。

1942年1—4月苏联一直在试图收复刻赤半岛，却始终未能如愿——

虽然有时也能突入到德军战线内部，但由于天气恶劣和缺乏协调，每次都未能成功。双方逐渐陷入僵持状态。5月初，苏联增派了相当数量的部队到刻赤半岛。但在5月8日，德国第11集团军还是成功夺取了费奥多西亚，并于一周后攻占了刻赤。德军在战场上的不断胜利使半岛上的苏军直到5月21日才停止了抵抗，这样第11集团军就可以放心地去轰炸塞瓦斯托波尔了。最初的轰炸开始于6月2日，四天后德军发起进攻，直到6月13日才进入塞瓦斯托波尔。城中的苏军进行了顽强的抵抗，整个6月战斗一直在持续。最后，经过25天的围攻，德军在7月3日才完全占领了塞瓦斯托波尔。

很明显，克里米亚的战斗不能被认为是苏联获胜——仅在刻赤，红军在5月就损失了约17.6万名士兵，在塞瓦斯托波尔则丧失了另外11万名士兵——但我们必须明白，战争的消耗性质也同样削弱了德军。更明确地说，克里米亚的战斗将第11集团军完全束缚在了这场半岛战役之中，在1942年8月之前，德国陆军总部不可能再把他们派往其他地方。

哈尔科夫

对哈尔科夫外围的反攻开始于1942年5月，这是因为红军试图对南方

↓1942年3月，苏军在对德国一个据点进攻时，士兵们从T-34坦克上跳下。东线战场的特点就是血腥而残酷的近距离战斗

集团军群实施一次致命的打击。我们同时可以看到，由于天气的好转，中央集团军群也展开了新的进攻。尽管被部队的虚弱所困扰，斯大林仍决定继续对德军的攻势，这说明他对部队依旧过于乐观，同时又过分低估了敌人。苏军最高统帅部需要时间研究如何才能成功地维持歼灭战的力度。斯大林认为前期反攻的失败仅仅在于计划不周和战前的准备不足，因而他在计划1942年春季的进攻时试图纠正这些错误。但苏军最高统帅部过分专注于避免先前的失误，以至于忽略了其他方面存在的非常重要的问题，例如攻击面过于狭窄，从而忽视了侧翼支援的重要性。尽管如此，5月12日，苏军还是出动了64万名士兵（5个集团军）、1 200辆坦克和13 000门大炮，开始了收复哈尔科夫的战役。

　　一名指挥官在为策划大规模进攻而运用战术之前，必须掌握的一项重要技能就是如何迅速阅读大量信息，从中辨明错综复杂的形势，使作战方略井然有序。哈尔科夫的进攻开始后，红军出现的严重失误没有使苏军最高统帅部和指挥官们做出正确的决断，所以在战场上很快就失去了主动权。由于所犯的是常识性错误，苏军最高统帅部不禁提出了这样的问题：将领们是否在争夺领导权？在战役发起前一刻，三分之二的苏军火炮还没

↓1942年3月，苏联南部的德军炮兵部队正为防御阵地提供火力支援

有进入预定阵地，进攻部队中第一梯队的半数尚距离前线足有16千米。因此，突破德军沿伊久姆周围的防御阵地所用的时间远远长于预计时间也就不足为奇了。速度和气势对于任何进攻都是至关重要的，想让敌人措手不及就必须这样做，但红军直到5月17日，突破阶段开始时才派上了第二梯队的部队。

缓慢的节奏对苏军来说是灾难性的。时机到来后，克莱斯特立即派出第1装甲集群和第17集团军攻击苏军突出部的左翼，此时正在攻击哈尔科夫的第6集团军也转移而来参加这场攻势。德军在这场战斗中展现出了斯大林认为德军已经长时间失去的，攻守之间凌厉变化的能力。直到苏军于5月19日发现自身已经落入包围之后，固执的斯大林才终于允许部队撤退。四天后，第6集团军与克莱斯特的部队在巴莱克利亚附近会合，红军在包围圈内的抵抗也在5月29日被瓦解。考虑到在克拉科夫附近抓获的多达25万名俘虏，德军有理由为此次战

←←1942年4月，德国的一个机枪阵地。MG34是一种性能优良的机枪，它可以高速开火。美中不足的是其造价较高，所以后来被MG42机枪代替

斗的成果感到满意。德军已经占据了主动且在乌克兰东部部署有比苏军更多的部队。而对于苏军而言，此次战败对于有生力量是一场严重的打击，仅在5月份，苏军就损失了60万人。

1942年3月的整体局势

苏军在1941至1942年冬季发起的一系列攻势并未能取得最高统帅部大本营所期望的效果。从苏联红军的猛攻中幸存下来的德军则为自身赢得了1942年的生机，士气也因此优速提升。不过一些德军高级军官在此期间发现"元首"开始对于国防军军官团感到厌恶，并越来越多地干涉军事指挥。可以认为，就是从此时起希特勒开始过度自负。一位历史学家曾写道：1941年12月以后，希特勒集国家元首、行政首脑、最高裁判、政党领袖、武装部队总司令和陆军总司令等诸多职务于一身；由于无法充分信任有能力的下属，足以下放权力，没有一个内阁团队替他谋划、监督和实施政

↓ 1942年3月，苏联步兵正在渡过德米扬斯克附近的一条河流

策，也没有对国政军事的多个不同方面进行协调，随着时间的推移，希特勒对于战争的指挥也愈发的随性而为。

1942年1月1日至4月20日期间，苏军总共给德军造成了277 427人的伤亡，但他们也付出了极为惨重的代价，且被德军恢复攻势的能力所震惊不已。尽管如此，斯大林还是在12月的反攻中尝到了一些胜利的滋味，这让他对于进一步的进攻行动充满了乐观。不过由于出其不意的进攻是苏联红军将德军中央集团军群从祖国首都逐退的最重要因素，且苏军挑选的反击时机也恰好是德军三鼓而竭的时刻。由于突然袭击是一种"一次性"武器，且德军在遭受重创后已经得到了一定程度的恢复，斯大林在冬季余下的战事中并未能占到类似的便宜。随后的战况依旧证明，苏联红军和空军依然不具备维持长时间机动作战的能力，而1月攻势的分散也使得德军中央集团军群得以幸免。斯大林并未认识到苏军在作战能力上的有限性，而希望一蹴而就。虽然苏军经常在德军阵线上取得突破，但此时的红军部队缺乏沿突破口深入德军战线纵深并将德军部队围歼的能力。

到1942年3月，德军已经稳住了战线，不过德国试图通过一场战斗彻底击败苏联的企图已经破灭。1941年至1942年的冬天，希特勒的三个集团军群未能同时展开行动。且到1942年1月31日，德国国防军在东线已经伤亡917 985人——几乎相当于1941年6月6日"巴巴罗萨"行动发起时德军参战总兵力的三分之一——如此惨重的损失是几乎无法承受的。另一个值得一提的则是德军装甲车辆的损失，到1942年春季已经达到4 200辆。机动车辆的损失也突破了10万辆，马匹的死伤则超过了20万匹，这两种关键运输工具的损失造成了德军在东线最根本的问题——后勤补给困难。

苏军在人力和装备上的损失也极为惨重。据估计，在"巴巴罗萨"行动发起到1941年年底，苏联红军的伤亡超过了600万，另有300万人被俘，超过2.1万辆坦克被击毁。不过苏军与德军相比，在所能动用的资源方面有着巨大的差别，斯大林能够让部队补充损失，而希特勒却不能。在一举击败苏联的计划失败后，德军在1942年和接下来的几年中将面对越来越艰难的处境。

4

向斯大林格勒推进

由于天气好转，红军进攻受挫，德军在1942年夏天的形势还是比较乐观的。现在，希特勒有了一个新的目标——石油。

1942年春天希特勒不得不面对一场全新的扩大了的战争——1939年9月至1941年12月的欧洲战争此时已经升级为世界大战。虽然纳粹德国与芬兰、意大利、罗马尼亚和匈牙利已经结成了一种共进共退的联盟，同时还有日本的间接支援，但是这种松散的联盟显然不可能与同盟国巨大的人力和经济资源相抗衡。希特勒发现他正在进行的是一场旷日持久的全球性战争，他的对手包括世界上最大的殖民帝国英国、世界经济力量的主导者美国和拥有世界上最大规模军队的苏联。尽管1941年苏联遭受了巨大的损失，但希特勒却并未幻想在这场扩大了的战争中战胜同盟国——实际上从第二次世界大战一开始他的目标就是快速取得对一个孤立国家的决定性胜利。1942年3月希特勒不得不面对德国传统上的战略两难境地——两线作战，对于此时的纳粹德国来说，一个十分棘手的问题就是它必须先战胜一个敌人，才能接着再去对付另外一个敌人。

1942年春天还没有人能够意识到英美联盟潜在而巨大的经济和军事潜力——它们的潜力需要时间来激活——这就是德国的战略机遇。如果苏联在1942年被击败，那么它的经济和农业设施以及从东线脱身出来的德军将可以使德国在相对平等的条件下与英美联盟进行对抗。因此与1941年一样，德国在1942年需要用一场战役击败苏联——这对于德国在第二次世界大战中获得优势的时间来说显得非常必要和紧迫。

希特勒在1942年的计划

希特勒在其发布于1942年4月5日的第41号元首指令中指出，要使德国与西方联盟相抗衡就必须获得在时间、空间和物资上的优势，而取得这些优势的最好办法就是在俄罗斯南部消灭苏联红军。这一计划将同时剥夺苏联主要的农业、工业和石油资源，其中首先要夺取斯大林格勒上游的伏尔加河地区（而不是列宁格勒），这样就可以切断苏联的大部分石油供应，使红军陷入瘫痪，任凭宰割。在这一进程中德军虽然会被削弱，却仍然比较强大。

在1942年的战役中各项以燃油为中心的事项都要精打细算——比1941年任何阶段的计算都必须精确许多。希特勒对于德国对罗马尼亚油田的依赖一直都有着清醒的认识，因为德国现存的石油储备根本就无法支撑其与

↓苏联的春季，冰雪融化后会造成大量的泥泞，这些泥水干了后又会变成尘土。图中两名摩托车手正奋力推他们的宝马摩托和摩托车的挂斗

英国、美国和苏联所进行的长期消耗战。在希特勒看来，最"合理的"解决办法就是夺取苏联的油田和石油工业。

迈科普和格罗兹尼位于高加索山脉北部，那里当时的石油产量占到苏联全国的10%。如果德国想在沉重打击苏联石油供给的同时又能极大地增加自己的石油供应，那它就必须夺取苏联阿塞拜疆共和国的首府巴库。巴库的石油产量占苏联全部石油产量的80%以上，因此巴库及其石油生产资源的损失将会极大地影响苏联军事行动的规模和效果。至少在1942年最初阶段的战役中或者在德军陷入斯大林格勒战役之前，希特勒非常重视石油资源，他在1942年6月30日下达给南方集团军群指挥官的命令中写道："如果我不能在迈科普和格罗兹尼得到石油，那我就必须结束这场战争。"

1942年整个东线战场上的战役都是以希特勒希望这次战役在规模上要远远大于1941年战役的主观嗜好为主导。1941年12月希特勒命令德军在莫斯科外围强拚死守这一做法的成功使希特勒对自己的军事洞察力充满自信，也使他对德军士兵的作战能力深信不疑。但与此同时，希特勒越来越怀疑他的高级指挥官们对于纳粹圣战的忠诚。

由于希特勒年轻时并没有受过正规的军事训练，在第二次世界大战后期这个"波希米亚下士"成为德军指挥官经常暗中指责的对象。希特勒确实不是一个具有连贯性作战计划的制订者，可以指挥他的部队发动一系列连续的作战行动，从而一举打垮苏联，但他也并非如许多德军将领所宣称的那样无能。希特勒主要依靠自己的"直觉"来思考，如果说这种直觉导致了德军在斯大林格勒惨败的话，那么在此前一年他的直觉还是相当正确的。有一点值得玩味的是，希特勒为何会忽然从理性思考变得盲目决断和举棋不定，而这则正是第6集团军覆灭的一个重要因素。尽管如此，在1942年春仍很少有德军将领对1942年战役的作战目标提出异议。

↑德国陆军的一名下士

第41号元首指令表明德国的战略意图发生了变化，但这一作战计划却并不是十分合理。"蓝色"计划仅仅拟订了1942年最初阶段作战计划的次序：第一阶段，由冯·魏克斯指挥的部队（包括第2集团军和第4装甲集团军，1942年初4个装甲集群改为装甲集团军）将从库尔斯克直接向东进

军，在这一军事行动的南面，保卢斯将军指挥的倒霉的第6集团军也将向东进发；第二阶段，德军部队将包围并消灭部署在沃罗涅日西部的苏联红军；第三阶段，德国第4装甲集团军将沿顿河向东南进发，围歼被第17集团军向东驱赶的苏联部队于罗斯托夫北面的部队。当苏联部署于顿河以西的部队被消灭后，德军在向斯大林格勒上游的伏尔加地区进军之前在顿河的最东部渡过该河，而斯大林格勒则与1941年6月时的莫斯科一样，并不是这次战役的目标。只有当伏尔加被攻克后德军才会展开1942年下一阶段的攻势，即在红军向苏联的石油工业区增援之前向高加索地区推进，消灭余下的苏军部队——这一攻势将由冯·博克陆军元帅指挥的南方集团军群来实施。

由于上一年蒙受了巨大的人力和物资损失，1942年德军的三个集团军群已经无法同时展开进攻，因此在南方集团军群执行"蓝色"计划向高加索进军时，中央集团军群和北方集团军群只能保持防御。截至1942年5月德军在东线一共补充了110万名士兵，但仍然缺编60万人。南方集团

←←图中人物从左到右依次为：赫尔曼·戈林、威廉·凯特尔、海因里希·希姆莱和阿道夫·希特勒。1942年4月，他们在一起讨论前线的局势

↓为了报复希姆莱的得力助手海德里希被刺身亡，捷克斯洛伐克的利迪策村被德军放火夷为平地

↑党卫军头子希姆莱（左）与他的助手海德里希在一起

军群的步兵编制只有1941年6月时编制的50%，中央集团军群和北方集团军群的情况则更糟，仅有从前编制的35%。只有南方集团军群装甲部队的情况要好一些，他们的编制达到了1941年兵力的85%，但这是因为抽调了中央集团军群和北方集团军群的部分装甲兵力才达到的——可以说，南方集团军群作战能力的获得是以牺牲中央和北方两个集团军群为代价的。

德国的兵力

在"蓝色"行动前夕，南方集团军群共有100万德国部队和30万轴心国部队。德军的编制为46个步兵师、9个装甲师、5个摩托化师、4个轻装师、两个山地师和两个党卫军师。提供支援的轴心国师包括加里博尔迪率领的第8意大利军团、古斯塔夫·贾尼将军率领的第2匈牙利集团军、彼得·杜米特列斯库将军率领的第3罗马尼亚集团军和康斯坦丁·科德雷斯库将军率领的第4罗马尼亚集团军，共计68个师的精锐部队。虽然轴心国部队的素质不如德国部队，但是如果没有他们，德军就无法实施有效的机动攻击，从而1942年的胜利也将无从谈起。一般来说，除了某些罗马尼亚部队在作战中表现非常勇敢外，其他轴心国的部队都是脆弱而不可靠的，因此在以后的战斗中，红军根本就没把他们放在眼里。德军作战策略的重要环节——空中支援——将由亚历山大·勒尔上将和冯·里希特霍芬中将指挥的第4航空队的1 500架飞机提供。

　　虽然南方集团军群是一个强大的作战群体，但它真能胜利完成这一雄心勃勃的作战计划吗？希特勒知道，德意志帝国已经无可挽回地陷入了全球大规模的战争当中，因此这一作战目标能否实现对于德国能否在世界大战中取得优势极其重要。19世纪的普鲁士军事哲学家卡尔·冯·克劳塞维茨曾说过，战争的艺术在于目的和方法相互作用的平衡。1941年希特勒已经决心以300万德国部队的作战能力为赌注消灭苏联红军，但事实证明德国部队既不具备彻底击败红军的能力，也无法在战争中取得全局性的胜利。德国的资源已经相当贫乏，希特勒却决心在1942年取得他在1941年都未能取得的胜利。由于对战争的期望值太高，再加上过分低估战胜苏联所需付出的巨大努力，导致德军在作战目标和作战方法上缺乏基本的联系。

　　1941—1942年冬天的战斗充分证明德军的作战能力已经达到了极限，它之所以能躲过莫斯科的劫难，不是因为正确的决断，而是由于能量的恢复和部分运气。由于苏联红军在反攻中缺乏经验，加上斯大林在1942年1月对苏军作战计划的干预，使得德军获益匪浅。德军在冬天一直坚守阵

↓1942年希姆莱（汽车上）在访问洛茨犹太人居住区时与一个被收容的犹太人进行交谈。从1942年"最后解决方案"的实施直至战争结束，数以百万的东欧犹太人被纳粹杀害

→→到1942年，苏联红军已经从它在1941年的错误中汲取了不少的教训。他们愈发训练有素、装备精良。这些苏联后备军佩带的是常见的41型冲锋枪。它配有一个可容71发子弹的弹夹，是一种耐用而有效的武器

↓1942年哈尔科夫战役中的德军士兵

地，但当春天到来后，希特勒开始希望南方集团军群在俄罗斯南部击溃红军，从而获取一片相当于西欧大小的苏联领土。实际上，要征服这样一块领土，德军就必须在尽可能短的时间内消灭红军，但德军并不具备这种快速取胜的能力。而且顿河地区和高加索地区的道路网即便以苏联的标准来看也是很差的，虽然德军有1941—1942年秋冬季作战的经验，但它的后勤供应在很大程度上还是要依靠摩托化运输。

希特勒坚持要在克里米亚粉碎苏联的抵抗以阻止苏联轰炸机飞越黑海轰炸罗马尼亚的油田，这就使德军的作战目标与方法之间缺乏相互关联的问题变得更加尖锐化。结果"蓝色"作战计划直到1942年6月28日才开始实施，这就意味着如同1941年那样，德军只有大约4个月的时间去取得一场全面的胜利，这也意味着秋天的降雨和泥泞将阻碍德军的行动——德国人清楚地知道苏联红军比他们更适合俄罗斯冬天的寒冷气候。

莫斯科的重要性

↑ 苏联的I-153型歼击机正在塞瓦斯托波尔上空巡逻。I-153歼击机是在苏军前线服役的最后一种两翼战斗机。到了1942年，I-153开始被淘汰到二线

从许多方面来看，希特勒1942年战役的目标都在实际上降低了德军在该年度取得胜利的概率。如果德军想要依靠其有限的军事资源取得重大胜利的话，他们就必须向最有可能取得决定性胜利的目标进军，而这个目标就是莫斯科。斯大林已经意识到了这一点——如果没有莫斯科在政治、经济、交通、供应、军火和管理方面对苏联做出的贡献，要想取得对德国的完全胜利是不大可能的。正如德国陆军总参谋长弗朗茨·哈尔德上将在1941年所认为的那样，苏联红军必然要保卫莫斯科，从而使莫斯科成为一个巨大的、潜在的、决定性的歼灭战战场。如果德军取胜，不仅可以消灭红军从而粉碎苏联的防御能力，还可以使德国获取苏联巨大的经济资源，并可以利用这些资源来对抗英美。然而，希特勒却仍然固执地将目标锁定在苏联南部的工业、农业和经济资源上——他不仅要在这一区域消灭苏联红军，而且要夺取苏联的石油工业。

按照希特勒的作战方针，即使南方集团军群完成了作战任务，距离击垮苏联仍然有相当长的路要走。虽然苏联战败会失去90%的石油产量和大量的人员，从而遭受沉重的打击，但它并不是完全依靠高加索的石油。尽管比不上巴库油田的规模，但是苏联在乌拉尔山之外和里海以东的石油资源还是照样可以利用。另一方面，由于中央集团军群和北方集团军群无法对苏军发动攻势，在中部和北部的苏联部队仍将毫发无损地保留着。

斯大林深切地感受到了莫斯科的价值。1941年，这座城市对苏联是举足轻重的。在1918—1921年的苏俄内战中，莫斯科曾发挥过重大作用。1919年苏联共产党开始在俄罗斯这一古老的帝国内成长起来，他们以莫斯科为中心，通过对铁路网的有效利用打败了白军。即使到了1941年和1942年也很少有人会忘却这段历史，作为列宁继承人的斯大林更是不会忘记。1942年倘若苏联南部失守，那对红军来说将是一个沉重的打击，但红军仍然会继续战斗；但是如果莫斯科失守，那将是一个致命的打击。不论在1941年还是在1942年，面对许多紧急的请求，斯大林一直把莫斯科的安全放在最优先的位置上进行考虑。

1942年苏联最关心的有三件事：巩固与英美联盟的关系、加紧恢复严重受损的经济基础以及改革红军，但此时斯大林却不切实际地幻想把德军赶出苏联。总参谋长朱可夫将军和副总参谋长华西列夫斯基将军对局势有着比较客观的判断，他们认为红军在1941年幸存下来以后，能否在夏季顶住德军的进攻很值得怀疑，更不用说赶走德军了。与通常留给人们的印象

↓苏联海军士兵在塞瓦斯托波尔码头周围操练，这些水兵被征集来保卫这一港口

↑1942年德国"施图卡"式轰炸机轰炸位于高加索地区的黑海的港口，并取得了很好的战果。苏联的黑海舰队虽然装备精良，但在德军的空袭中却显得不堪一击

相反，苏联红军的人力资源并非取之不尽、用之不竭，它已经无法支撑像1941年那样的大规模人员伤亡了。而1941年的惨痛教训也进一步证实，要提高红军的作战效率，苏军最高统帅部、指挥官和部队都需要就现代化的消耗战进行训练和总结。

苏军最高统帅部指导着苏联的军事战略，而斯大林则控制着战争的进程。到了1942年，随着时间的推移，斯大林已经不再像经常被人描述的那么专制独断了。实际上在那个时期，斯大林已经清楚地意识到，如果苏联想取得胜利，就必须给有才干的军事将领以自由和资源，让他们放手去干。然而不幸的是，当苏军最高统帅部在1942年3月底举行会议时，这种建设性的想法却又化为了泡影。朱可夫和华西列夫斯基都主张在改革过程中以及红军恢复元气之前应当采取防御策略，这样可以使德军难以取胜。但是斯大林仍然低估了莫斯科战役之后德军的恢复能力和作战技能，他采纳了铁木辛哥元帅向哈尔科夫东部发动进攻的建议。

目标：哈尔科夫

1941年6月起出任国防人民委员的铁木辛哥希望能在这次战役中挽回自己的声誉（1941年12月他在罗斯托夫已为自己挣回了一些颜面）。作为苏联第四大城市和主要道路及铁路枢纽的哈尔科夫是红军一个重要的进攻目标，其作战计划由苏联的西南方面军来实施（苏联的"方面军"是被赋予某一特定任务的集团军群，它的大小由其所承担任务的重要性决定），同时在其南北两翼进行辅助性夹击，红军将从哈尔科夫东部的突出阵地发起主攻，从那里突破德军阵地。在哈尔科夫的东南面，戈罗德尼扬斯基中将的第6集团军和"博布金战役集群"将向西北进攻，计划与里亚比谢夫中将的第28集团军会合。紧接着第28集团军将在戈尔多夫中将的第21集团军和莫斯卡连科中将的第38集团军的支援下，从北向西南推进。此次战役的目的是包围德国的第6集团军并解放哈尔科夫。马利诺夫斯基上将指挥的南方面军承担着附属却重要的任务，他们要负责保护苏军暴露在南部的侧翼——这一具体任务将由波德拉斯中将指挥的第57集团军和卡利托诺夫少将指挥的第9集团军来执行。铁木辛哥元帅总计调动了大约64万名士兵、13 000门大炮、1 200辆坦克和926架飞机来进行这一大规模的反攻——苏联希望通过它来夺取1942年夏季战役开始阶段的军事主动权。

　　但是苏军最高统帅部在制订哈尔科夫作战计划时似乎从一开始就忽视了大量德军也正在该地区谋划一场大规模进攻的事实：依照德军的传统作战方式，"腓特烈一世"计划的目标就是要围歼那些企图收复哈尔科夫的

↓德军正向塞瓦斯托波尔郊区推进。距离镜头最近的两个士兵装备着毛瑟·卡尔98k栓动步枪

苏联部队。由于哈尔科夫地处交通要道，歼灭苏军并同时巩固哈尔科夫的防御就成为"蓝色"行动的基本前提。保卢斯将军的第6集团军将向南进攻与冯·克莱斯特将军向北进军的第1装甲集团军会合，但是在5月12日，铁木辛哥的进攻却使德军这一计划陷于混乱和迷茫之中。红军的强大攻势迫使德军后撤，里亚比谢夫指挥的第28集团军在北部向前推进了32千米，戈罗德尼扬斯基的第6集团军在南部也向前推进了24千米。一时间，铁木辛哥似乎胜利在望。如果真是这样，那么德军对克里米亚的作战计划以及"蓝色"计划就将被粉碎，但是直到5月14日红军都没有把预备部队投入战斗，从而错过了取胜的良机。而德军则利用苏军这一意外失误，迅速地改变了战场上的形势。

　　5月17日，博克命令他的第1装甲集团军向红军暴露出的南翼进攻。波德拉斯的第57集团军和卡利托诺夫的第9集团军刚一得到德军将对他们发动攻击的消息就开始慌乱地向后撤退。克莱斯特的第1装甲集团军在第4航空队的掩护下突入苏军侧翼，一举向北推进了40千米，对正向西部纵深地带进军的苏联部队构成了直接威胁。此刻西南方面军的前方部队受到的威胁

↓红军增援塞瓦斯托波尔的部队正在登上黑海舰队的"塔什干"号驱逐舰。该舰于1942年7月2日在新罗西斯克被击沉

显而易见，但是与华西列夫斯基的愿望相反，斯大林却拒绝停止进攻，这在一定程度上也是因为他听信了铁木辛哥的汇报——铁木辛哥声称红军事先已经采取了适当的防御措施。而与此同时，克莱斯特的第1装甲集团军正继续对苏军发动进攻。到了5月19日，卡利托诺夫的第9集团军被斩为两截，戈罗德尼扬斯基的第6集团军不得不转向南部对付第1装甲集团军的威胁，自然也就放弃了对保卢斯第6集团军的进攻，而保卢斯的第6集团军又临时充当了其在"腓特烈一世"计划里原来的角色。5月23日，保卢斯的第6集团军与从北面向哈尔科夫东部进攻的第1装甲集团军会合，从而包围了苏联第6集团军和第57集团军以及第9集团军和第38集团军的绝大部分。5月28日，所有的突围行动都被德国国防军和空军击败，被包围于哈尔科夫的苏军部队只好束手就擒。

在这次战役中红军共有7.5万名士兵牺牲，23.9万名士兵沦为战俘。哈尔科夫战役更加显示出在1942年夏天的最初阶段里苏军在战术灵活性和协调性方面与德军相比存在的巨大差异。苏联空军根本就不是德国空军的对手，而苏军指挥官与那些思维敏捷、经验丰富的德军指挥官相比则显得过

↓克里米亚，处于苏军炮火下的德军士兵。苏联在克里米亚的抵抗非常顽强，给德军带来了不计其数的伤亡

于冒险和外行。尽管如此，在1942年5月和6月红军仍需做出更大的牺牲才能最终说服斯大林改变其军事战略。

　　希特勒在罗马尼亚储量巨大的普洛耶什蒂油田的诱惑下，命令冯·曼施坦因上将夺取克里米亚。由于1941年12月底苏军就已在刻赤半岛上东克里米亚的费奥多西亚登陆，并且建立起了牢固的防御阵地；再加上南部红军也已恢复元气，在塞瓦斯托波尔成功地击退了德军的进攻，因此南方集团军虽然夺取了克里米亚首府辛菲罗波尔，却暂时仍无法完全控制克里米亚。

苏军的不利条件

　　1942年红军在保卫克里米亚时最薄弱的环节可能就要算声名狼藉的集团军政委麦赫利斯了。麦赫利斯与斯大林过从甚密，素以性格残忍、不辨善恶闻名。出于各种不同的目的，他全盘接管了克里米亚方面军在刻赤半

岛的防御部署。塞瓦斯托波尔的红军指挥官彼得罗夫中将是前沙皇时代的军官，具有一定的军事才能，只有他享有一定程度的战术独立性。在克里米亚东部，麦赫利斯的无能削弱了部队的战斗力。

红军在刻赤半岛上的阵地横跨狭窄的克里米亚东部，形成了一道坚固的纵深防御，使得曼施坦因这样优秀的指挥官也一筹莫展。曼施坦因意识到，红军对大海的控制可以阻止任何来自水路或陆路的侧翼进攻，所以他认为第11集团军的正面进攻是一种冒险行为。然而，在5月8日开始的"猎鸨"行动中，守军指挥官科兹洛夫的无能以及麦赫利斯的自大顽固却最终导致了这道坚固防线的崩溃。

仅仅通过简单的声东击西战术，曼施坦因就使苏军指挥官把第51集团军调到了刻赤防线的最北端。1942年5月8日3时15分，在勒尔将军第4航空队大规模的空中支援下，德军向刻赤防线的最南端发起了进攻，而苏联的第51集团军此刻却正守在刻赤防线的最北端。到5月12日，德军已经突破防线并开始向北部进攻。面对德军这一戏剧性的突破和在德国空军的不断打击下，克里米亚防线开始瓦解，不计其数困惑而沮丧的苏军士兵开始向

↓在高加索进行的战斗中，德军士兵在炮火的掩护下向前冲锋。照片中前面的士兵拿着两个炸药包

东撤退，刻赤于5月15日陷落。5月17日，数以万计的苏军士兵被无助地驱赶到刻赤半岛的最东端。当黑海舰队试图帮助他们撤退时，第44、第47和第51集团军的败逃很快就演变成了一幕悲剧。德国国防军充分利用他们的优势在地面和空中攻击苏军部队，到5月19日，苏军在东克里米亚的防线被完全摧毁。在克里米亚战场，仅仅一周的时间就有三个苏军集团被击溃、176 000名士兵阵亡。将其与哈尔科夫同时遭受的灾难相加可以看出，红军在短短几天中就丧失了50万名士兵，而这时夏季的主要战役还没有开始。紧接着曼施坦因就集中起他的第11集团军向塞瓦斯托波尔发起了最后进攻。红军在俄罗斯南部的阵地变得岌岌可危。

塞瓦斯托波尔陷落

塞瓦斯托波尔的防线还是比较牢固的。彼得罗夫将军充分利用了自然地理条件，将城里火炮的水泥掩体的位置与防御阵地结合得浑然一体。塞瓦斯托波尔的防御阵地由大量的炮台、战壕、瞭望台和碉堡组成。整座城市就像一座错综复杂的迷宫，可以在短短几周内轻松消灭任何来犯之敌。表面上看曼施坦因似乎无机可乘，但他巧出奇招，通过特别铺设的铁路运来了巨型火炮和迫击炮，进行了5天的狂轰滥炸。在完全占据制空权的德国空军的日夜轰炸下，苏军的防御力量被大大削弱。1942年6月7日，德军开始了"捕鲟"行动。

6月28日，当德军为执行"蓝色"行动继续向北进军时，德国步兵第11集团军在晚上对塞瓦斯托波尔北部发动了水陆两栖的大胆进攻。在德军的后续部队赶到后，孤立无援的守军的抵抗开始动摇。6月30日，斯大林命令彼得罗夫撤退，但是大部分塞瓦斯托波尔守军包括数千名平民遭受了与刻赤半岛苏军相同的被屠杀的命运。在攻陷塞瓦斯托波尔之后，希特勒擢升曼施坦因为陆军元帅，但他却并没有命令第11集团军穿过刻赤海峡，进入北高加索支援"蓝色"行动，而是命令其加强对列宁格勒的围困，这是一个日后令希特勒后悔莫及的决定。

于6月28日开始的"蓝色"行动是1942年德国夏季攻势最主要的部分，德国对这一行动寄予了太多的希望。而实际上，"蓝色"行动在一枪一弹都还没有发的时候就已注定要失败。1942年6月19日德国第23装甲师作战指挥处处长赖歇尔少校乘坐的飞机在苏联防线后方迫降，由于赖歇尔

↑苏联空军的高级政委，身着1935式蓝色制服

↑苏联妇女正在包装盛着血液的容器，这些血液将被运往前线救治伤员

直接违背希特勒的命令，随身携带着与"蓝色"计划有关的命令和图纸，因此在24小时内这一计划就被转到了布良斯克方面军指挥官戈利科夫将军的手中。戈利科夫立即把它呈交给了斯大林，但斯大林认为这只不过是德军故意泄露出来的烟幕弹，旨在把苏军的注意力从莫斯科吸引到别的地方。斯大林的这一想法成全了"蓝色"计划——事实证明恰恰相反，它并不是故意透露出来的虚假计划。真正的虚假计划是"克里姆林宫"行动，即德军在1942年春实施的一个计划周密的迷惑苏军的计划，它使斯大林更加认识到莫斯科的重要性，决定不支持任何会削弱莫斯科防线的行动。因而斯大林也就没有理会戈利科夫呈报的"蓝色"计划以及他的不满情绪。当戈利科夫返回前线时，不被斯大林放在眼中的"蓝色"行动已经箭在弦上。该计划的直接目的就是占领布良斯克，同时歼灭苏联的西南方面军。

6月28日，霍特的第4装甲集团军在强大的空中掩护下，向布良斯克方面军的第13集团军和第40集团军的会合处发动了攻击。两天后，保卢斯的第6集团军在南面开始进攻苏联的西南方面军，并突破了戈尔多夫的第21集团军和里亚比谢夫的第28集团军的防线。斯大林调集了几个坦克集团军去进行支援，但是由于这些部队都未能考虑周围的战场局势且处于散乱的状态，所以它们都没能提供真正有效的支援。7月1日，德军在两个侧翼的进攻本来是要在旧奥斯科尔形成一个包围圈，但是由于第40集团军进行了顽强的抵抗，其他的红军部队得以转移，从而保全了布良斯克方面军的大部分。虽然这对德军来说是一次沉重打击，但却与其在1941年遭受的重创不同。

　　7月3日，布良斯克方面军的新编第5坦克集团军对德军北侧的反击被德军第2集团军和德国空军轻松挫败。戈利科夫成为斯大林的又一个替罪羊——7月5日罗科索夫斯基接替了戈利科夫。此时霍特将军的第4装甲集团军已经在顿河上游渡过了顿河，并到达距沃罗涅日西部5千米处。沃罗涅日是公路、水路和铁路的另一个主要枢纽。在斯大林看来，德军向沃罗涅日的进攻可以为德军从南面攻击莫斯科奠定基础，同时可以截断莫斯科与高加索的联系。而对于德军来说，攻占沃罗涅日将可为其以后向顿河地区进军提供一个有利的基地。但希特勒远没有斯大林重视这个城市。希特勒主要关心的是让第4装甲集团军迅速向顿河的大弯曲地区进军，然后按原计划进一步南下，通过一系列包围来消灭苏联红军。博克认为苏军在沃罗涅日的抵抗将是微不足道的，希特勒信以为真，于是命令装甲部队向沃罗涅日发动进攻。但是苏军的顽强抵抗延缓了第4装甲集团军向南部的进军，这令希特勒大为恼火。

"蓝色"计划的第一阶段结束

　　7月9日沃罗涅日的陷落标志着"蓝色"计划第一阶段的结束，但是希

↓拿着弹药盒前进的苏军士兵。与德军不同的是，苏军士兵要自己运送弹药

特勒对此却并不满足，因为德军在旧奥斯科尔仅俘获了不到4万名战俘，并且当大量装甲部队攻打沃罗涅日时，苏联的西南方面军已经开始向东撤退，以避开德军的包围。同样，在罗斯托夫北部，南方集团军群的其他部队（克莱斯特的第1装甲集团军和鲁奥夫的第17集团军）在追剿西南方面军的断后部队时进展缓慢，红军正在从德军的手指缝中溜走。希特勒于7月9日果断地进行了干预——这是德军在1942年展开夏季攻势以来的第一次，当然不会是最后一次——博克陆军元帅被解除职务，南方集团军群被一分为二：A集团军群和B集团军群。其中A集团军群由李斯特陆军元帅指挥，包括第17集团军、第1装甲集团军、罗马尼亚第3集团军和意大利第8集团军。A集团军群将向东进发，与霍特的第4装甲集团军一起歼灭撤退中的苏联西南方面军和南方面军，然后转而南下夺取黑海边上位于顿河入海口的罗斯托夫，这是北高加索的一个门户。

B集团军群包括第6集团军、第4装甲集团军、第2集团军和匈牙利第2集团军，由陆军元帅冯·魏克斯指挥，它将沿顿河上游行进，以保护德军的北侧。同时，第6集团军和第4装甲集团军将向东进军夺取伏尔加河地区——这一次斯大林格勒仍然不是德军的目标。希特勒控制着整个战役，7月13日他专横地把第40装甲军团从第6集团军调往南部，以协助第1装甲集团军实施对米列诺沃的包围，结果抓到的苏军战俘却只有14 000名——一个可笑的结果。"蓝色"行动初期的两次包围战仅仅抓获了54 000名战俘，而其他苏联部队则继续在有条不紊地向东撤退。德军虽然占领了大面积的土地，却没能消灭红军的大量有生力量。

←←什库罗上士是一名无线电通信员兼炮手，他正为拍一张宣传照片摆出一个造型。宣传画的文字注明，他在坦克中被德军围困了7天

↓苏联的132毫米（5.2英寸）火箭炮是苏德战争中最广泛使用的火箭炮。它给德军带来很大的震慑，这种炮型在苏联红军中一直服役到1980年

苏联M-13 132毫米火箭炮

从某种意义上说，苏联在哈尔科夫和克里米亚的灾难和50万人的损失，对红军也许意味着一个不错的结局。最开始，斯大林命令红军坚守阵地、寸土必争，红军确实是在坚守阵地、顽强抵抗，但同时却也伤亡惨重。1942年6月26日，华西列夫斯基上将接替沙波什尼科夫担任总参谋长，他请求斯大林改变策略。华西列夫斯基认为坚壁清野将会带来灾难性的后果，如果伤亡人数进一步上升，就将意味着红军没有能力在苏联南部和莫斯科同时作战。西南方面军在撤退时就已处于崩溃的边缘，而它的分崩离析则将使南方面军的北侧陷入德军的猛烈炮火之下。这样的结果最终将会导致红军在苏联南部的阵地被迅速而彻底地摧毁。华西列夫斯基顶住各种不同意见，说服了大家。1942年7月6日，斯大林命令铁木辛哥的西南方面军和马利诺夫斯基的南方面军进行战术撤退，以免被南下的德国第4装甲集团军包围。

← 这是一幅德军对顿河的空中侦察照片。从照片中可以看出三座桥梁中的两座都已被苏军炸毁，用以延缓德军前进的速度

斯大林允许红军以土地换时间的重大决定立即在米列诺沃得到了回报——德军未能重创红军，而希特勒对此做出的反应则将对夏季战役的整个进程都带来直接的影响。7月16日他取消了第4装甲集团军向伏尔加进军

的命令，指示霍特的各装甲师南下与A集团军群联手在罗斯托夫东北部建立一个大的包围圈。然而，红军又一次成功地避免了被包围的命运。此时希特勒的恼怒变成了一种盲目的乐观，他尽力说服自己，尽管没有抓到多少战俘，但是红军在顿涅茨河走廊上已经丧失了抵抗力。

攻击目标：斯大林格勒

1942年7月20日，希特勒向保卢斯的第6集团军正式下达了攻占斯大林格勒的命令，随即又宣布"蓝色"行动已达到其预定目标。希特勒在其于7月23日发布的第45号元首指令中命令A集团军群渡过罗斯托夫以东顿河下游河段，攻占高加索北部石油产地，然后向巴库推进。希特勒同时也给A集团军群下达了一个新的任务：占领黑海港口。与此同时，B集团军群也将向东推进，切断伏尔加河，攻克斯大林格勒并拿下里海上的阿斯特拉罕。但是由于各支部队都得不到额外的战略物资，因此如同1941年希特勒因为低估苏联红军的战略反击能力而吃亏一样，这个野心勃勃的计划看起来也显得有些荒谬。虽然德军武装部队指挥参谋部依然具备强大的战术力

↓来自基洛夫歌剧院的四重奏组正为士兵演奏，以提高苏军的士气

量，但正如"巴巴罗萨"行动中所显示的那样，这并不能保证德军赢得最后的胜利。此外希特勒还把霍特的第4装甲集团军重新划归B集团军群指挥，协助攻打斯大林格勒。霍特的装甲部队渡过顿河，沿顿河南岸向西北方向的斯大林格勒挺进。同时在北面的201千米外，保卢斯的第6集团军也在向斯大林格勒进发。

从战略上讲，德军1942年夏季攻势的第二阶段显得有些犹豫不定而且目标制订得也有些过高——这些问题在1941年的"巴巴罗萨"行动中就已表现得相当明显。A集团军群和B集团军群的联合——尤其是当它们在不同的轴线上行进时——是否具备到达目的地的能力也是很令人怀疑的。从实战上讲，B集团军群下辖的第6集团军和第4装甲集团军分列顿河两岸也违背了军事常理，因为它既不能切断红军，相互之间也不可能彼此支援，而且在8月里还将会遭到苏军的顽强抵抗，最终将会导致联合起来的力量崩

↑最新的武器装备定期发放给党卫军，其他补贴品也相当可观。这些士兵正分享着他们的奢侈品——从西班牙运来的橘子

溃。而事实也正是如此，第4装甲集团军暂时脱离B集团军群破坏了B集团军的进攻节奏，使红军有机会在斯大林格勒西面站稳脚跟。

1942年7月23日，A集团军群占领了罗斯托夫，然而毫不夸张地说，希特勒将第4装甲集团军这样一支强大的机动部队从B集团军群调去粉碎顿河大弯曲处苏军的抵抗，却从根本上破坏了德国1942年的战局。就像在1941年时一样，希特勒又一次轻率地放过了红军。但是红军在1942年7月时的处境依然险恶：西南方面军与南方面军之间丧失了联络，布良斯克方面军也被打得没有还手之力。7月12日，斯大林组建了斯大林格勒方面军，由铁木辛哥元帅指挥。斯大林格勒方面军被部署在长达354千米的战

线上，这条战线沿着顿河新月形的路线向东南方向的斯大林格勒和伏尔加延伸，然后转向西南方向的罗斯托夫。西北方向是库兹涅佐夫的第63集团军，西面是科尔帕克奇的第62集团军，崔可夫的第64集团军在它的左翼。第63集团军与64集团军以16万人对抗保卢斯30万人的强大的第6集团军，实力明显处于下风，况且第64集团军是仓促组建的。斯大林格勒方面军与西南方面军的残部在顿河上拥有巩固的阵地。第21集团军（司令是丹尼洛夫）、莫斯卡连科的第38集团军和第28集团军（司令是克鲁奇金）留作预备队。托尔布欣的第57集团军（波德拉斯为免受被俘之辱已自杀）则加强了南翼的力量。1942年7月21日，铁木辛哥被免除斯大林格勒方面军司令之职，由戈尔多夫中将继任。

↑1942年10月10日，苏联南部某小镇上，德国国防军哨兵守卫着一辆Ⅲ型坦克

攻占罗斯托夫

正当红军预备封锁通往斯大林格勒和伏尔加河的道路时，A集团军群已攻克了罗斯托夫。7月25日德国的先头部队渡过顿河下游河段进入库班草原，A集团军群同时击退了苏军第12和第18集团军的反击。到8月9日德军第17集团军已经到达克拉斯诺达尔，在它左面，德军第1装甲集团军突破苏军第37集团军的防线后向迈科普推进。然而希特勒的如意算盘还是落空了——撤退的苏军已经完全破坏了这个城市的石油生产与贮存设备。虽

然红军仍在撤退，但当德军威胁到苏联石油工业的心脏时，他们开始进行坚决抵抗，A集团军群的推进速度被迫放慢。到1942年8月下旬，A集团军已在高加索山脉的丘陵地带及黑海沿岸陷入艰苦的战斗中。但是A集团军群的滞缓以及B集团军群在顿河大弯曲处的投入战斗却使希特勒更加强烈地希望拿下斯大林格勒。

7月23日，保卢斯的第6集团军强行突入科尔帕克奇的第62集团军左翼。7月25日，崔可夫的第64集团军也面临着巨大的压力。虽然崔可夫竭力死守顿河与奇尔河交汇处的渡桥，但他最终还是被迫炸掉它并向东撤退。斯大林注意到第62集团军和第64集团军之间的防线正在崩溃，急忙命令华西列夫斯基的部队往南移动以协同作战，其首要任务是保证防线不被切断。7月27日，莫斯卡连科的第1坦克集团军（前第38集团军）与克鲁奇金的第4坦克集团军（前第28集团军）发动反攻。虽然这一反攻因为德国空军的轰炸而进展缓慢，但它最终还是迫使德军第6集团军放松了对科尔帕克奇的第62集团军的钳制。8月1日第6集团军开始转入战术防御，霍特的第4装甲集团军由于正在南面161千米处艰苦作战而无法提供任何援助。

↓父母被虏或被杀的苏联孤儿在废墟上玩耍

↑行进中的德军跃过一条小溪，背景是一座燃烧的粮仓

斯大林格勒遭袭

7月31日，德军第4装甲集团军从西南方向向斯大林格勒发起攻击，它突破了苏军第51集团军的防线，但随即便遭到崔可夫第64集团军的猛烈打击。霍特重新聚集起装甲力量向第64与第57集团军的接合处发动进攻，但在取得初步胜利后却被迫停止，这也是希特勒在7月上旬命令第4装甲集团军从东面的伏尔加河转向南面的罗斯托夫的后果所在。随后，德军第6集团军与第4装甲集团军均遭挫败，尽管它们加起来的战斗力量足以突破苏军防线并能迅速地向伏尔加推进。正如1941年10月和11月在莫斯科那样，国防军部队虽然占有战术优势，却陷入了旷日持久的遭遇战。因此，B集团军群一直到1942年8月末在遭受了重大伤亡之后才到达斯大林格勒。如果不是希特勒命令第4装甲集团军归属于A集团军群的话，那么它在1942年7月末就应该到达伏尔加了。

在1942年8月的第一周里，双方都在重新组织力量。由于斯大林格勒方面军编制冗重，在战斗中不易调度，因此华西列夫斯基将它划分开来：戈尔多夫仍然指挥斯大林格勒方面军，下辖第63、第21、第24、第26集团军和第1、第4坦克集团军；在南面，叶廖缅科中将受命指挥新组建的东南

→一在阻止德军向高加索推进的战斗中，苏军伤亡惨重。图为1942年10月的苏联医务兵雅尔马科夫。他已将至少60名伤员连同武器从战场上救出

↓苏军的反坦克炮手在通向斯大林格勒的路上，指挥官正在用双筒望远镜观察敌情。苏军的抵抗随着敌人的逼近而日益加强

方面军，下辖第62、第64、第57、第51集团军。两个方面军的分界处正是斯大林格勒市中心的女王河。在德国方面，陆军元帅冯·魏克斯命令第6集团军和第4装甲集团军集中力量攻击斯大林格勒西部的红军，试图将B集团军群重新聚合为一个强有力的战斗整体。保卢斯的第6集团军将对科尔帕克奇的第62集团军发动攻击，而霍特的第4装甲集团军则将再次与崔可夫的第64集团军交锋。

渡过顿河

8月7日，保卢斯在击溃第62集团军后迅速向东面的顿河推进。尽管一开始他的指挥官们被复杂的地形所困扰，但保卢斯仍使他们保持着坚定的斗志。1942年8月23日黎明，第6集团军在里希特霍芬第4航空队的支援下，冒着苏军顽强抵抗的炮火强渡顿河。在占领顿河两岸的桥头堡阵地之后，德第14装甲军（军长是维特斯海姆）以汉斯·胡贝的第16装甲师为先锋突破了第62集团军的防线。保卢斯不顾胡贝与维特斯海姆的反对，敦促胡贝的装甲师迅速穿过顿河–伏尔加陆桥，推进到斯大林格勒北面的伏尔加地域。这样一来1942年4月发布的第45号元首指令的目标已经全部实现，但此时第16装甲师的阵地却很危险：在它后面，顿河河畔的第62集团军仍有相当实力；在伏尔加河畔，它随时都有可能遭遇来自第62集团军、义勇军以及捷尔任斯基拖拉机厂里刚下装配线的坦克的攻击。维特斯海姆

撤回第16装甲师的要求被保卢斯拒绝，不过德国空军在8月23日至24日对斯大林格勒发动的大规模轰炸暂时掩护了第16装甲师。第4航空队以菲比希中将的第8航空军为先导，将城区变为瓦砾，造成了数万人的伤亡。第64集团军司令崔可夫中将在市区的战斗即将达到白热化之前曾说："这座沿伏尔加河绵延近56千米的巨大城市正在陷入火海之中，到处都在燃烧，都在倒塌，死亡与灾难的阴影笼罩着成千上万的家庭。"

尽管第16装甲师的压力得到了暂时缓解，但在8月剩下的日子里，当保卢斯的第6集团军右翼迎着苏军的顽强抵抗强渡顿河时，它的处境依然很危险。实际上，在向斯大林格勒推进的过程中，德军的指挥官们已经逐渐意识到苏军日益增强的抵抗决心，这在斯大林格勒西南方向体现得最为明显。当霍特的第4装甲集团军向东北突进，试图与保卢斯的第6集团军会师时，遭到了崔可夫第64集团军的猛烈攻击。到8月27日，第16装甲师吃力地维持着它在伏尔加河畔的立足点，第4装甲集团军的推进也被迫停止。然而霍特在8月31日却进行了一次精彩的战术重编，利用步兵师牵制、迷惑第64集团军，使得肯普夫的第48装甲军趁机突围。接着，冯·魏克斯命令第4装甲集团军向皮托姆尼克的第6集团军的右翼靠拢，从而对西面的第62和64集团军形成了合围——如此灵活的战术调动在1941年的战争中是无法看到的。德军缓慢地向东推进到斯大林格勒的郊区，魏克斯命令第4装甲集群沿着女王河进城，但是霍特的进攻又一次因为在斯大林格勒西郊遭到坚决抵抗而被迫停止。

在北面，第6集团军下辖的强大的第51装甲军于8月31日最终击败了顿河地区苏军第62集团军的抵抗，因而第16装甲师的阵地得以确保。8月26日，鉴于伏尔加地区形势危急，斯大林任命朱可夫为最高统帅代表（权力仅次于他自己），派他拯救斯大林格勒。朱可夫对部下要求严厉，内心充满坚定的成功信念，这已在1941年的列宁格勒与莫斯科战役中得到了证明。他于8月29日到达前线，立即鼓励莫斯卡连科："我们已经战斗了两年，现在该是有所表现的时候了。"

苏军的进攻

斯大林担心该城被德军攻陷，于是催促朱可夫赶快出击，要不惜一切代价将德军赶回去，但朱可夫却推迟了进攻。9月5日第1近卫集团军与戈尔多夫斯大林格勒方面军下辖的第66和24集团军向驻扎在市区北部的伏尔加河地区的第6集团军右翼发起攻击，但在遭到有装甲力量支援的德国炮兵与空军的猛烈反击后，最终只推进了3.5千米——但是此时斯大林仍然坚持进攻。斯大林格勒方面军与德军第6集团军左翼作战达一周，伤亡惨重却徒劳无功。当这些徒劳的攻击还在继续时，德军第4装甲集团军则巩固了它在城郊的阵地，并于9月10日最终同第6集团军连成了一片。

　　1942年4月，充满自信的德军开始准备进攻斯大林格勒——这步棋早已人尽皆知。这座城市的最终命运对战斗双方心理上的影响都相当大：对希特勒来说，斯大林格勒成了德国1942年战争的象征，他被苏联这座产油城市牢牢吸引，几乎冲昏了头脑；对斯大林来说，伏尔加河已成了不归之地，假如斯大林格勒失陷，苏联虽还掌握着可以继续战斗的资源，但人民能否保持坚定的信念就很值得怀疑了。一方渴望而另一方恐惧的结局似乎早就在德军的预料之中，然而伏尔加河虽被切断，红军却还未被消灭。几天之后德军官兵就会清楚地意识到：不管他们对最终的胜利何等自信，斯大林格勒战役都将是他们经历的最艰苦的一场持久战。

↓在高加索山脉的阴影下，德国装甲兵正在休息

5

斯大林格勒战役

争夺斯大林格勒的战役是整个东线战场的焦点。希特勒的筹码不断加重，而崔可夫的第62集团军则英勇不屈、浴血奋战。

斯大林格勒最初名为察里津，是在19世纪作为伏尔加河畔的一个贸易城镇而逐渐兴盛起来的。在俄国内战期间（1918—1921年），红军在察里津取得了决定性的胜利。到20世纪30年代，斯大林被官方正式确认为在1917年十月革命和察里津大捷中起到了关键性的作用。斯大林格勒就这样与斯大林和俄国革命永远地联系在了一起，因此这座城市的命运对苏德双方在心理层面上的影响都是巨大的。

战前的斯大林格勒

1941年的斯大林格勒是一座拥有60万人口的城市，它在20世纪30年代斯大林的计划经济中扮演着一个重要角色，而其在伏尔加河上的位置则又决定了它是苏联战时经济中的重要一环，因此斯大林格勒在政治、经济、通信联络以及心理上都是一个极具价值的目标。不管怎样，假如红军要发动一场歼灭战，那么斯大林格勒就像1941年的莫斯科一样是最理想的地方。城市东部崎岖的地形尤其不适合快速推进，城区众多的工人住宅区与林立的工厂则使以往德国制胜的绝招——空军、装甲部队与步兵联合作战的机动战术——几乎无法施展。此外，这座城市的奇特形状也使国防军采用其传统的合围战术击败红军的可能性大大降低。它静静地横卧在伏尔加

←←斯大林格勒，第13近卫步兵师的一门50毫米迫击炮向德军阵地开火。在德军的炮火与战机的轰炸下，城市的大部分很快就变为废墟

河西岸，绵延40千米，只有8千米宽，而宽度超过1 000米的伏尔加河则意味着假如国防军想要包围这座城市就必须两栖作战，而这也就会使得德军不得不进行长期的正面攻击，除非红军的防线戏剧性地突然崩溃。

　　位于斯大林格勒市中心的马马耶夫岗是古代鞑靼人的墓葬地，它在军事地图上被标作102高地，既是一个绝好的观察点，又是一个兵家必争之地。在未来数周激烈的白刃战中，双方都不会轻易放弃它。城市最北部是斯大林格勒的工业中心，北面是捷尔任斯基拖拉机厂，左侧是规模庞大的巴里卡德兵工厂，往前是西利卡特工厂，著名的红十月炼钢厂位于正南，斯大林格勒的工人们所在的巨大而连绵的住宅区与众多的工厂一起形成了一道宽阔的防御阵地。城市最南端被察里津河隔开，该河从中央车站下面

← 1942年10月2日，从一架战斗机上看到的"施图卡"式飞机轰炸斯大林格勒后的景象。图左可看到伏尔加河

向东流入伏尔加河。从中央火车站向东数千米就是伏尔加河，此处既可能是苏军的葬身之地，也可能是它坚持下去的希望之源。

　　此时的保卢斯和他的指挥官们依然对德军的力量充满自信。也许是过于自信，第6集团军追赶着苏军穿过草原——任何会在斯大林格勒战败的想法都被德军嗤之以鼻。而与此同时许多苏军指挥官们则忧心忡忡，他们怀疑红军是否有能力击败德军，这些人里面就包括洛帕京将军——他率第62集团军奉命保卫斯大林格勒。1942年9月12日，崔可夫中将接替了洛帕京——1941年6月崔可夫任苏联驻中国军事专员，一年后他又重新活跃起来——他在此前不久曾率领第64集团军重挫德第4装甲集团军。脾气暴躁、有些邋遢的崔可夫在前线以高度的负责精神与敏锐的战争神经而闻名，比起他的德国对手保卢斯来，他更像是一名天生的斗士。在1942年9月和10月那些悲惨的日子里，崔可夫在战争最黑暗的时刻经受住了严峻的考验，并最终率领他的部队取得了胜利。

崔可夫相信他已经掌握了德军在巷战中的弱点。他注意到德军的装甲力量总是配合空军一道出击，而步兵则总是要由坦克为他们开路。这种方法曾经在战争中显示出其强大的威力，但它只适用于开阔的草原，在一座令人窒息的封闭的城市里则是行不通的。崔可夫由此得出结论：第62集团军必须突破敌人的作战链条，削弱其空中力量，迫使德军坦克和步兵在失去空中支援的情况下单独进攻。崔可夫的对策是让己方的步兵去"拥抱"敌方的步兵，不给德国空军常用的破坏对手防御阵地的机会。虽然德国空军在战争中的地位依然举足轻重，它阻止了苏军迂回行进，切断了通信联络，但它此时的影响已不如先前那样重要。崔可夫的指令对第62集团军来说的确是一个很有价值的战术策略，但是在1942年9月14日苏军发现自己依然举步维艰。

↓图为斯大林格勒争夺战中一架德MG34型重机枪。斯大林格勒沿伏尔加河而建的地形特点迫使德军只能从正面发起攻击，因而损失惨重

首次进攻

1942年9月14日，第6集团军的先头部队沃尔特·冯·赛德利茨-库尔

茨巴赫中将的第51军向斯大林格勒的北部和中心发起了钳形攻势，其下辖的三个步兵师（第71、第76、第295师）率先向东南推进。在察里津河南岸，第24装甲师和第94步兵师穿过米尼纳郊区实施突击，它们右侧的第14装甲师和第29摩托化步兵师正在穿越叶尔尚卡区。这样部署的目的是，在敌人联合起来进攻伏尔加河第62集团军的重要码头之前，将其合围并予以消灭。假如得手，第62集团军在伏尔加河西岸就将陷于孤立，任由第6集团军摆布。当天下午崔可夫设在马马耶夫岗上的指挥所被毁，苏军在敌人的进攻下乱了手脚，局面眼看就要失控。但崔可夫确信敌人的目标是码头，便启用了他最后可用的预备队——一支拥有19辆坦克的部队——去阻止德军前进，同时告知他的上司叶廖缅科上将，假如他得不到预备队第62集团军就将被击败。

1942年9月14日黄昏，当罗季姆采夫的第13近卫师在伏尔加河东岸集结起来时，厮杀声从对岸清晰地传来，队伍中的每个人都清楚自己面临的是什么。19时整，第13近卫师共一万人接到了横渡伏尔加河的命令，任务是守住码头，夺回马马耶夫岗，阻止德军占领1号火车站。第13近卫师登陆时其先锋营与敌方步兵遭遇，经过短暂激烈的战斗后，队伍迅速转移到马马耶夫岗东南斜坡并在1号火车站站稳脚跟。9月15日黎明，第71、第295步兵师袭击了苏军第13近卫师，同时，察里津河南面的德军第4装甲师则冲进了米尼纳与叶尔尚卡地域。在激烈的战斗中，1号火车站先后15次易手。9月16日，第13近卫师暂时击退第71步兵师，扫清了码头附近的德军。然而随着第76步兵师的涉入，胜利的天平重新开始向德军倾斜。到9月19日，第71步兵师已经占领1号火车站并对码头发动了猛攻。罗季姆采夫的第13近卫师原有一万名生龙活虎的士兵，如今只剩下2 700人。但是，苏军的防线虽然受到重创却还没有被摧毁。

马马耶夫岗

马马耶夫岗上的战斗同样惨烈，德军第295步兵师付出了巨大的代价试图从索洛古布上校率领的第112师手中夺取这个战略要地，这样就可以居高临下清楚地观察到第62集团军左右翼的动向，从而为飞机和大炮提供精确的打击目标。崔可夫在他的回忆录中曾谈到9月15、16日晚上的情形："我们都在关注着马马耶夫岗的命运。如果敌人占据了它，就可以控

↑德军攻击炮团的一名军士。他被授予骑士字奖章、一级和二级铁十字奖章

制整个城市和伏尔加河。"9月16日黎明，崔可夫命令苏军一部向马马耶夫岗顶部发起进攻。两个战斗编队冲上岗顶，但很快就被德军击退，只有步兵坚持了下来。9月20日德军停止进攻，双方各自占据了岗顶的一边。

在马马耶夫岗南面，第13近卫师在争夺1号火车站的战斗中被击溃。当德国的第71步兵师试图北移与第76和第295步兵师会合以期围歼第13近卫师的残部时，第62集团军的左翼开始收拢。9月23日，天刚放亮巴图克中校就率领第284师的2 000人渡过顿河攻入斯大林格勒，他们将支援第13近卫师与马马耶夫岗上戈里什内上校率领的第95师。巴图克的士兵登陆时，德国空军一次空袭中激起的烟尘、炸塌的建筑恰恰给他们提供了掩护。9月23日10时整，第284西伯利亚师与第13近卫师共同发起反击，将德军第71步兵师赶出了码头。虽然他们的推进因为1号火车站失陷而被迫停止，但为崔可夫重新控制局面提供了契机——如果第62集团军牢牢稳住它在察里津河以北的战术阵地，那么此时在南岸的苏军部队就会因为遭到第4装甲集群的攻击而溃败。

↓ 在斯大林格勒战场，一辆德军突击炮在步兵的掩护下向前推进

目标：伏尔加河

第4装甲集团军的任务是到达伏尔加河，把崔可夫的第62集团军与舒米洛夫的第64集团军分割开来。在最右面，第14装甲师与第29摩托化步兵师已经迅速地完成了这项任务，但第24装甲与第94步兵师却遭到了顽强的抵抗。苏军第35近卫师与第42步兵师和第92海军步兵旅联合起来坚持战斗，与德军争夺当地的重要建筑：伏尔加河附近一座大型水泥粮仓。这座粮仓对察里津河以南的苏军防御相当重要，它既是极好的观察点，又是坚固的防御工事。30名苏联水兵与20名近卫军战士在此抵御德军达数日之久，但粮仓最后还是被夺去了。德军第94步兵师的威尔海姆·霍夫曼回忆了当时的战斗留给他的深刻印象：

> 我们营的士兵和坦克一起向浓烟滚滚的粮仓进攻——好像是苏军自己引火烧着了粮仓。真野蛮！我方损失惨重，每个连剩下不到60人。粮仓的守卫们简直不是人，而是魔鬼——不怕火焰和子弹的魔鬼。

粮仓之争从9月17日一直持续到9月22日，此时如释重负的霍夫曼吃了一惊：

> 苏军在粮仓里的抵抗被粉碎了，队伍正向伏尔加河推进。我们在粮仓里发现了大约40具苏军尸体……而我营则损失了差不多有一个常规连的人数。老兵们从来没有经历过这样惨烈的战斗。

粮仓失守使得苏军的形势急转直下。第35近卫师的战斗力被削弱，保存下来的两个旅也因缺乏弹药、水和食物而疲惫不堪。9月26日德军第24装甲师已经到达伏尔加河，他们向第62集团军的主要码头发动猛攻。从战略上讲，即便没能将第62集团军赶入伏尔加河，第6集团军也算得上是收获颇丰。霍特的第4装甲集团军已将第64集团军挤到一边，这样崔可夫的第62集团军就陷入孤立无援的境地；它还控制了察里津河以南伏尔加河沿岸8千米长的一片地域。在斯大林格勒中部，德军占领了1号火车站，将苏军赶到伏尔加河边缘地区，马马耶夫岗顶的守军也被击溃。红军在城里和

↑图为一名苏联空军少校。前臂的红、黄臂章显示出他的军衔

↑苏军一迫击炮队在战斗中。到1942年9月26日，德军已占领了斯大林格勒的中央车站，将苏军防线压缩至伏尔加河边缘

对第6集团军北翼发动的反攻均告失败。第62集团军在伏尔加河西岸的桥头堡此时已被限制在斯大林格勒的工业区内。

然而，德军官兵在目睹斯大林格勒毁灭之际却感受不到胜利的喜悦，他们被苏军的顽强所震惊，很快就意识到苏军战斗到底的决心极其坚定。德军在开阔地带的战役中显示出了强大的战斗力，其装甲力量、空军与步兵三位一体的快速推进和颇具胆略的领导层为它赢得了一系列的胜利，但是在一座被摧毁的城市里进行巷战却是德军的劣势而非优势。

德军的命令可以直接下达到师级指挥官，军队调动迅速而灵活，在这一点上他们尽可以傲视对手。但是假如这条关键原则要在斯大林格勒被保留下来的话，那么权力就必须下放到团级甚至营级指挥官。而在另一方面，当斯大林格勒战役正在成为数百个小作战团体之间的持久战时，再去追求决定全局性的胜利就不太现实了。但是德军的高级将领们却在此时试图去夺取这样的胜利，而这样做的结果则恰恰破坏了曾在他们先前的胜利中起过关键作用的一个优势：灵活性。有时他们甚至会在一座城市内对好几个相当于师级兵力的作战团体一再坚持进行统一的作战规划与指挥，而这也就在无意中将第6集团军推入了他们一直努力避免的阵地战与消耗战中。

崔可夫的自主权

　　高度集中的苏军指挥系统虽然很难应付处于开阔地带的德军的快速作战行动，却比较适合斯大林格勒这个特殊的作战环境。第62集团军在伏尔加河西岸的孤立实际上给了崔可夫一个特殊的战术自主空间，而且从作战策略上看，东南方面军与苏军统帅部还可以向其提供作战资源。崔可夫摒弃了习惯上的师、旅、团等组织单位，代之以50～80人的"强击队"作为基本的作战单位。"强击队"快速灵活的多变战术很快就引起了德军的注意。而苏军的坦克并没有尝试什么花样，只是简单地被用作了装甲壁垒，巧妙地隐蔽在碎石瓦砾之中。这种灵活的战术加上东岸的苏军炮火，在德国空军无法靠近伏尔加河的情况下，成为挫败德军速战速决企图的关键因素。但到1942年9月26日，国防军虽然伤亡惨重却依然在自信地（假如说不再傲慢的话）幻想胜利。9月27日，德军发动了第二次主要攻击，此时的苏军士兵几乎已不再奢求胜利，但求生存而已。

　　正当保卢斯准备再打一场街垒遭遇战时，希特勒与其陆军总参谋长哈尔德上将之间潜在的、由来已久的矛盾终于公开化。9月24日，哈尔德被解职，由蔡茨勒将军接任。希特勒反复无常的军事眼光以及只盯住斯大林格勒的固执都让哈尔德不满，哈尔德认为在伏尔加河打一场歼灭战是疯

↑ 在斯大林格勒的瓦砾中战斗。这座城市是极其危险的战场：除了狙击手、炮兵与飞机的袭击外，士兵们还得留神建筑物上坍塌下来的瓦砾

狂的做法，即便取胜也没有多大的战略意义。可是他越是这样讲，希特勒就越是渴望胜利。斯大林格勒——这座以斯大林名字命名的城市——将被占领，这就是希特勒的计划。在斯大林格勒的胜利可以证明雅利安人种优越于斯拉夫人种，并将引起苏联的全面崩溃。希特勒一带上意识形态的桎梏，合理指挥军事行动的可能性就几乎不存在了。相反，当希特勒拒绝授予其部下他们早已习惯的战术灵活性时，斯大林却逐渐并在事实上给了他的高级将领们更大的显示才干的空间。

保卢斯重新把第6集团军的主力部署到城市的中心和北部，与此同时，第284西伯利亚师则渡过伏尔加河被纳入马马耶夫岗与红十月炼钢厂之间的苏军防线——红军有能力从东岸为第62集团军提供装备和人员是其在斯大林格勒坚持作战的关键因素。保卢斯的第6集团军和霍特的第4装甲集团军在流血，而崔可夫的第62集团军却得到了罗格切夫的伏尔加海军舰队的大力支援。这支包括几百只民用船只在内的小型舰队一直在同德国空军进行着消耗战，它运送了数千吨的食物、弹药到西岸，另外还运送了大批人员。汽船、驳船、炮艇、无篷船以及各种各样的捕鱼船同里希特霍芬

←←斯大林格勒。德军的MG34型机枪队正在作战。背景是一座谷仓，50名苏军士兵曾在此抵挡了三个德国师的进攻

↓苏军士兵小心翼翼地通过瓦砾堆前进。每座建筑都是战场，参与人数有时可以达到一个连。重要目标在一天之内往往易手多次

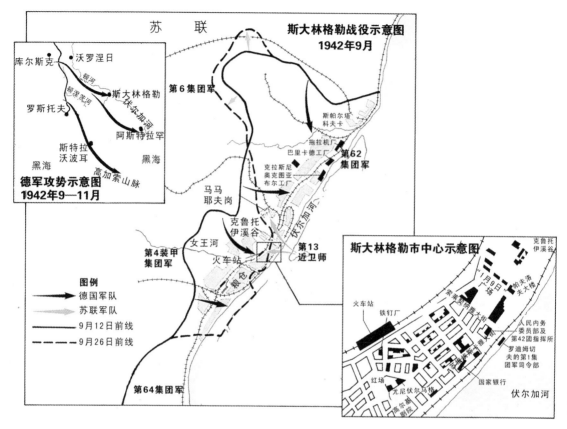

的第4航空队展开了危险的猫与老鼠式的周旋——白天渡河无异于自杀，而晚上则又可能会与其他船只或水中漂流的失事船只的残骸相撞。

熟知地形的重要性

罗格切夫手下拼凑起来的船员们熟知伏尔加河的情况，这对支援第62集团军具有不可估量的价值，但假如苏军已经丧失了其处于伏尔加河西岸的重要码头，这一点也就没有什么意义了。这正是战争的考验。如果德国空军切断了伏尔加河的干道，第62集团军的悲惨命运就无法避免了；如果罗格切夫的手下——斯大林格勒的无名英雄们——能够抵抗住德国空军的攻击，保卢斯疲惫不堪的第6集团军就会垮掉，而崔可夫的第62集团军则将熬过艰难时期。德国空军自始至终都保持着对红军空军的优势，却靠近不了伏尔加河，这一点对苏军的胜利所起的作用也是不可估量的。

当第62集团军的情报系统仍在刺探德军第6集团军的攻击计划时，

崔可夫已经准备对马马耶夫岗发动反攻，他把时间定在9月27日黎明。更重要的是，崔可夫正式下令强调："我再次警告所有作战团体的指挥官们：不要策划连级、营级的整体作战行动，而应该组织以小队为基础的攻势——用冲锋枪、手榴弹、燃烧瓶、反坦克炮。"崔可夫很清楚，在近距离作战的情况下，必须以人数少、装备精的步兵队为主，以利于快速灵活地行动。在斯大林格勒战役中强击队成了苏军的主要战斗编组，它是一个半独立的个体，目的是独立完成崔可夫层层下达的战斗任务。一个强击队根据任务性质不同有50～80人不等，其下还设有三个相互依存的小队：突击队、巩固队和预备队。

突击队通常由10人组成，是强击队的先锋力量，其作用是撕开敌人阵地——无论是建筑还是战壕，所配武器有自动步枪、手榴弹、匕首、铁铲和棍棒。突击队的指挥员同时也是整个强击队的指挥员，当突击队冲入敌人阵地后，他便用信号枪发出信号。这一信号将使20～25人的巩固队活跃

↓斯大林格勒的苏军分成了小队，这尤其适合城市中混乱的战斗形势

起来，他们的使命是给予敌军致命的一击，并且对付德国人所擅长的即刻反攻。巩固队装备有轻重机枪、手榴弹、匕首、反坦克火箭和迫击炮以及炸药包。巩固队一般至少有两名工兵，一旦目标拿下，接下来的防御性障碍的设置与消除就要看他们的了。

迅速巩固

预备队一组30～50人，他们紧随巩固队员冲入敌人阵地。预备队既是敌人反进攻的封锁力量，又能随时补充突击队与巩固队，帮助他们守住阵地。预备队的责任是构建全面的防御网：机枪手、迫击炮手、反坦克炮手很快部署到地面，其他士兵爬到上层进行观察并构筑火力点，然后工兵们设置地雷并将敌人引入火力区。

←崔可夫命令他的士兵尽可能地接近敌人以减少德军空中打击造成的损失。图为一名德军士兵手持纳粹旗供己方战机辨认目标

强击队的任务是在敌我胶着的阵地上坚持48小时，直到与团、师、军级的阵地连成一体为止，这就是崔可夫忠诚的士兵们在斯大林格勒的作战方法。不过由于德军第6集团军很难对付，苏军伤亡也很大。尤其是那些缺乏经验的团体，它们要想求生就得快速获得经验。尽管如此，崔可夫的指示还是给了第62集团军生存的机会。不久，德军的工兵就开始惧怕起它们的苏联对手——这些人在破碎的城市里应付自如，远比他们适应。苏军的步兵们在艰苦的战斗中经受了锻炼，适应了环境，用自己的行动诠释了巷战的内涵——德国人在这一点上则完全失败了。

然而，第62集团军对马马耶夫岗发动的黎明攻势却遇上了它的宿敌——德国空军。戈里什内的第95师在岗顶经历了极其艰难的两小时，而在它左面，第284西伯利亚师和第13近卫师则几乎未对德军战线造成任何压力。10时30分，保卢斯对第62集团军发动了报复性攻击，总计有11个师的兵力（第14、第16和第24装甲师，第29和第60摩托化步兵师，第71、第79、第94、第295、第389步兵师和第100狙击师）一齐扑向第62集团军。在德国空军掌握着斯大林格勒制空权的情况下，第16装甲师和第389步兵师向捷尔任斯基拖拉机厂推进，第24装甲师开始袭击巴里卡德兵工厂，在它右面第100阻击师则突向红十月炼钢厂。而在第62集团军方面，戈里什内的第95师又将同它的宿敌——德军第295师争夺马马耶夫岗。德军第79步兵师夺取了1号火车站，而第71步兵师则试图沿伏尔加河由南向北推进，插入苏军第13近卫师与第284西伯利亚师的背后。

德军的进展

　　到9月27日晚，苏军的形势大大恶化。所有战线上的德国军队都取得了相当的进展，苏军被赶向捷尔任斯基拖拉机厂——索洛古布上校率领的第112师正坚守在那里。德军第24装甲师迅速解决掉苏军第189坦克旅，正移师巴里卡德地区，在它右面，第100狙击师同苏军第23坦克师缠斗一天后最终获胜。

　　苏军第95师在马马耶夫岗上的形势也是岌岌可危，唯一使崔可夫感到些许安慰的是第13近卫师和第284西伯利亚师稳住了阵地，但这二者却又都孤立无援。这种命运始于苏军在前一天傍晚的反击被击退后，德军趁势向前推进了2 750米并最终击溃了第95师和第112师。一向十分乐观的崔可夫在作战日记中写道："如

↓留在斯大林格勒所有工厂里的工人组成了民兵。图为他们正用步枪向飞过的敌机射击

↑一架"施图卡"式飞机蓄势向目标俯冲。到1942年末，苏军的士兵与高射炮使"施图卡"式战机损失惨重

果再有这样的一天，我们将被赶入伏尔加河。"如果不是崔可夫对斯大林格勒战役性质具有的深刻洞察力和在战斗中做出的适时的战术调整，第62集团军早已处于溃败的边缘，根本就没有机会实现它的指挥官所希望的变化。9月27日晚，崔可夫向他的方面军指挥官叶廖缅科、赫鲁晓夫和东南方面军的政治委员表示：他急需预备队以从德国空军的强大压力下获得喘息的机会。

夜幕降临后，罗格切夫的部队浴血奋战，协助斯梅霍特沃罗夫上校的第193师渡过了伏尔加河，使崔可夫得以把第193师部署在红十月工人住宅区的外层建筑，并在巴里卡德最南端与第24装甲师会合。第284西伯利亚师在黎明时分对马马耶夫岗上的第295步兵师发动反攻，但收效甚微。崔可夫的部队在战场中间地带也承受着德军主力的压力，不过在这场战斗中第62集团军比前24小时表现得要镇定得多。崔可夫在他的回忆录中这样叙述9月28日的形势：德军的进攻已不如先前那样坚定、迅速与灵活。他的判断完全正确。9月27日，第6集团军付出了巨大的努力，获得了相应的报偿，却也造成了高层军官与下层军官的巨大损失。事实上，保卢斯为了维持9月27日的战斗能量，转而袭击斯大林格勒西北角上目标明显的奥尔洛夫卡突出部，才避免了9月28日的失败。

奥尔洛夫卡突出部侵入德军战线数千米，但它实际上已被包围。9月29日，汉斯·胡贝的第16装甲师南移准备与正在向东行进的第60摩托化师会合。9月30日，两军的钳形合拢，会同北进的第389步兵师，很轻易地就攻占了突出部。这样苏军在斯大林格勒北部的阵地也就只剩下雷诺克郊区的一片狭长地域，此时的捷尔任斯基拖拉机厂已是四面受敌，但崔可夫不愿从市中心抽调兵力投入已没有希望的突出部，他心里很清楚德军的主要目标仍是斯大林格勒的工业中心。

恢复攻势

9月29日，德军第24装甲师重新发动攻势，当天晚上处于层层重压下的索洛古布的第112师退入了巴里卡德以西的西利卡特工厂。在南面不远的地方，德军袭击了巴里卡德南端与红十月炼钢厂北端的接合处，楔入到第112师左侧与斯梅霍特沃罗夫的第193师之间，这对作战双方都具有决定性的意义。此时德军距伏尔加河仅有一千米，假如他们到达了伏尔加河，第62集团军将被从中切开，德军就有机会对红十月炼钢厂所在的码头发动猛攻，崔可夫设在巴里卡德兵工厂后面的指挥所也就将面临来自西面和北面的威胁。

德军第71步兵师决意沿伏尔加河北上，试图包围第112师与第193师，令苏军的形势更加不妙。第193师意识到这是一场生死存亡之战，于是拼死力敌德军第24装甲师。第284西伯利亚步兵师与第13近卫师也联合起来阻截德军第71步兵师。在几小时之内，德军第24装甲师在与斯梅霍特沃罗夫的第193狙击师的激战中就损失了三名团级指挥官和三名营级指挥

↓也许很出人意料，尽管没有自来水，后来又缺乏食物，许多市民在战争期间选择了留下来。图为一位母亲一边抽烟一边给孩子喂奶

官，于是被迫停止前进，与此同时第71步兵师北进的势头也暂时受到了扼制。

这些胜利虽然都付出了惨重的代价，但却至少为苏军赢得了时间，使它在德军对捷尔任斯基拖拉机厂和巴里卡德兵工厂发动最后的攻击之前有机会冷静下来，休整疲惫的军队。9月29日夜间，罗格切夫的海军舰队给第62集团军带来了新的希望。索洛古布上校的第112师受到重创退出战线转为战术预备队，它的位置由第39近卫师和第308师接替。古里耶夫少将率领的第39近卫师由第4伞兵军改编而成，它拥有红军最坚韧、最忠诚的战士。第39近卫师直接部署在红十月炼钢厂西面，增援斯梅霍特沃罗夫的第193师。在第193师后面，古尔季耶夫少将率领的第308师接管了索洛古布的第112师阵地。第308师的左翼则插入红十月炼钢厂北部地区与巴里卡德兵工厂之间，右翼则攻入巴里卡德的西南角。

在接下来的几天里，德军继续探查第62集团军的周边地区，同时准备发动总攻。而苏军战线则相对稳定，东南方面军趁着德军重编将更多的预备队送过伏尔加河以增援第62集团军。10月2日晚，若卢杰夫少将率领精锐的第37海军近卫师奉命到达，此师曾在巷战中经历了炼狱般的考验。虽然红军近日受到很大压制，但是第62集团军还是勉强顶住了德军的第二次打击，它实际上要比9月27日最初受到第6集团军的攻击时要强大，这个事实不容忽视。东南方面军将15 000名预备队员送过伏尔加河，更加显出德国空军的无能，不管它的战术能力有多强，就是无法切断第62集团军得以坚持下来的军事战略物资的供应线。在保卢斯的力量被削弱的同时崔可夫

↓德国III型突击炮由III型坦克改造而成，装备着75毫米（2.95英寸）口径炮。该战车没有炮塔因而车身较低

德国III型突击炮

的力量却在增长，这就是红军最终在斯大林格勒取胜的秘密所在。

↑德军的士兵搭乘一辆III型突击炮。斯大林格勒自身的环境并不适于装甲车作战，这帮了防御者们的大忙

第62集团军再次撤退

　　然而，10月3日和4日，苏军第62集团军却再一次被迫撤退，因为新投入的战斗队立足未稳，正在调整防线。至10月4日，崔可夫相信德军的三支步兵师和两支装甲师正集结在正前方约5千米的地域——从红十月炼钢厂到捷尔任斯基拖拉机厂的北角，第14装甲师也已进入巴里卡德以西的战线，而第94步兵师则已部署在了巴里卡德和红十月炼钢厂之间的地区。10月5日，德军做了最大的努力对第62集团军的整个阵地前沿发动了猛烈的打击。在空军的大力支援下，只进行了短时休整的第14坦克师取得了不错的战绩：他们击退了第37海军近卫师，占领了巴里卡德西部边缘上的西利卡特工厂。此时第94步兵师则正在攻击巴里卡德的南端，正如霍夫曼所记载的那样："我们营发起了四次攻击，但每一次都无功而返。"临近夜晚，德军集结起来准备对巴里卡德发动决定性的突击，这时红军设在西岸的炮火在观察员的引导下适时地开火了。40分钟的狂轰滥炸完全破坏了德

↑德军士兵在通过"街垒"工厂时惊讶地发现，有些机器竟是战前德国卖给苏联的

军的攻击计划，正如崔可夫在其回忆录中所说，不仅这次攻击被成功阻止，而且"10月6日平安无事，敌人步兵与坦克都无新的动作"。

保卢斯下令休整

　　集结的努力失败了，溃散的德军筋疲力尽地舔着伤口，保卢斯被迫下令休整，崔可夫的第62集团军又经受住一次重击。德军官兵们开始明白，过去能够轻易取胜的日子已经一去不返了。斯大林格勒获得了暂时的安宁，但双方都完全明白战争的高潮正在迅速逼近。对德军来说，此战只许胜不许败，因为希特勒的目光已经聚焦在斯大林格勒。此时东线的其他战场好像都已变得无关紧要，胜败全部取决于德军能否在斯大林格勒成功地推进最后几千米。而斯大林、红军、苏联人民也都在越发密切地关注着这座伏尔加河畔的地方城市——斯大林格勒，它吸引了全世界的目光，这是第二次世界大战的熔炉，人们不会忘记这场战役，它的影响深远，经年不衰。1942年10月14日，希特勒发布了最高作战指令，命令所有东线上的军队一律停止军事行动——攻打斯大林格勒的军队除外。命令传达后，保卢斯的第6集团军又发动了第三次大规模的进攻。

10月15日8时整，保卢斯的三个步兵师配合着拥有四个特种工兵营的两个装甲师发动攻势。总计有9万人和300辆坦克在空中力量的掩护下攻向第62集团军，他们的目标是一路打到巴里卡德与红十月炼钢厂之间的伏尔加河地域。德军第14装甲师最先对第37海军近卫师发难。第37师右面是遭到严重打击的第112师，其右翼部署在奥尔洛夫卡河上，该河经拖拉机厂流向伏尔加河。左面，是古尔季耶夫的第308师部署在巴里卡德西面不远的斯库利普图尔公园，戈尔什内的第95师作为战术预备队紧随两师之后。第308师左面是由第284西伯利亚师支援的、遭受重创的第193师。第62集团军阵地最左面由经验丰富的第13近卫师驻守。

德国空军的疯狂进攻

德军在这场军事遭遇战中的残暴是前所未有和令人发指的。崔可夫的

↓德军军官命令疲惫的士兵再次发动进攻。苏军设在伏尔加河对岸的炮火将打乱他们的攻势

司令部至少遭到了3 000次疯狂轰炸。德军装甲兵、步兵具有相当的威慑力，他们配合空中打击，集中力量对付若卢杰夫的第37海军近卫师及其与古尔季耶夫的308师的接合部。到11时30分整，德军第14装甲师已突破第37师的防线，使崔可夫不得不面对这样的局面：德军180多辆坦克正突破封锁，向拖拉机厂和巴里卡德工厂的方向前进。第14坦克师在突破中迅速北移，包围了再次进到一线的索洛古布的第112师。此时，第62集团军阵地中部和右部的形势急剧恶化，索洛古布师和若卢杰夫师在几小时内均遭重创。而第308师则正忙于与西面的第389步兵师作战，但它的左翼又被第100狙击师迅速切断，因而它的右翼也就完全暴露出来。在这种情况下，倘若第14装甲师沿着伏尔加河南进，苏军大溃败的结局似乎就无法避免了。

拖拉机厂被围

午夜时分，保卢斯的第6集团军在包围了拖拉机厂之后向伏尔加河上

↓苏联水兵正在加入共产党。这些伏尔加渡船的驾驭者与其他兵种并肩战斗

的守军发动攻击，第三次将崔可夫的第62集团军拦腰切断。崔可夫根据侦察兵的情报推断：德军的最终目标是巴里卡德与红十月炼钢厂的接合部，因而他拒绝将预备队投入拖拉机厂这个不现实的目标，而将赌注押在阻止德军南进袭击巴里卡德与第308师的右翼上。10月15日，保卢斯又投入主力军第305步兵师，德军从拖拉机厂南移威胁到第37海军近卫师和第95师的后部，苏军桥头堡守军北翼只得进一步后退。随着第62集团军被迫撤回巴里卡德和红十月炼钢厂周围地区，崔可夫设在巴里卡德后面的指挥所也岌岌可危。幸好10月15日夜间，柳德尼科夫上校的第138西伯利亚师的一个团渡过了伏尔加河，崔可夫终于得到了增援。

激烈的战斗在持续

从10月16日早上起，德军第6集团军就开始紧锣密鼓地进行筹划，试图巩固自己的优势。第14装甲师、第100狙击师、第305步兵师集结在巴里卡德对付第37海军近卫师和第95、第308师；在南面与西南面，第24装甲师和第94步兵师部署在巴里卡德与红十月炼钢厂之间的地域。阻止第14装甲师沿伏尔加河南下的主要任务则落在了第84坦克旅身上。当德军坦克实施进攻时，他们遭到苏军巧妙伪装的T-34型坦克近距离的致命打击。往西南不到两千米，斯梅霍特沃罗夫的第193师和古里耶夫的第39近卫师则设法阻止了第24装甲师和第94步兵师的联合攻势。在巴里卡德西面，第308师正在斯库利普图尔公园内吃力地守卫着自己的阵地，同时更是维持着整个防线。

10月16日夜间，柳德尼科夫的第138西伯利亚师的另外几个团也渡过

↑德军准备在一辆IV型坦克的掩护下进攻。尽管保卢斯做出了巨大的努力，但德军的力量依然不足以将第62集团军赶入伏尔加河

河来，从而加强了苏军的防线。他们被部署在古尔季耶夫第308师右翼和巴里卡德的北面防御阵地上，崔可夫明确命令他们守住与第308师的交汇处。但是此时的德军依然保持着进攻的势头，第14装甲师再一次击败第84坦克旅，战果颇丰。配合空中的强大火力，德军坦克在步兵的全力支援下横扫了第84坦克旅的阵地。崔可夫评论说："建筑物在燃烧，地面在燃烧，坦克也在燃烧。"当第14装甲师推进到巴里卡德西北角时，古尔季耶夫从三面发起猛烈攻击，却逐渐落败。到下午时战场已经转移到了工厂的大门前，接着又移进车间，双方在被毁的机器与扭曲的金属架之间继续战斗。

崔可夫的转移

10月17日夜间，迫在眉睫的巴里卡德的战斗终于促使崔可夫决定转移他的指挥所。他沿着伏尔加河向南移动，却找不到合适的地点，最后

↓ 1942年10月，红十月炼钢厂内的战斗。持续几周的战斗已将工厂及其外围夷为平地

只能将司令部设在红十月炼钢厂后面伏尔加河河岸的露天空地上。当工兵们拼命挖掘、伪装指挥所时，原本极有可能遭到纳粹空军的毁灭性打击，但是战争之神又一次向崔可夫微笑。10月18日黎明，他有了一个崭新的功能齐全的司令部——距前线还不到1 000米。尽管开局不利，但这个指挥所对崔可夫用处甚大，直到1943年2月这场战役的最后几天他都将待在这里。

10月18日德军集中力量攻击巴里卡德，有一个团到达了伏尔加河，将红十月炼钢厂与巴里卡德完全隔断；在巴里卡德西面，古尔季耶夫的第308师和柳德尼科夫的第138师则在艰难地支撑着局面，保卫着工厂西墙下铁路沿线的每一寸土地。

在古尔季耶夫的第308师左侧，斯梅霍特沃罗夫率领他那优秀却名声不大的第193

↑德军一侦察小队冲过斯大林格勒一座被毁的工厂

师继续抵抗德军第94步兵师的进攻，与其展开了近距离的残酷战斗。霍夫曼在他的日记中这样写道："史无前例的惨烈战斗不间断地持续了四天，在此期间我军仅向前推进了半英里。俄国人的火力给我们造成了重大伤亡，将士们都尝到了苦涩的滋味而变得沉默。"然而就在此时，德国人坚强的品质与有效的进攻发挥了作用。10月18日中午左右，斯梅霍特沃罗夫的第193师开始溃败，因此古尔季耶夫第308师南翼也就失去了保障，而它

↑一位苏军上校在斯大林格勒的战场上，给士兵颁发勋章。苏德双方都在艰难的条件下奋战

的西翼与北翼则正在进行着激烈的战斗。此时第62集团军的中心阵地也面临着严重威胁。这时崔可夫迈出了勇气非凡的一步，他命令第308师切断联络，向后撤退270多米。崔可夫认为这是一个避免第308师遭到围歼的很合理的做法，但其实他是要维护自己作为斗士的声誉和改变自己在城市里相对孤立的处境。

德军的进一步准备

保存下来的苏军第308师很快就又投入了战斗。至10月20日，第6集团军已经占领了捷尔任斯基拖拉机厂并在事实上包围了巴里卡德兵工厂的最东侧，紧跟着就在厂内继续进行战斗。此时崔可夫的侦察系统也开始运转起动，探查德军往红十月炼钢厂以西集结的迹象。10月22日，德军向红十月炼钢厂发动了首次主要突击，由第100狙击师、第94和第305步兵师攻击并牵制住巴里卡德附近的苏军，以便为主力军第79步兵师进攻红十月炼钢厂地区创造条件。

10月23日凌晨，德军第79步兵师在装甲兵与空军空中打击的掩护下对第39近卫师发动攻击，把火力集中在红十月炼钢厂的西北角。这次进攻（配合着其他部队向巴里卡德的推进）成功地将古尔季耶夫强大的部队困在了炼钢厂内，德国步兵则已推进到红十月的铸造厂与车间。第二天，德军又成功地占领了巴里卡德的中部和西南地区，从而进一步孤立了古尔季耶夫的部队。由于斯梅霍特沃罗夫的第193师的落败，一部分德军又楔入巴里卡德与红十月炼钢厂之间的苏军防线。然而德军在激战中遭受的伤亡也很大，10月25日和26日，他们的疯狂攻势终于减弱。保卢斯的第6集团军尽管取得了战术上的成功，却也不得不进行清点，重建支离破碎的连、营、团各级部队，准备进行最后的决战。

↓德国士兵不安地等待进攻红十月工厂的命令。此时即便是最狂热的纳粹分子也清楚地意识到夺取胜利的不易

崔可夫筋疲力尽的第62集团军暂时也获得了一个喘息的机会，同时又得到索科洛夫上校率领的第45师两个团的援军。崔可夫将它们配属给受到重压的斯梅霍特沃罗夫的第193师。10月28日，调整过的德军部队向第62集团军发动了最后的疯狂攻击。在中央前线，德军最终将古尔季耶夫率领的第308师和柳德尼科夫率领的第138西伯利亚师赶进了巴里卡德，但他们始终无法靠近457米外的伏尔加河。在巴里卡德南面红十月炼钢厂内，德军第79步兵师又一次对第39近卫师发起攻击。在几小时内就有大量德军强行冲入工厂，先头部队离伏尔加河仅有366米。古尔季耶夫命令部队坚守阵地，整个工厂内都在进行着以喷水器、铁铲、斧头为武器的白刃战。苏方援军奉崔可夫之命穿过斯大林格勒破碎的街道向红十月炼钢厂突进。直到10月29日晚，工厂内的激战才逐渐减弱。

10月30日双方两败俱伤，红十月炼钢厂终于恢复了平静。类似这种残酷的小型遭遇战时有发生，直到1943年2月2日德军最后屈服。

苏军的心理优势

在斯大林格勒争夺战中，双方的心理已经发生了变化。如果说在1942年10月下旬还有哪一方指挥官没有考虑到它的话，那么此时双方都已意识到了这一点。在持续两周的激烈战斗中，第6集团军控制了拖拉机厂、巴里卡德兵工厂和红十月炼钢厂的一半。其中，苏军损失了四个师（第37海军近卫师与第95、第112、第193师），古尔季耶夫的第308师虽然保存下

↓图为斯大林格勒拖拉机厂的一门苏联76.2毫米（3英寸）野战炮。野战炮在近距离具有极强的破坏力

来，但处于危险之中。在这一周里，争
夺红十月炼钢厂地域的战斗实际上已经
耗尽了古里耶夫的第39近卫师的能量，
第84坦克旅则干脆被消灭了。控制了城
市90%地盘的德军对苏军占据的10%的
地区发动了猛攻。

　　但这却并不足以决定胜利，德国人明
白这一点。更重要的是，崔可夫的第62集
团军已经意识到红军已经经受住了德国空
军的重拳打击。德国空军不能切断伏尔加
河意味着苏军的损失可以得到补充，而由
于德国人在东线作战目的与作战方法的逐
渐脱节，德军第6集团军的损失却是绝对
的、无法补救的。10月31日，崔可夫向保
卢斯发出了强有力的信息：索科洛夫的主
力军第45师在红十月炼钢厂与巴里卡德之
间发动反攻。从实际战况上来看，这次进
攻只不过推进了137米，但其心理上的意
义却不可估量，它明确地宣告了红军战斗
到底的坚强决心。

　　此时的第6集团军已经没有多少能
量了。当1942年11月1日的黎明到来时，
8月下旬，那些充满自信的日子已经只
剩下一些奇怪、模糊的记忆，所有的德
军指挥官都明白他们再也无力发起类似
规模的攻击了。就像在莫斯科战役前那
样，部队正被拖进艰苦的消耗战，既要对付红军又要应付苏联冬季的严
寒。此时德军在东线上完全取胜的希望已经破灭了，只是它还不知道，红
军正在组织一场代号为"天王星"行动的反攻，将把第6集团军围困在斯
大林格勒并最终予以歼灭。

↑图中为一名多次受奖的德军军官。1942年10月底德军的士气依然高昂，尽管他们已无力占领整个城市

6

南方决战

在斯大林格勒之战激战正酣之际，德国A集团军群却继续在高加索地区过度扩展战线，因而当斯大林派兵出击之时，南方的整个德军阵线迅即陷于崩溃的危险之中。

在1942年夏末秋初这段时期，斯大林格勒战役已经升级为一场旷日持久而血腥的对抗。德军东线的军事情报部门向陆军总部提交了一系列关于苏军动向和可能发动攻击的报告。从9月中旬开始主管情报收集工作的军官格伦中尉就一直得到警报：苏军正在集结力量准备对德军前线的两个关键防区发动反攻，一个是B集团军群脆弱的左翼——斯大林格勒以西的顿河沿岸；另一个则是在与莫斯科相对的勒热夫突出部的中央集团军群阵地。格伦认为苏军在第一个目标上不会有太大的动作，而会将主要力量集中用来对付冯·克鲁格元帅率领的中央集团军群。

格伦对11月初的东线形势所做的判断是一种娴熟的洞察力与曲解的奇妙组合，既正确又不正确。事实上，从9月中旬起苏军统帅部就已开始策划针对这两个目标——中央集团军群（"火星"行动）和B集团军群（"天王星"行动）——的主要攻击。作战纲要上这两次反攻模式极为相似，目的是要取得一个具有重大意义的战略效果——在"火星""天王星"行动的第一阶段，要将德军合围在勒热夫与斯大林格勒一带，然后通过一系列后续行动迅速取得成功，造成苏联中南部整个德军阵线的崩溃。

←←到1942年夏末，苏联军队的素质相对于德军来说正在提高，战术方针也在逐步完善。斯大林干脆剥夺了政治委员对军队指挥官的权力，以便使后者能够充分发挥自己的能力击败德军

苏军最高统帅部的计划无疑是雄心勃勃的，但它的成功实施则要靠慎重的策划、组织与执行，而这些条件在红军先前的多次攻击中都明显缺乏。1942年9月和10月，苏军在两次行动策划期间对勒热夫突出部与顿河下游德军的袭击的失败似乎表明，最高统帅部正在引火烧身，它设定的目标从过去的结果看是其军队力所不及的。事实上，最高统帅部至1942年年末已经完成了一系列改革，并已开始逐渐将苏联红军转变为一个有效的战斗工具。

红军的重组

1941年，苏联红军为了适应现代战争的需要开始重新进行编制与训练，1942年夏，这一改革步伐明显加快，到了当年秋天，新的战术作战指南以及有能力履行它的战斗力量就产生了。这些变化都是建立在对实战经验认真分析的基础上，而不是闭门造车的主观臆想。战术指南的质量也是很高的，尽管它甚至包括了战斗行动中的细枝末节——从中也可以看出红军以前指挥官队伍的素质下降到了何种程度。通过这些改变，苏军最高统帅部渐渐地重新将"大纵深"作战的战前军事理论灌输给了红军。从1942年

→→1942年，希特勒与墨索里尼乘车驶过正开往前线的意大利军队。在东线战场，意大利军队进展不利。像罗马尼亚军队一样，他们被苏军看作前线的薄弱环节

11月到1943年3月，战前军事理论的许多方面都将在战争的熔炉中得到检验与升华。

不过对红军的复兴起到关键作用的还是它的战时指挥系统与内部风气的改变，斯大林在这方面扮演了重要角色。1941年的灾难，尤其是1942年夏天在哈尔科夫的失败使斯大林逐渐明白自己并不是军事天才，于是他开始听取高级军事顾问的建议。苏军统帅部也越来越成为一个活跃、公开、坦诚的争论讲坛，而不仅仅是执行斯大林命令的秘书处——尽管总是由斯大林最后拍板。这种新气氛随着朱可夫被任命为斯大林的副手兼华西列夫斯基上将被任命为统帅部总参谋长而日益明朗化——这两位将军握有较大的军事行动自主权，他们对红军的改组产生了相当大的影响。

最高指挥层的改革自上而下逐步推行，作战策划与实施也更多地交给了前线与陆军指挥官们，这也是因为一年多的战争已经淘汰了许多无能的军官。与此同时，一些能干的人，如罗科索夫斯基、瓦杜丁将军开始凸显出来，他们任用称职的参谋，提升有能力的下级军官；指挥官们犯了错误，也不再是简单地被免职或处决，而是允许他们从错误中吸取教训并按要求提交一份事后报告。1942年10月9日，发布的"单一指挥"命令保证了军官们将创新、唯理、明辨的精神发扬光大，并且恢复了军事指挥官们的单一作战指挥权，从而消除了一些无能的政治委员们此前所造成的恶劣影响。尽管这些变化渗透到苏军所有的武装力量内部尚需要一定时间，也需要进一步改革，但到1942年末红军已经在获取扭转战局的必要力量。

胜利与失败

↑罗马尼亚军队的一名中尉。他身着罗马尼亚1931年采用的英式制服，腰系皮带，已被授予二级铁十字奖章

1942年10月末至11月，苏联在集结军队时的一些延误导致了"天王星"和"火星"行动的推后。这一推后造成的影响是多方面的，其中最直接的一点就是原定在10月份先于"天王星"行动发动的"火星"行动被重新安排在11月25日，即在斯大林格勒反攻开始五天后进行。朱可夫乐观地希望这一时间安排上的改变可以将德军力量从勒热夫向南牵引，最终使"火星"行动受益。

11月19日8时50分，"天王星"行动开始，西南方面军、顿河方面军、斯大林格勒方面军的炮手们有备而发，猛烈轰击斯大林格勒北部和南

部的德军阵地。瓦杜丁的西南方面军下辖的罗曼年科第5坦克集团军向罗马尼亚第3集团军发起攻击。瓦杜丁的步兵师根据战前安排分成两个梯队向正面的狭窄地域发动攻击，并借机迅速突破了敌人的战术防御阵地。当日下午，苏军第26集团军与第1坦克集团军投入战斗，突破了罗马尼亚第3集团军的防线并深入敌后。次日，第21集团军则从第5坦克集团军的左翼跃出实施突破，并很快就投入了它的机动部队。随着机动部队全速前进，第5坦克集团军和第21集团军最终包围了三个罗马尼亚师，从而彻底摧毁了顿河沿岸的德军阵地。面对被歼灭的危险，实力空虚的轴心国装甲预备队与惊慌失措的前线幸存者们匆忙向西南方向的奇尔河撤退，而苏军第63集团军和第8近卫骑兵军则紧追其后——他们负责保护纵深插入的主力装甲力量的侧翼和后方。

　　11月22日，苏军的装甲部队以第26坦克军为先锋逼近卡拉奇这个重要

↓苏军士兵在镜头前展示他们的伪装技巧。他们全都装备着常见的41型冲锋枪

的通信中心，引起了驻扎在该处的德军后勤与指挥系统的大混乱。苏军大胆进击，派出先遣支队（通常为执行特殊任务而设）突入毫无戒备的德军防线，占领并坚守重要的桥头阵地直到次日第26坦克军主力到达。当日晚些时候，第6机械化军从南面到达——在那里斯大林格勒方面军略费周折突破了罗马尼亚第4集团军的防线——从而完成了对斯大林格勒附近轴心国军队的包围。到11月30日时，苏军已经巩固了其对德军第6集团军和第4装甲集团军的内线包围圈。负责为苏军统帅部监督这次行动的华西列夫斯基以为有9万德军被困，准备缩小包围圈，以便腾出手来进行西面的下一步行动。然而让人吃惊的是，不久后的首次攻击却证明，红军已经成功地包围了30多万敌军。

"火星"行动失败

　　然而与事先的期望相反，"火星"行动并没有再现"天王星"行动的辉煌胜利。11月25日，普尔卡耶夫的加里宁方面军向勒热夫突出部西侧发起两次协同攻击，并捎带袭击了其正北侧。与"天王星"行动的开局相同，普尔卡耶夫的装甲部队也从其步兵选定的突破轴线上打开的缺口突入

↓1942年11月19日，苏军的哥萨克部队发起攻击。以马代步比机械化运输更适合东线的地形特点

阵地。但是在突出部左侧的战场上，科涅夫上将的西方面军却没能取得与加里宁方面军相当的胜利。这是因为西方面军的指挥官们过早地将装甲力量投入了狭窄的缺口，再加上地形的限制，使得敌军的机动预备队很容易就牵制住苏军并造成其重大损失。到12月初，随着德军生力预备队的加入，苏军伤亡已达55万人的"火星"计划陷入僵局。尽管朱可夫对胜利仍然抱有十分乐观的看法，但是苏军统帅部南调第2近卫集团军支援华西列夫斯基的行动宣告了"火星"计划的失败。

虽然"火星"行动通常都被描述为一个规模远不及"天王星"行动的辅助性计划，但投入其中的兵力及由朱可夫亲自督战的事实却不能不让人表示怀疑。与投入斯大林格勒的110万人相比，"火星"计划共投入190多万人，并投入红军火炮的31%和装甲车辆的50%，而且新组建的强大战略预备队第3坦克集团军和第2近卫集团军也在随时待命出击，一旦计划失败就将支援华西列夫斯基。

"火星"行动与"天王星"行动的命运如此不同，只能从苏军的行动策划与执行、地形以及德军的防御等几个方面来寻找原因。与苏军先前的进攻不同，"火星"与"天王星"行动都经过了几个月的周密策划，朱可

↓匆匆隐蔽的罗马尼亚士兵仰望前来支援的"施图卡"式飞机。他们在苏军的攻击面前很快溃败

↑ "天王星"行动的
震动已经过去。在斯
大林格勒的德国第6
集团军奉希特勒之命
坚守阵地，等待救援

夫和华西列夫斯基则奉最高统帅部之命亲自督察两次行动的准备与实施的各个方面。苏军投入大量精力收集情报以提供精确的德军防御地点及纵深处的地图，这就需要进行频繁的空中侦察，使用光测距与声波测距法来确定敌人炮兵的位置，或是通过空袭敌军阵地试探其防御情况来获得第一手资料等。为了配合这些行动，苏军还推行了广泛的伪装计划，其中包括使用多种手段来掩盖攻击的规模、时间和可能的地点，以保证进攻能够取得出其不意的效果。虚假的无线电通讯网在前线的一些地区建立起来，而实际作战区的命令传达则依靠陆上通讯线或口述。红军在夜间则极其秘密地进入作战阵地，非常认真地伪装自己。最高统帅部为掩盖自己的意图做出了非凡的努力，甚至就在11月18日发动最后的攻击时，斯大林格勒的指挥官崔可夫对救援他的部队已近在咫尺还浑然不知。

苏军方方面面的悉心准备在很大程度上能够说明攻击的效果。很明显，"天王星"行动之前的德军抵抗已不如"火星"行动前有效，这对苏军的行动结果有着不可忽视的影响。虽然德军的高级军官并没有完全忘记他们的南方阵线面临的危险，但是伪装计划布下的迷魂阵和他们对斯大林格勒战事的过分关注以及顿河沿岸的良好形势使他们低估了苏军的威胁力量。由于他们没能拔去苏军在顿河南岸的桥头堡阵地，从而给对方发动攻击留下了一个良好的发起点。而派罗马尼亚军守卫第6集团军的侧翼则又是一个错误，因为罗马尼亚军队缺乏足够的大炮、坦克、反坦克炮，也没有坚固的纵深防御，不适合去抵御一次主要进攻。这些综合因素充分表明，"天王星"行动的成功具备了良好的先决条件。

相比之下，格伦的情报以及实地收集的信息则使中央集团军群的指挥官们事先就警觉到了可能到来的袭击，因此，德军转入全面戒备状态。至11月24日，已有四个装甲师的即时预备队和三个装甲师随时待命。与顿河沿线的形势更为不同的是，勒热夫的德军驻地地形复杂、阵地坚固。"火星"行动中苏军通信系统存在的问题以及步兵、炮兵和装甲部队之间的行动失调，给红军完成任务增加了难度。此外，地空协调也存在问题，加上侦察力量的缺乏，以及先遣小分队的势单力薄，苏军的装甲部队陷入了与孤立之敌的不必要的缠斗之中。虽然苏军部队及各方力量协调不力的问题也同样存在于"天王星"行动和1942—1943年冬天的一系列行动中，如"小土星""加洛普"行动中，但都不像在"火星"行动中那样造成了破

↓斯大林格勒附近的苏军发起攻击。坦克与步兵的进攻横扫饥寒交迫的敌军，加强了苏军对斯大林格勒的控制

坏性的后果。

"小土星"行动

在"天王星"行动的最初几天，德军反应迅速却不切实际。11月20至24日，希特勒发布了一系列命令，企图挽回德军在斯大林格勒的局势，空军总司令赫尔曼·戈林向他保证被围困的第6集团军可以得到空中补给，因此希特勒拒绝了从斯大林格勒突围的建议，而向保卢斯下达了建立环形防御等待解围的命令。然而戈林的承诺却落空了：由于缺乏运输机和合适的机场，再加上恶劣的天气以及苏军有效的防空防御，戈林空运的物资离第6集团军每日的需求量600吨相去甚远。

解围的承诺同样也是力不从心。希特勒组建了新的顿河集团军群，由埃里希·冯·曼施坦因指挥去恢复支离破碎的战线，为斯大林格勒的德军解围。曼施坦因认为在12月初之前他没有足够的力量实施解围行动，因此主张保卢斯在苏军扼紧第6集团军之前迅速突围。尽管曼施坦因放弃斯大林格勒的主张是正确的，但第6集团军有没有能力独立突围却令人怀疑。保卢斯的部队在经过连续几个月的战斗后早已精疲力竭，又因苏军攻占卡拉奇时消灭了它的许多后勤部队而补给不足，再加上部队向后转移还需要时间，所以即便是这样做了，大部分部队也会很快就陷入被动的防御。

曼施坦因的解围计划——"冬季风暴"行动——一开始就遇到了难题：力量不足，同时又需制止苏军此时收紧对斯大林格勒包围圈的意图。第18装甲军从奇尔河突围时几近成功，却遭到了附近苏军先发制人的痛击，因此在12月12日只有力量不足的第17装甲军能够攻击科捷列尼科沃–

↓戈林向希特勒保证空军将为斯大林格勒的被围军队提供他们需要的一切，但实非其力所能及。图为在苏联战场的一架德国容克52运输机在执行任务前加油

斯大林格勒一线。12月19日，第17装甲军在突向斯大林格勒的途中被苏军预备队阻断。此时，曼施坦因催促保卢斯突围，但希特勒的反对、后勤供应的缺乏以及苏军预备队的存在已使突围行动变得不切实际。12月24日夜间，华西列夫斯基麾下刚赶到的第2近卫集团军率先发动反攻，将德军逼退了约100千米。这些打击虽然也都很严重，但实际上"冬季风暴"行动早已遭到"小土星"行动中活动在顿河中游以西的苏联军队的致命打击。

在1942年策划冬季反攻时，苏军最高统帅部就已安排了一系列建立在"火星"行动与"天王星"行动基础之上的后续行动。被命名为"土星"计划的行动紧随"天王星"行动展开，该计划是将大批苏军从顿河中部大胆突出，到达黑海上的罗斯托夫，然后合围B集团军群大部并将A集团军群困在高加索地区。现在回头认真反思，"土星"行动涉及广大地域，苏军缺乏补给，又冒着极大的风险，整个计划可以说是目标太高。此外，军队配置上还存在一定程度的矛盾，或者说不明确：策划者安排第2近卫集团军向罗斯托夫推进，同时又布置给它"火星"计划的后续任务。这种对战略预备队的双重配置可以解释为苏军战术的灵活性，但是换个角度看，也许苏军只是希望以这一次或两次的行动来为他们解决这个矛盾。"火星"行动的不幸失败也证明了这一点。但是，华西列夫斯基一方面要调第2近卫集团军抵抗"冬季风暴"行动；另一方面又要使斯大林格勒的部队对付陷入合围、数量多得出乎意料的众多敌人，因此他采用了更为务实的"小土星"计划。

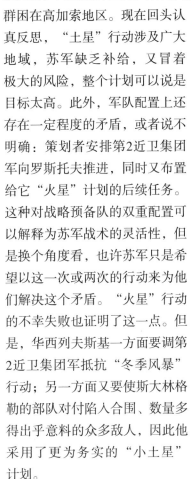

↓1942年12月德军士兵在严寒中作战

12月16日"小土星"行动开始，瓦杜丁上将的西南方面军下辖的第1近卫集团军在戈利科夫上将指挥的沃罗涅日方面军的掩护下首先发动进攻。像"天王星"行动一样，认真的情报准备工作已经确认了顿河沿岸意大利第8集团军与罗马尼亚第3集团军的前线防御阵地。但是由于开局的进展要比设想的慢得多，因此炮火支援跟不上，各集团军之间行动失调，而且瓦杜丁也过早地投入了他的坦克军协助突破。此外，意想不到的德军预备队的出现也给苏军增加了麻烦——这些预备队在12月11至15日之间遭到了苏军猛烈的侦察性打击，由于担心再受攻击而移至顿河中游。以上存在的问题让人联想到"火星"计划，但是尽管如此，12月18日，第24、第25坦克军和第1近卫机械化军仍然成功地渗透到敌军后部，并开始向塔琴斯卡亚和莫罗佐夫斯克的机场、后勤场所和铁路交通中心推进。虽然这些重要目标因为遭到德军预备队的阻击而未能拿下，但是苏军的坦克在B集团军群后部纵深处横冲直撞也带来了两个重要结果，其中最直接的结果就是造成顿河和奇尔河沿线敌军阵地的崩溃，几个大型作战编队被苏军围歼；更重要的是，顿河中游德军阵线的崩溃切断了他们对斯大林格勒地区的补

↓随着苏军的西进，德军在斯大林格勒地区控制的飞机场的数量逐渐减少，包围圈的缩紧也使他们逐渐失去了可用的简易机场，从而对苏联防御区的威胁大大降低。图为一架"施图卡"飞机起飞去执行任务

给线，使"冬季风暴"计划陷于停顿，德军不得不重新部署力量来阻止"小土星"计划。尽管曼施坦因已想方设法去救援第6集团军，但是由于供给不足，同时又要避免顿河集团军群遭受一次更大的灾难，因此他最终还是不得不放弃了行动。

斯大林格勒：大结局

1943年1月，苏军最高统帅部制定了两次独立但又相互关联的任务：摧毁第6集团军和进军顿涅茨盆地。为了腾出力量实施一系列"后天王星"行动，最高统帅部早已感到有必要收紧"口袋"。然而在1942年12月中旬，最高统帅部因为要抽调力量对付曼施坦因的解围行动，不得不推迟了对第6集团军的打击计划——"指环"行动，同时取消了"土星"行动，以便全力实施其规模更小但更务实的姊妹计划——"小土星"行动。

"指环"计划最终于1943年1月10日实施，在7 000门大炮的连续轰击过后，罗科索夫斯基的顿河方面军的步兵和装甲兵发起了攻势，其程度之激烈令饥寒中的德国守军们感到十分震惊。"指环"行动在惊悉有30万敌军陷入合围之后依然毫不迟疑地进行了三周半。1月31日，保卢斯直接命令他的部队投降。然而仍有一支孤军负隅顽抗，这种毫无意义的行动激怒了罗科索夫斯基，他安排了每千米超过300门大炮的密集火力对付这支部队，直到2月2日它最后屈服。曾经战无不胜的第6集团军和第4装甲集团军的9万多名士兵做了俘虏，然而罗科索夫斯基和他的部队还没来得及享受胜利的果实即被调到中央方面军参加作战行动——在斯大林格勒的德军最后屈服的前几日，俄国南部的大决战就已拉开帷幕，此次行动即属于它的一部分。

重新发动进攻起源于苏军最高统帅部不断增长的期望及对战局形势

↑德国的山地部队在高加索山脉。苏军的迅速行动使他们面临被围困的危险，因此曼施坦因急令其撤退。最后，德军在斯大林格勒的坚持作战使德军在苏联南部的其余阵地得以保持完整

1943年2月苏军一反坦克炮在北高加索地区的战场上。它的位置如此暴露，表明这是一次试探性佯攻

的乐观估计，"小土星"和"指环"计划的推迟不过是短时的偏差。"小土星"行动的成功、曼施坦因解救第6集团军的失败以及沃罗涅日方面军成功地击溃顿河上游意大利第8集团军和匈牙利第2集团军的残部，都鼓舞着苏军统帅部策划了一系列意在摧毁苏联南部整个德军阵线的行动。瓦杜丁的西南方面军将奉命执行"加洛普"计划，扫清顿涅茨工业区内的德国军队。同时在"小土星"行动中，戈利科夫的沃罗涅日方面军负责保护瓦杜丁军队的右翼，消灭德军第2集团军，解放哈尔科夫。南方面军则负责保卫罗斯托夫并将A集团军群困在高加索地区。然而这些行动所涉及战线的广度与深度也给苏军的后勤供应带来了困难。有七支军队曾在斯大林格勒作战达两个月之久，苏军统帅部的预备队也已全部出动，在这种情况下，瓦杜丁和戈利科夫将不得不把全部兵力投入单一的作战梯队，而这样一来也就没有预备队来对付德军的反攻了。

　　1943年1月，大部分德军指挥官仍然看不到发起相当规模的反击以阻止沃罗涅日方面军、西南方面军和高加索方面军的可能性。他们在苏军连续进行的攻击期间，在勉强可称之为战线的地域里挣扎着，汇集起支离破碎的军队与零散的预备队。在12月底到1月底这段时间里，曼施坦因就有

↓ 1943年4月，德军Ⅲ型突击炮及士兵在雪幕中从前线撤退。尽管德军的冬季装备优良，但苏军对这种环境更为习惯，并充分利用了这一优势

无必要在 A 集团军群被围之前撤出高加索地区这一问题同希特勒展开了无休止的争论。这样的撤退行动将缩短过度延展的德军战线，提供急需的兵力恢复顿涅茨盆地的战线，并能将第1装甲集团军解放出来转化为有效的预备队。但希特勒却反对这样做，他希望坚守高加索的这个桥头阵地，以便在1943年春天从这里对高加索的石油产地发起进攻。希特勒在1943年越发抓紧了对军事行动的指挥权，这与斯大林放松其对部属的控制恰好形成了鲜明对比。不过在1942—1943年的冬天，曼施坦因终于说服希特勒默许了他的部分要求。从高加索全面撤退被否决，但第1装甲集团军却得以调往顿河前线。同时曼施坦因与希特勒达成共识：第6集团军虽然已注定失败，但绝不能屈服。希特勒认为，保卢斯的军队战斗到底将为纳粹树立优秀的精神榜样；而曼施坦因则更为理智地意识到，第6集团军继续抵抗将牵制住大量苏军，这样红军的主要预备力量无法分身，他自己部队的危急局势就能得到

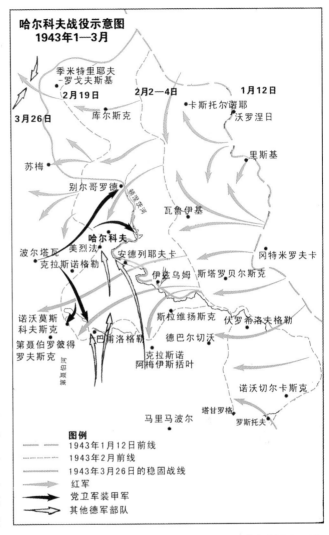

缓解。斯大林格勒的战事将同苏德双方争夺顿涅茨盆地与第聂伯河渡口的结果紧密地联系在一起。

↑当红军在1943年初将德军迫向第聂伯河时，曼施坦因命他的装甲师发起猛烈反击，并夺回了哈尔科夫

向第聂伯河进军

1月29日"加洛普"行动开始，瓦杜丁的第6集团军和第1近卫集团军对整个德军战线发动了一系列猛烈攻击，将敌人分割成若干个独立作战的小团体。德军的迅速溃败使红军得以从德军阵地的战术突破转而实行对敌

军后方的纵深包围。1月31日，瓦杜丁发动了他的主要进攻。他首先命令波波夫的机动部队从第1近卫集团军的防区出击，第6集团军被命令在其右面保护主攻部队的侧翼，并伺机夺取第聂伯河上的渡口。但这一命令很快就被修正为切断哈尔科夫南部的铁路线以防止敌人的增援，并协助沃罗涅日方面军进军哈尔科夫。

2月1日至3日，沃罗涅日方面军从南到北一路作战，由左翼的第3坦克集团军实施主要突进。苏军试图把驻扎在广阔地域中的德军全部逐出，却与敌人的精锐部队——"大德意志"师和党卫军"帝国"第2装甲师——遭遇。经过一番激战，包括第3坦克集团军在内的苏联军队的进攻被阻止。然而第40集团军的快速北进和瓦杜丁第6集团军的进一步南进，则对哈尔科夫前面德军装甲部队的侧翼与后部造成了严重威胁。在2月的第二个星期中，党卫军第1"阿道夫·希特勒"警卫旗队装甲师和党卫军第3"骷髅"装甲师的到达帮助支撑了哈尔科夫前面的德军阵地。但这只不过是暂时的缓解，到2月14日向前推进的苏军钳形攻势使它再次面临被

↓苏联军队在撤退的德军身后安营扎寨。尽管相对于"天王星"计划来说，"火星"计划收效甚微，但它还是击退了中部与南部的敌军

合围的危险。德军的指挥官们惊慌失措，不知如何应付。希特勒坚决反对撤退，高级军官们在服从与抗命之间摇摆不定。结果在2月15至16日，经过激烈的巷战，散乱的德军在苏军的包围合拢之前撤退，最终失去了哈尔科夫。

　　沃罗涅日方面军攻占哈尔科夫后，重新组织部队准备进军波尔塔瓦，而瓦杜丁则已为更大的目标制订了计划。波波夫的机动部队和第1近卫集团军将首先攻占顿涅茨盆地，然后向南推进到亚速海上的美利托波尔；南方面军将攻占罗斯托夫。这些行动将困住米乌斯河以东的弗雷特-皮柯与霍利德特集团军群以及高加索地区的A集团军群。但是这个野心勃勃的计划在2月12日后被废止了，瓦杜丁经斯大林勉强同意将主要突击力量西调去攻占第聂伯河上的渡口。这是一次更具有转折意义的行动，旨在对付德军后方——这个目标将会扩展开来，从而会削弱广大区域里的德军力量，并将战争补给线延展到突破点。瓦杜丁乐观地（其实是不太现实地）设想摧毁东线德军阵地的整个南翼，并切断A集团军群撤往克里米亚的最后一

↓1943年3月，在曼施坦因发起的一次成功反击后，行进在哈尔科夫的疲惫的党卫军士兵

条路线。

在中部地区，苏军对第2装甲集团军（其右翼因为失去哈尔科夫而危险地暴露出来）发动的拓宽攻势反映了他们作战区域的扩展。苏军最高统帅部希望能够充分利用这种局势，于是在2月任命罗科索夫斯基为新组建的中央方面军的指挥官。罗科索夫斯基的最初任务是联合西方面军和加里宁方面军对斯摩棱斯克实施进一步行动，以包围中央集团军群。这个计划实质上是失败的"火星"行动的大翻版，不过预期的行动规模很快就被迫缩减。尽管罗科索夫斯基的行动开局顺利，但是由于留给原斯大林格勒地区的军队进行重新部署的时间太短，再加上恶劣的天气和糟糕的路面设施，致使攻击开始的时间从2月15日一直延至25日，而到那个时候，西方面军和加里宁方面军显然已经无法在各自的战区取得决定性的胜利。中央方面军在燃料与弹药缺乏的情况下不得不改变行动计划，向更为实际的目标奥廖尔推进。但即使这样做也有难度，因为德军主动从勒热夫突出部撤

↓春夏之交，苏军在取得冬季作战的胜利后开始设置掩体、巩固阵地。双方都明白，随着天气的好转，德军将发起另一轮装甲攻势

退使他们的预备队得以解脱并投入战斗。到3月中旬，这些相对精锐的德军预备队与从中部战线调来的几支军队相结合，迫使罗科索夫斯基向库尔斯克北部的防线转移。

曼施坦因的反击

2月中旬，德军发动了一系列强大攻势，中央方面军不得不往南转移向瓦杜丁靠近。曼施坦因拼凑起来的顿河集团军群之所以能够在面对似乎不可战胜的苏军具有展开大规模进攻的攻击力源于多种因素：1943年年初，曼施坦因多次派出零散的部队试图阻止苏军前进，但都徒劳无功。力量不足而战线又过长早就注定这些措施只能取得局部的、暂时的效果。曼施坦因需要做的是缩短战线：从罗斯托夫突出部与顿巴斯地区撤至米乌斯河更短更易防御的战线上去。经过长时间的激烈争论，希特勒终于在1月底同意了这项计划。2月初的撤退行动以及从高加索地区转移来的第1装甲集群和A集团军群部队的到达，使曼施坦因得以调动第4装甲集团军支援其暴露的左翼——瓦杜丁的装甲力量正通过长达161千米的缺口蜂拥而入。尽管顿河集团军群的阵地因为曼施坦因采取的措施而稍稍巩固下来，但他们的力量仍然不足以瓦解瓦杜丁对第聂伯河渡口所造成的威胁。如果波波夫的机动部队攻占了这些渡口，尤其是普涅波罗彼得罗夫斯克的重要火车站，那么曼施坦因的后退路线就将被切断，他的队伍也会因为补给不足而迅速溃败。

对曼施坦因和他的顿河集团军群的参谋们来说，应付这种危机的唯一方法就是冒险全力出击。他们构想的计划大胆而冒险，这可以理解，但它同时也确实有一个良好的前提：连续高强度的作战已经重挫了苏军并大大延伸了自己的后勤补给线，因而曼施坦因决定最大限度地利用这种形势。他没有把宝贵的装甲力量投入到瓦杜丁的前进道路上，而是将它们用于阻止苏军向侧翼的推进。曼施坦因确信瓦杜丁一定抵挡不了第聂伯河渡口的诱惑而会继续前进，这样就会过度暴露自己而给德军留下攻击的机会。从德军阵地全线面临的威胁考虑，曼施坦因的计划非常冒险——没有强大的装甲部队的支持，米乌斯河沿岸阵地和顿河集团军群的右翼实际上相当脆弱。事实上，当德军开始还击时，他们在米乌斯河的阵地已被分割在好几个地方，只是因为拼命抵抗才免遭全面崩溃的命运。

2月20日，德军反击的第一阶段开始。从哈尔科夫战斗后撤退下来的

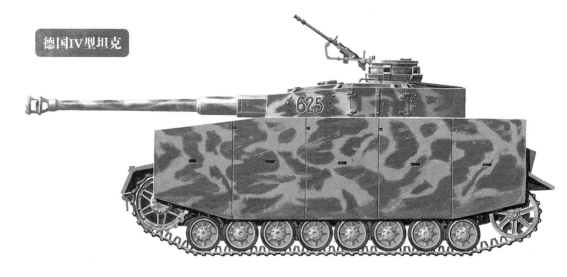

德国Ⅳ型坦克

↑Ⅳ型坦克是二战中德国装甲部队的功臣。它自始至终活跃在战场上，装备不断优化，但却不及后来的苏联坦克

党卫队装甲军首先从北面对瓦杜丁的第6集团军发动攻击。同时，第40装甲军则攻击波波夫的南翼。在接下来的几天中，随着第48装甲军的加入，德军的装甲先头部队进展迅速。苏军方面对这些袭击反应缓慢而且令人费解。尽管有充足的情报可以判明德军装甲力量的动向，但苏军的指挥官却宁愿将它解释为德军向第聂伯河撤退的一般军事行动。因此，他们没有部署好力量去应付这些重大打击，而且因为先前做出了没有预备队就展开行动的决定，他们也没有准备好进行有效的、有组织的防御。波波夫的机动部队联合第6集团军组织突击，但在敌人装甲部队的集中进攻下侧翼受袭，陷入一片混乱。雷巴尔科的第3坦克集团军则令人费解地来回兜圈子，以至于丧失了它未来的战斗潜力。所有这些混乱都源于瓦杜丁没有做出及时的反应——直到2月25日他才承认西南方面军应转入防御。

由于瓦杜丁的进攻受阻，1943年3月初，德军又开始向戈利科夫的沃罗涅日方面军左翼突进，反攻进入第二阶段。他们的推进具有鲜明的特征：各级指挥官拥有主动权，各部队间行动协调一致，而且有强大的空中力量的支持。3月10至11日他们夺回了哈尔科夫，这给苏军统帅部敲响了警钟，但这只是德军突入沃罗涅日方面军后方主要行动的前奏而已。罗科索夫斯基奉命派遣部队增援沃罗涅日方面军，阻止德军挺进。事实证明，这些部队与其他预备队的确巩固了别尔哥罗德南部的阵地。由于双方都已筋疲力尽和春季融雪期的到来，大规模的军事行动——曾在1942年11月炙烤了斯大林格勒每一寸土地的战役——终于宣告结束。

灾难性的损失

尽管曼施坦因勉强拯救了苏联南部的德军战线，但在1942—1943年冬天德军已经遭受了一系列灾难性的损失——这种损失远非一次经过高明策划与有效实施的单纯作战行动所能掩盖——苏军共消灭了全部德国军队的四分之三。此时红军的胜利不仅体现在它给敌人造成的损失上，更重要的是它在这段时期得到的关于军队组织与行动实施上的经验教训，后者对以后的战役具有更加深远的意义。苏军统帅部摒弃了派独立的方面军沿特定的轴线执行一系列连续行动的做法，开始将多个方面军同时投入若干条战线。装甲编队的不断实验以及从实战中吸取的教训都对战前军事理论的改良做出了贡献，比如在"小土星"行动中，苏军在机动部队纵深推进之前着重进行了更有力、更细密的侦察工作。在这段时期，统帅部指示由多个军团组成的新的坦克部队也在深入作战中提高了指挥质量并相互提供了支援。1942年11月至1943年3月，获取的经验为红军进军柏林做好了准备。

↓东线的形势如一盘均势的棋局。德国国防军的士兵们都清楚，这将是一场旷日持久的残酷战争

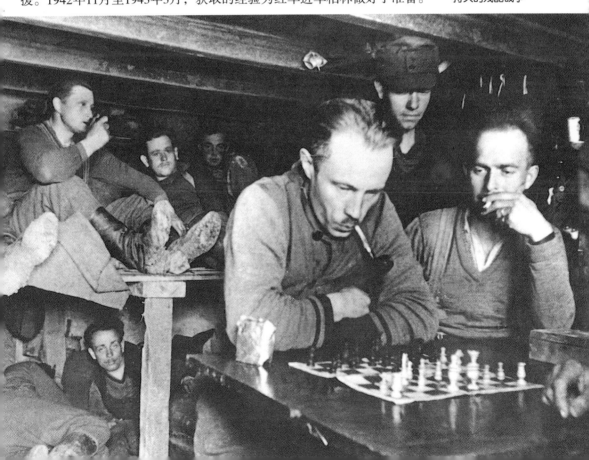

7

库尔斯克之战及其后果

对德国国防军来说，在库尔斯克突出部实施的代号为"堡垒"的攻击行动是夺取东线主动权的最后机会，它的失败将彻底粉碎德军夺取胜利的最后希望。

1943年3月中旬，曼施坦因的部队成功夺回哈尔科夫之后，双方俱已筋疲力尽，尤其是消融的冰雪已将地面变成泥沼，因此东线上出现了较长时期的停战局面。在这段相对平静的时期，双方指挥官都在积极地从战斗中吸取教训，重组支离破碎的军队，为即将到来的夏季战役做准备。为了能够在夏季发起决定性的攻击，东线的德军急需重建它们在"蓝色"行动、勒热夫突出部防御战以及1942—1943年冬天顿河集团军群在殊死战斗中被摧毁的坦克部队。实际上，在1943年1月末形势恶化时，德军仅能派出510辆坦克去阻止苏军的迅猛推进。在"巴巴罗萨"行动开始后的19个月内，德军在东线损失了7 500多辆坦克——这个数字远远超过了其生产水平。

1943年2月，为了改变这种状况，希特勒孤注一掷采取了全面措施。他任命海因茨·古德里安（德国重要的坦克理论家，当时因未能阻止苏军1941—1942年的冬季攻势而失宠）为德国装甲兵总监。古德里安采取了积极步骤以弥补东线装甲师遭受的重大损失。他设法通过生产过程合理化来提高德国的坦克生产水平，为装甲师提供新的Ⅲ型突击炮（该型炮

当时只配给炮兵部队）。不过这些措施见效需要时间，因此到1943年4月底，德军在整个战场上的坦克数量降到了创纪录的最低点：3 630辆。然而在5月和6月期间，越来越多的突击炮（5月的交付量已达988辆）开始补充到已经耗空了的机械化师——这些师曾在曼施坦因实施的有效进攻中充当了先头部队。在装甲部队迅速得到补充后，1943年夏，陆军总部开始考虑在东线实施新的进攻。

策划新的攻势

1943年3月13日，德国陆军总部发布命令，计划于5月初对库尔斯克突出部发动代号为"堡垒"的作战行动。在接下来的几周里，陆军总部又考虑要将敌人从顿涅茨河的工业区赶走，因此又制订了在库尔斯克东南实行的辅助行动计划——"鹰"计划和"豹"计划。德国人选择库尔斯克突出部是因为他们想要采取的双重包围行动有某种形式的地域局

←←图为"堡垒"行动开始前党卫军的一门Ⅲ型突击炮。这是替代有炮塔的坦克中较经济的一种

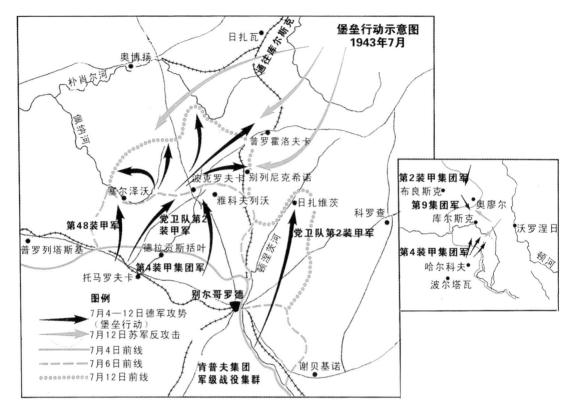

限性，而库尔斯克突出部则是一个醒目的天然坐标。1943年2月苏军的推进，以及曼施坦因成功地夺回哈尔科夫与别尔哥罗德，使得库尔斯克突出部这个巨大的向西突出的敌占区成为德军的纵深战线。德军似乎很容易从突出部的南北两端伸出，发动钳形攻势，合围库尔斯克与其东面的季姆。一旦成功，大批苏军就将陷入另一个包围圈之中——这是二战中德军偏爱的进攻手段。

希特勒没有急于向疲惫的苏军发动进攻，而是延缓了"堡垒"行动，目的在于积聚强大的力量。很明显，德军在策划"堡垒"行动时考虑到了军队机动能力的减弱，也反思了1942年夏天在进攻高加索的"蓝色"行动中所犯的错误。在那次攻势中，德军的战斗力量被分散到不断扩大的战场上，直接导致了斯大林格勒的失败，使他们还来不及利用迈科普产油区为纳粹战时经济做出贡献，便仓促放弃了高加索。基于这样的教训，德军将"堡垒"行动限制在一定的地域内，以便可以在关键点上集中优势兵力。"堡垒"行动的先头部队为7个配备有总数达2 950辆坦克与自行火炮的机械化师，这几乎相当于在1941年6月22日"巴巴罗萨"行动发动时德军在长达1 400多千米的东线上投入的全部力量。

这支先头装甲部队配备着528辆Ⅲ型坦克（装备有50毫米口径长管炮）、631辆Ⅳ（F-H）型坦克（也装备有长管炮）、200辆新式Ⅴ型"豹"式坦克和131辆"虎"式重型坦克以及130辆指挥战车，总数达1 620辆。此外他们还配有1 093辆突击炮，其中大部分是长管Ⅲ型，包括90门新型"斐迪南"式突击炮。为了集中战斗力量，1943年4月中旬至7月初，这些先头机械化部队又装备了大量武器，包括最新出产的德国坦克，其中有许多新的Ⅳ-H型坦克——这种坦克于1943年3月首次在战场上露面，重24.6吨，装备有76毫米L/148型火炮，前装甲厚度为80毫米，最高速度可达34千米/小时。

豪塞尔的党卫队第2装甲军在大幅度补充装甲力量这方面引人注目。这支装甲军在曼施坦因1943年发起的春季攻势中严重受创。4月下旬到7月初，该装甲军的三个精锐的装甲掷弹兵师（"警卫旗队"师、"帝国"师与"骷髅"师）先后接收了262辆新的突击炮，从而使手中的装甲总兵力在"堡垒"行动开始时增加到了492辆，平均每个师投入1943年这场决定性进攻战役的突击炮数量为164辆。同时，这些数字也说明了苏军在1942—1943年的冬季攻势给德军装甲部队造成的重大损失——尽管古德里安曾经竭尽全力对其进行保护。

等待新的装甲补充

事后看来，希特勒为了使德国的战斗编队得到更宝贵的装备（包括新款"豹"式中型坦克、"虎"式Ⅰ型重型坦克和"斐迪南"式重型突击炮），而在1943年4月至6月一再做出推迟"堡垒"行动的决定，对行动前景产生了明显的有害影响。希特勒对这些新式武器寄予很高的期望，希望它们能够突破苏军在库尔斯克的防御阵地。

1941年10月6日，当德军的坦克与反坦克炮在奥廖尔东北面的姆岑斯克战役中首次遭遇苏联强大的T-34型中型坦克时，他们大为震惊，这促使陆军总部在1942年1月开始发展30吨重的中型坦克，后来设计出了Ⅴ型"豹"式坦克。这种型号吸收了T-34型坦克的很多优点，比如：宽履带设计以保证良好的机动性，巧妙的倾斜前装甲以最大限度地折转发射物，还装备有威力强大的长管火炮。

↑1943年5月，匈牙利空军战斗中队的一名中尉。他身着卡其布制服，外罩德国羊皮夹克

1943年年初，第一批"豹"式D型坦克被紧急生产出来。这种战车重42.3吨，装备有强大的76毫米L/70型火炮，前甲板厚达111毫米。然而D型坦克因为比最初设想的要重得多，它的迈巴赫引擎与传送带承受了过重的压力，因此一直被频繁的机械故障所困扰。

尽管装甲兵总监古德里安已清楚地意识到"豹"式坦克存在的问题，但希特勒仍相信这种"绝妙的武器"可以为"堡垒"行动带来胜利，坚持将它们投入东线战场。到1943年3月1日，东线的德军已经接收到第一批21辆"豹"式坦克，在推迟的"堡垒"行动最终开始之前，又有179辆送达攻击部队，这200辆坦克被编入仓促组建的独立坦克旅（其成员接受了极简单的培训）。这支包括第51、第52坦克营在内的部队参加了德军在南方的钳形攻势——主要由第4装甲集团军发起。

↓德国军工厂里VI型"虎"式坦克的最后装配线。"虎"式坦克与"豹"式坦克在东线库尔斯克战场首次露面，但最初只有"虎"式坦克表现出色

除了后续的179辆"豹"式坦克外，希特勒对"堡垒"行动长达6周的推迟又使30辆新生产的"虎"式I型重型坦克被送达库尔斯克，至此投入战争的这种庞然大物达到了131辆。"虎"式I型坦克于1942年夏末在东

线战场开始服役，尽管机动性不佳，但事实证明它仍然是一种可怕的杀伤性武器。此型坦克重55吨，装备有威力强大的88毫米口径火炮，装甲厚度为99毫米。这种由德国精锐装甲师掌握的令人生畏的武器使红军的数十辆T-34型坦克在库尔斯克被击毁。

强大的"斐迪南"式突击炮

最后在库尔斯克露面的是90辆新型"斐迪南"式突击炮。它们被希特勒寄予厚望，分别编入第653、第654重摩托化反坦克营并投入库尔斯克战场。这90辆匆匆拼凑起来的重型突击炮利用的都是威力巨大的88毫米L/71型火炮（后被用于"虎"式Ⅱ型重型坦克上）以及完美的装甲上层结构，包括厚达至少201毫米的前甲板。为了驱动它过于笨重的庞大身躯，"斐迪南"式一前一后装配两个引擎。尽管有这样的动力源，"斐迪南"式相当高的对地压力比率——甚至高于"虎"式Ⅱ型坦克——很容易造成机动能力的有限性，从而妨碍了战术效果的发挥。再加上没有装备近距离防御所用的机关炮，它被安置在楔形装甲部队的后方，从高处提供强大的火力支援。

↑德国自行反坦克火炮与步兵。德国人在各种机械化炮台上使用不同类型的火炮（包括苏制武器），试图抵消苏联装甲部队在数量上的优势

随着421辆新突击战车（131辆"虎"式、200辆"豹"式、90辆"斐迪南"式）的加入，希特勒相信，势不可挡的"堡垒"攻势将摧毁苏军的所有抵抗，激起德军的又一波胜利狂潮。事实上在这三种突击战车中，只有强大的"虎"式坦克在战斗中起到了关键作用，掌握在豪塞尔的党卫队第2装甲军的三个一流装甲师手中的41辆"虎"式坦克充分展示了它们那88毫米口径火炮的强大威力。在6天的激烈战斗中，"帝国"师第6装甲团的一辆"虎"式指挥战车击毁了大约24辆苏联坦克。

未达到出其不意的目的

　　尽管德军的进攻准备是在十分秘密的情况下进行的，但从地理上讲，库尔斯克是它最好的进攻目标这个明显的事实也使苏军预测到了"堡垒"攻势，在这种情况下是不可能达到出其不意的效果的。而且希特勒推迟的6周时间对苏军十分关键，使他们得以在库尔斯克突出部构筑强大的令人难以置信的防御阵地。4月末到7月初，苏军在突出部构筑了至少7处坚固的阵地，纵深达76千米。虽然从战术上讲它为德军提供了1943年7月在关键点上实施大规模集中攻势的可能，但是这样的意图一旦被识破，这种可能也就不存在了。德军力量的集中只会引起红军在那些地区所有预备力量的相应集中。

↓Ⅵ型"虎"式坦克在行进，为"堡垒"行动做准备。指挥官露出的半个身子以及坦克间很近的间距，显示出此地离前线尚有一段距离

坚固的防御阵地

　　到1943年7月5日，苏联中央方面军与沃罗涅日方面军已设法在突出部构筑了坚固的防御阵地。该阵地由数百个单个步兵防御点组成，主要装备有性能优良的76毫米口径火炮，形成了强有力的综合反坦克防御——德军称之为"反坦克炮阵地"。每个单个的阵地都挖有散兵坑、战壕与地下碉堡，并有T–34/76型坦克和隐蔽的反坦克炮的掩护。分散的各个阵地由深埋的电话线联系在一起——这些电话线不可思议地穿过了密集的反坦克与杀伤性雷区。进攻一方将被雷区导入"死亡地带"，在那里，苏军的炮手们将把他们几周来一直认真测算并反复演练的火力计划付诸实施。

　　这些令人敬畏的战术防御似乎还不够，苏军又构筑了一个后备阵地，以防止德军突破突出部后面沿顿河伸展的7个防御阵地。在这些战术阵地上，除了

驻守在纵深处的预备队外，中央方面军与沃罗涅日方面军还派驻了98万人的队伍，装备有19 000门火炮与迫击炮、520辆致命的"喀秋莎"火箭炮车和3 300辆突击战车，其中大部分都是机动性好、装甲保护良好、有致命杀伤力的T–34/76型坦克，还包括KV–1重型坦克，苏–76、苏–122自行火炮（坦克阡击车）与侦察用T–70轻型坦克。此外，西方面军还可调遣拥有600辆突击战车的38万人的预备队，以及作为后方预备队驻守在顿河的科涅夫草原方面军的1500辆坦克和50万士兵。

苏军针对"堡垒"行动构筑了如此庞大的防御工事，只要稍加判断，攻击计划就应该取消。但是许多德军指挥官却无视自1941年6月以来东线上已发生的变化，固执地相信雅利安血统德国人的种族优越性，因此苏军不断加强防御力量的事实只是让他们认为成功地合围苏军力量才更有价值。另外，德国人一直没有意识到驻守在突出部后面的苏联预备队有多大规模。这部分要归咎于情报的不足，但首先是苏军高超的伪装与迷惑术的结果。不管继续进行"堡垒"行动的原因是什么，德军面对有准备的防御线上人数远超过自己的强大对手还是发动了攻击。究竟德国人的种族优

↑德军在库尔斯克的战争准备没有逃过苏军最高统帅部的眼睛，苏军支援部队立即被派往突出部。图为一队T–34型坦克正准备出发

德国"斐迪南"式坦克歼击炮

↑1943年东线战场上"斐迪南"式突击炮是希特勒寄予成功希望的三种战车之一。为免受敌军炮火的侵害，它由两个引擎驱动

势、作战技巧以及新式突击战车的冲击能否改变不利的战场形势并取得希特勒所期望的决定性胜利，且让我们拭目以待。

"堡垒"行动开始

陆军元帅埃里希·冯·曼施坦因统帅的南方集团军群在1943年7月4日沿库尔斯克突出部南翼展开了准备性的作战行动。这些在格佐夫卡和别克托夫卡的攻击行动保证了第二天早上的主要攻击有一个良好的发起阵地。苏军的防御阵线依突出部南部而建，沿着柔和起伏的山脊从西向东延展，从高处流下来的河流如朴肖尔河、北顿涅茨河通过山脊向东北流去。南方集团军群下辖西面的霍特上将的第4装甲集团军（1942年1月前称"装甲集群"）与稍东的肯普夫集团军级战役集群。在两军之间，部署着6个装甲师、4个装甲护卫师、10个步兵师以及独立的"豹"式坦克装甲旅，总兵力达349 000人，装备有1 514辆坦克和突击炮，包括"堡垒"行动中投入的631辆Ⅳ型坦克中的358辆、全部的200辆"豹"式坦克以及131辆"虎"式坦克中的102辆。这些装甲力量清楚地表明南线是德军的主攻方向。与德军对阵的是瓦杜丁的沃罗涅日方面军的466 000名士兵与1 700辆坦克和坦克歼击车，再加上拥有204 000名士兵和265辆坦克的预备队。

←←苏军迫击炮队正在等待德军发起攻击。小队与小队之间相距甚远，以免遭飞机或炮火的轰炸

7月5日：北方战场

1943年7月5日5时30分，由德国汉斯·冯·克鲁格元帅指挥的中央集

↑图为容克Ju-87型战机在别尔哥罗德附近的战斗中。正是在"堡垒"行动中，德军为了对付坦克而给"施图卡"式飞机装备了37毫米加农炮

团军群沿库尔斯克突出部北翼发起攻击。沃尔特·莫德尔将军的第9集团军的先头梯队（1个装甲师、9个步兵师）在长63千米的正面对由罗科索夫斯基的中央方面军驻守的苏军第一道防线发起了进攻。莫德尔将其他5个机械化师留作预备队，在战斗开始后的最初几天等待着出击机会。苏军则已沿斯瓦帕山谷北面的山脊——尤其是西边的姆拉维尔村与东边的马洛阿香格尔斯克村之前的部分——由西向东建起了他们的防御阵地。

莫德尔的部队

莫德尔的第9集团军下辖6个装甲师、14个步兵师和1个独立的"虎"式坦克营，共计有335 000名士兵、1 009辆坦克和突击炮，其中包括273辆Ⅳ型坦克、32辆"虎"式坦克和90辆"斐迪南"式战车。这些部队被编成4个军，包括一流的第41和第47装甲军。驻守在苏军第一道防线抗击这些德国军队的是第13集团军（总兵力114 000人）和第70集团军（总兵力96 000人）。在它们的两边侧翼与后方，罗科索夫斯基部署了配备有840辆坦克和坦克歼击车的315 000人的部队，另外还有390辆坦克和185 000人的预备队。

莫德尔的部队在7月5日凌晨集结时，遭到了苏军炮火40分钟的猛烈炮击，前沿阵地被炸平，攻击行动也宣告破产。苏军的情报系统随着战争的进展越来越有成效，它已探知了德军发动攻击的时间，因此罗科索夫斯基可以先发制人，炮轰敌军。虽然受挫，莫德尔的10支先锋队在容克-87型俯冲轰炸机的掩护下仍然发动了强大的攻势。但是进攻遭到了苏军的顽强抵抗，许多坦克毁于密布的反坦克雷区和威力强大的76毫米反坦克炮以及苏军的空中打击。为了增加攻击能量，莫德尔又将两支预备装甲师投入了正在格涅列茨与马洛阿香格尔斯克之间进行的战斗。尽管有强大的军队发起的多次攻击，有频繁的空中打击的支援，莫德尔的第9集团军仍然步履维艰。到7月5日晚，德军向博布里基的苏军防御线推进了不到10千米。在其他地区长达40千米的战线上，同在亚历山大德罗夫卡一样，德军也仅推进了4千米。

7月5日：南方的钳形攻势

　　7月4日下午，南方集团军群在发动初始攻击之后，它的工兵当晚悄悄

↓一辆苏军T-34型坦克被炸弹或地雷毁坏后的残骸。它完全被炸开，甚至可以看得见里面的引擎

从雷区清出一条道路，以利于第二天早上坦克的推进。7月5日清晨，霍特的第4装甲集团军在西面战区对长达40千米的战线发起攻击。向东不远，肯普夫集团军级战役集群向东北方向进击以掩护霍特军的右翼。这两支军队在苏军第一道防线上遭遇到奇斯蒂亚科夫的第6近卫集团军的抵抗（该军有8万人、155辆突击战车、92门"喀秋莎"火箭炮和1 680门火炮）。在霍特的防区，冯·克诺贝尔斯多夫的第48装甲军倚仗第10装甲旅的"豹"式坦克，从托莫罗夫卡的西北面向切尔卡斯科耶和卡扎茨科发动攻击。东面不远，强大的党卫军第2装甲军（装备有492辆坦克和突击炮，包括42辆"虎"式坦克）从托莫罗夫卡的东北向拉科沃和雅科夫列沃进攻。

　　在第48装甲军的战区，强大的"大德意志"师的坦克楔形编队在密集炮火的支援下，突向切尔卡斯科耶和卢查尼诺，他们当天的最终目标是夺取佩纳河边大约10千米远的西尔泽沃村。据"大德意志"师一个坦克团的一名连长回忆，德军在切尔卡斯科耶方向上的进攻一开始进展得相当顺利，但是苏军故意从附近的村庄撤退，将德军的坦克（包括附属的第10坦

↓库尔斯克。德军的坦克编队正在前进

克旅的"豹"式坦克)引向北面密度极高的雷区。"大德意志"师的坦克一陷入雷区，即遭到伪装巧妙的苏军76毫米反坦克炮、各型大炮与伊尔-2型轰炸机的猛烈打击。一个小时内，36辆"豹"式坦克陷在了村子附近的玉米地里动弹不得。尽管一开始即遭挫败，克诺贝尔斯多夫的三支装甲师组成的楔形编队（以"虎"式和"豹"式坦克为先锋）面对苏军的顽强抵抗仍然在7月5日频繁发动攻击，缓慢向前推进。第48装甲军至当晚已深入苏军防线8千米，在若干地点上突破了苏军的第一道防线。

　　紧靠克诺贝尔斯多夫第48装甲军的东面，党卫队第2装甲军的三个装甲师形成的战斗楔形编队向北和东北面发起攻击。西面的"警卫旗队"师向北进攻雅科夫列沃的中部，"帝国"师向北进攻卢奇基；东面的"骷髅"师向东北进攻戈斯蒂什切沃。每个师派出的"虎"式坦克团组成了楔形编队的先锋，楔形编队西侧翼与后面部署着Ⅲ型坦克与Ⅳ型坦克及突击炮。紧随其后的是半履带车与卡车上的装甲榴弹炮。坚定的党卫军部队一整天都在连续的空中打击与极具杀伤力的"虎"式坦克强有力的支援下冲

↓图为"堡垒"行动初期"帝国"师的Ⅴ型"豹"式坦克。"豹"式坦克被仓促送上战场，其中大部分很快出现机械故障。但是略加休整之后，"豹"式坦克成为二战中最好的坦克之一，甚至强于苏联的T-34型坦克

击着坚固的敌军阵地与反坦克屏障。日落时分，党卫队第2装甲军已向前推进了20千米，到达苏军在卢赤基的第二道防线，这是整个"堡垒"行动中德军推进的最远界限。

然而，东面更远处的顿涅茨河一带，肯普夫集团军级战役集群发动的保护党卫军第2装甲军脆弱侧翼的攻势却无多大进展。布雷斯的第3装甲军突击了苏军第二道防线上由第69集团军左翼和第7近卫集团军（总兵力76 800人）守卫的阵地。肯普夫的4个师打过了北顿涅茨河，其中第15师的兵力从对岸已占领的桥头堡（位于别尔哥罗德附近的米哈伊洛夫卡）发起攻击。由于第68步兵师没能突破米哈伊洛夫卡那边苏军强有力的防御，肯普夫将第6装甲师调到更有希望取得进展的战区。在更靠后的位置上，第7和第19装甲师倚仗第503重型坦克营的45辆"虎"式坦克向前推进了6千米——尽管地形对防御者更为有利。

7月6—12日：北方的钳形攻势

7月6日，莫德尔的部队在北方对苏军第二道防线发起了强有力的突击，目的在于夺取波尼里村和奥尔霍瓦特卡岭之间的重要地段。莫德尔希望能从这些地方穿过最适于坦克作战的平原地带，向南面的库尔斯克更迅速地推进。为了阻止这种势头，罗科索夫斯基在晚上调来了预备队。7月7日黎明，第16坦克军对索波罗夫卡以北的德军发起反击，将之驱回。但随后德军第2装甲师赶到，依靠第505营的"虎"式坦克阻止了苏军攻势并迅速进行了猛烈的还击。在密集的"烟云"（又译为"喷烟者"）火箭炮的支援下，德军当日又倾力对奥尔霍瓦特卡与波尼里发动了频繁的攻击。面对苏军的誓死抵抗，德军依靠密集的炮火和空中打击的支持最终推进了两千米，接近了253.3高地附近波尼里的边缘地带。不过，从全天的局势看，苏军的不断反击暂时阻止住了德军的推进，而且还不时将他们逼退。

在接下来三天的殊死战斗中，德军多次试图夺取波尼里的进攻遭到了苏军的坚决反击。于是双方都投入了预备队，在村里的建筑中进行着惨烈的战斗，酷似一场小型的斯大林格勒战役——对每一座建筑的拉锯式争夺。苏军在"喀秋莎"火箭炮和伊尔–2型轰炸机不间断的炮火支持下誓死抵抗，没有让德军攻占村子北半部以外的地方。7月10日至11日，罗科索夫斯基发动了更强大的反突击攻势，阻止了已疲

←←某村庄的废墟上，一个手持MP40冲锋枪的党卫军士兵与苏联一家平民在一起

↓党卫军"帝国"师装甲掷弹团的一名军士长

↑图为在库尔斯克战场上陷入困境后被弃的三辆苏T-34型坦克。苏联的坦克常常分批从德军进攻方向的侧面发起攻击

惫不堪、损失严重的德军——在战斗最紧张的7天里，他们已推进了16千米——罗科索夫斯基在7月12日发起的大规模的反击已开始将他们向北驱回到7月5日时的阵地。莫德尔的北方钳形攻势在经历8天的激烈战斗后，伤亡达20 700人。苏军的顽强抵抗使它遭到了彻底的失败。

7月6—12日：南方战场

7月6日，第48装甲军在德国空军200多架飞机的空中掩护下，逐渐将受创的第6近卫集团军击退到奥博扬以南的第二道防线，并顺势占领了拉科沃。但是三个德国装甲师向北面的推进则遭到了从沃罗涅日方面军的预备队调来的第27集团军猛烈炮火的阻击。东面更远处，豪塞尔的党卫队第2装甲军将力量受到削弱的第6近卫集团军成功地赶到普罗霍洛夫卡。党卫军"警卫旗队"师由"虎"式坦克引导的装甲楔形编队楔入这一狭长地域，推进8千米，靠近了泰特罗维诺。再往东，肯普夫集团军级战役集群的3个装甲师凭借"虎"式坦克营的力量，将苏军从北顿涅茨河上的桥头堡附近驱出，使苏军向梅利克霍沃方向退却了8千米。

接下来的4天里，第48装甲军与党卫队第2装甲军面对苏军的顽强抵抗各自作战，分别向北面的奥博扬和东北方向的普罗霍洛夫卡缓慢推进。瓦杜丁的沃罗涅日方面军在遭遇战中不断投入生力预备队，使防御力量得以保持。7月7日间，克诺贝尔斯多夫的第48装甲军最终在西尔泽沃实现了突破，可是苏军的猛烈反击又一次使它无法利用稍纵即逝的机会扩大战果。再往东，党卫队第2装甲军顶着苏军的不断还击缓慢向前推进。例如，在普斯约尔克内附近苏军的50辆T-34型坦克在步兵与炮兵的配合下勇敢地袭击了豪塞尔的军队，试图阻止它前进。第13坦克连（属党卫军"警卫旗队"师，楔形编队先锋）的"虎"式坦克首当其冲，正面受敌。

抵御苏军

由党卫军中士施塔德格加尔指挥的"虎"式坦克是这次防御战斗的主力。当这些"虎"式坦克用远距离火力压住对方的前进势头时，党卫队工兵们不被觉察地爬出隐蔽得很好的散兵坑，在密集的火力网中，将成排的盘状反坦克地雷埋在苏军装甲部队的后面。在苏军16辆战车毁于"虎"式坦克的88毫米火炮之后，苏军坦克在己方炮火的掩护下被迫撤退，7辆

↓"堡垒"行动中党卫军装甲师的士兵在休息。党卫军师是纳粹德国最成功的部队之一，但是他们最终不得不放弃艰苦奋战得来的战果

↑党卫军近卫师的约亨·派普。突出部战役中，因其在马尔梅迪的行为而臭名远扬。图为派普在争夺库尔斯克的战役中

T-34型坦克撤退时不幸遇上了盘状地雷。疲惫的党卫军"警卫旗队"师经过短暂的休整，又准备向普罗霍洛夫卡推进。

7月10日，第48装甲军从诺沃塞洛夫卡向别尔哥罗德-奥博扬一线发起攻击。它的任务是牵制住苏军的预备队，为党卫军第2与第3装甲军联合南袭普罗霍洛夫卡进而攻击苏军后方区域创造机会。第二天，党卫军第2与第3装甲军成功地突入斯托罗泽沃伊与卡扎奇耶之间长23千米的苏军第三道防御线，3个党卫队师的集中攻势将他们带入离普罗霍洛夫卡不到5千米的区域。这次行动得益于Ju-87式与He-129式飞机的猛烈空中打击——事实上，德国空军已倾其所有来支援党卫军第2装甲军的行动。

普罗霍洛夫卡：坦克大战

"堡垒"行动中最重要的战斗于1943年7月12日在普罗霍洛夫卡沿突出部的南部打响，它被德军士兵们称作"第4坦克军的死亡推进"。这是在普罗霍洛夫卡爆发的人类历史上规模最大的坦克战：700辆苏军坦克与500辆德军突击战车在一系列惨烈的遭遇战中交锋。两天以前，沃罗涅日方面军司令瓦杜丁就已预测到德军将在第二天发起协同作战穿过普罗霍洛夫卡。他充分意识到其中隐含的战略危险性，于是将罗特米斯特罗夫中将精锐的第5近卫坦克集团军（有4万人，500辆坦克）调到普罗霍洛夫卡以北地域增援波波夫的第2坦克军驻守的防御阵地。

7月12日清晨，当党卫队第2装甲军的3个师开始向普罗霍洛夫卡逼近时，瓦杜丁命令第5近卫坦克集团军（由第5近卫集团军和第1坦克集团军支援）发起反击。另外，罗特米斯特罗夫也向南突进，以阻止布雷斯的第3装甲军——前一日，该军已推进到离普罗霍洛夫卡不到20千米的日扎维

茨。罗特米斯特罗夫认真研究了关于他所面临的"虎"式与"斐迪南"式
战车威胁的战后报告，决定用机动性能优越的T-34型坦克对付德军的远距
离杀伤优势，从正面直接切入或从侧面进攻。因此，在那个闷热阴沉、间
或下雨的早晨，红军的550辆坦克在步兵、反坦克炮的配合下突向党卫队
装甲楔形编队，遭遇战即时展开。当"虎"式坦克从远处开火时，T-34型
坦克迅速前进缩短敌我之间的距离，激起的烟尘使能见度降到了几米。在
随后的混乱与烟幕中，双方数百辆间距不超过100米的坦克一辆接一辆冲
过来，隆隆声整日不绝于耳，一直持续到第二天。

德军攻势被阻

　　36小时的激烈战斗接近尾声，苏军装甲部队成功地阻止了德军向东
北方的推进。尽管德军以150辆坦克的较小损失为代价摧毁了对手450辆坦
克，但这并不代表他们赢得了普罗霍洛夫卡战役。罗特米斯特罗夫的反击
不仅阻止了豪塞尔通过普罗霍洛夫卡向东北推进，还使曼施坦因丧失了德
军在突出部南部握有的微小的主动权。因此，7月13日，付出惨重代价的

↓瓦杜丁将军与他
的政治委员赫鲁晓
夫——日后的苏联首
脑——在一起。瓦杜
丁将军指挥的沃罗涅
日方面军扼守库尔斯
克突出部的南部

"堡垒"行动陷入了僵局，它对于受到惨重伤亡的德军已无丝毫战略价值。而且德国人发现，填补损失的150辆坦克要比苏军填补450辆坦克还要困难。

"堡垒"行动的结局

7月10日，库尔斯克战局未定，又有消息传来说，英美盟军当日已攻入西西里岛（"爱斯基摩人"行动）。这样，整个轴心国军队的南翼都受到威胁。普罗霍洛夫卡遭受的挫败使希特勒看到"堡垒"行动此时已不可能取得预期的决定性胜利，他决定将豪塞尔忠诚的党卫队第2装甲军的一部调往意大利，用来加强摇摆不定的意大利盟友的抵抗。为了抽出装甲部队支援意大利战场与乌克兰地区受到强大压力的米乌斯河前线（苏军近日已在此发动了一次攻击），希特勒取消了"堡垒"行动。随后，曼施坦因的部队顶着苏军的猛烈攻击，边战边逐渐退到突出部南面的初始阵地。

↓在"堡垒"行动中，埃里希·冯·曼施坦因元帅接待土耳其的军事使团

↑1943年7月库尔斯克战役中一辆熄火的"斐迪南"式突击炮。"斐迪南"式战车在库尔斯克战役中首次露面，但因过于笨重，其表现只是差强人意

"堡垒"行动在南方的钳形攻势几乎同在北方一样遭到了惨重失败。

相对于54 000名人员伤亡和900辆珍贵的突击战车的重大损失来说，"堡垒"行动只是暂时地占领了一些无关紧要的土地，没有任何战术或战略价值，而且它的失败使东线的战略主动权无可挽回地落到了苏军手中。事实上，如果说1941—1945年的东线战役有转折点的话，那么"堡垒"行动的失败——而不是在斯大林格勒的失败——则代表了这样的关键时刻。古德里安苦心节省的装甲资源在对更强大的敌人充分准备的防御战线发起的毫无意义的进攻中被浪费掉了。德军此刻面对着比任何时候都要强大的敌人，他们在东线上的总兵力只剩下不过300万人、2 400辆坦克，以及轴心国的19万名士兵，而红军则拥有580万人的军队和7 900辆坦克。

"堡垒"行动引发的溃败

考虑到德国人自己选定时间、地点，用自己的方法进行了库尔斯克之

战，他们的失败就更令人惊讶了。从"堡垒"行动的失败可以看出，自1941年6月以来，苏军的战略战术能力增长到了何种程度，也可以看出德军的作战技巧下降到了何种程度。造成这种失败的原因是：在库尔斯克首次投入的"豹"式与"斐迪南"式装甲战车——德国人曾对它们寄予了很高的期望——最后证明是一种彻底的失败。"豹"式坦克因为过重常被机械故障所困扰，而为（不必要的）两栖涉水能力设计的防水密封则造成了通风不良，经常引起发动机起火。因此随着战争的进展，投入的200辆"豹"式坦克中仅剩下38辆还保持着战斗力。

"斐迪南"式战车在库尔斯克的表现也令人沮丧。为了解决过重问题而设置的两个引擎在战斗开始后的前四天内使21辆"斐迪南"式战车因故障停用，由于缺乏必要的备用部件，德军难以把损坏的战车修理

←←在马洛阿香格尔斯克的德军士兵坟墓

↓1943年年末，红军某步枪营的一名女狙击手，她身穿迷彩服，肩扛带望远镜瞄准器的7.62毫米口径马克西姆-纳根枪栓式步枪

好，加之它又没有装备机枪，所以也无法压制那些常常设法将它们与支援的装甲掷弹兵隔开的敌方步兵。在"堡垒"行动开始后的前六天里，训练有素的苏军步兵充分利用这一点，通过破坏性攻击、地雷或黏性炸弹摧毁了22辆"斐迪南"式战车。

然而，"堡垒"行动的失败要比新战车在战争洗礼中的糟糕表现重要得多。"堡垒"计划的构想存在严重缺陷。德国人选择了一个地理特征明显的进攻目标，不能达成战役的奇袭效果——这样的错误在"巴巴罗萨"和"蓝色"行动中显然是看不到的；而希特勒延迟"堡垒"行动的决定又增加了这种错误的严重性。事实上，5月初全力的迅速出击比7月5日更强大的攻击可能会有更好的效果；计划的延迟给了苏军大力加强纵深防御的时间。

鉴于这些不利的战术因素，德国人没有及时取消"堡垒"行动是他们

↓苏军发起的反攻很快将德军迫退。图为苏联工兵正在第聂伯河上建桥，标牌上写着："挺进基辅！"

所犯的最严重的错误之一。相对于"堡垒"行动取得的可怜的攻击性成果来说，将重建的装甲师编为预备队以作为一支有弹性的灵活防御力量对付苏军必然的攻击，可能会取得更大的反攻效果。攻击行动没被取消在很大程度上要归因于主导着德军的思想意识的强化。当东线的战略形势逐渐恶化时，德国人愈发重视用他们的种族优越论来鼓舞士气，增强决心。然而这些思想却蒙蔽了德军的眼睛，使他们看不到苏军在1942—1943年期间是如何迅速提高自己能力的。以上因素综合起来使库尔斯克战役成为德军在二战中所经历的最严重的失败之一。在1943年剩下的时间里，苏军夺取战略主动权将使德军遭受更为沉重的打击。

苏军的出击

　　1943年7月12日，当莫德尔的第9集团军在波尼里一带发起的攻击陷于

↓1943年8月，在对苏军的反击中，一辆"虎"式坦克驶过燃烧的房屋。事实证明，这种坦克具有极好的防御性能

停顿时，索科洛夫斯基的西方面军开始出击。趁德军的注意力集中在突出部，西方面军出其不意地向驻守在突出部北部的德军和东北面的第2装甲集团军发动了进攻。这时苏军的战略部署已变得更为复杂。红军在对力量薄弱的侧翼发动攻击之前，很明智地让敌人在突出部的防线上碰壁，以削弱其战斗力。苏军代号为"库图佐夫"的攻击行动迅速摧毁了已被削弱的德军防线，然后向西面进攻，对莫德尔受到重创的第9集团军的运输线构成威胁，令他的部队在突出部北部陷入了艰苦的防御战。

向哈根防线撤退

　　取得初步胜利之后，波波夫将军的布良斯克方面军在7月底投入战斗，从姆岑斯克的南部向奥廖尔发起攻击。经过一周的稳步推进，波波夫拿下了奥廖尔——当地重要的交通枢纽。为了继续扩大战果，苏军又在长达122千米的正面向西发起攻击。8月中旬，红军的推进最终迫使德军放弃了突出部北部的其余地段，后退到早已设立的哈根防线（在苏联初始阵地

↓1943年末游击队向日托米尔发起突击的部分场景。这次突击扫过德军后方地区，引起了他们的混乱和恐慌。游击队依靠畜力来运输设备，这在苏联糟糕的路面状况下几乎和摩托化部队一样快，而且还有一个优势：不需要汽油

↑解放意味着除去德语的标牌，恢复原来的苏联标牌。图为一火车站被重新命名

以西约120千米处）。这还不算太糟，因为库尔斯克南部更沉重的打击正在等待着德军。

8月3日，科涅夫的草原方面军与瓦杜丁的沃罗涅日方面军沿库尔斯克突出部南部出其不意地对已受重创的德军发起攻击，此次代号为"鲁缅采夫"行动的目的是突破突出部南部的敌军阵线，夺回别尔哥罗德与哈尔科夫交汇处的重要交通枢纽。科涅夫的草原方面军为此次行动调集了194 000人的部队，编成三个多兵种集团军，装备有460辆坦克、4 100门火炮。更为强大的沃罗涅日方面军则投入了458 000人的两个精锐先锋坦克集团军和五个多兵种集团军，瓦杜丁的部队配备有1 930辆坦克（其中许多是T-34型）与8 650门火炮。统帅部计划先派4支多兵种集团军突入德军战术防御区，然后趁局势尚不稳定时再派两支精锐的近卫坦克集团军迅速纵深插入敌人后方并伺机夺取哈尔科夫。哈尔科夫不仅是轴心国在乌克兰的重要行政中心，还是重要的交通枢纽，牵动着东线德军的整条战线。德国人不知道的是，早在1943年6月，苏军就已将"堡垒"行动的终止和他们自己的

↑1943年秋，库班桥头堡，罗马尼亚集团军的捷克造LT-38轻型坦克在行进中

"库图佐夫"攻势看作一系列整体攻势的一部分，也是他们连续行动策略落实的一部分。

"鲁缅采夫"攻势代表了一个新的阶段：逐渐扩大攻势，巩固战果，在东线上的整个中部与南部战区展开普遍攻势。苏军希望这种全面的反攻能在五个月内把德军驱回到第聂伯河那一边。这些一体的、同时进行的攻击——都在落实着深层作战理论并且通过有效的作战技巧协调一致——将最终卷入至少7个方面军的280万士兵。

8月初，"鲁缅采夫"行动使德军大为震惊，他们以为在库尔斯克，尤其是在普罗霍洛夫卡的攻势中受到严重损失的沃罗涅日方面军和草原

方面军元气大伤，至少要到8月底才有力量重新发起
进攻。但是苏军在斯大林的告诫下迅速组织起战斗
力量，在德军从"堡垒"行动中所受的打击恢复之
前就提前行动。对德军来说更糟的是，受惊的德国
军队——肯普夫集团军级战役集群和霍特的第4装甲
集团军仅能把204 000人的军队和340辆尚可使用的装
甲车与攻击炮车投入战斗，去对抗拥有652 000人的
苏联军队的重击。

　　德军毫无准备突然被袭，人数上又处于下风，
因此毫不奇怪他们的战术防御阵地在苏军的重击下迅
速崩溃。8月3日至4日，苏军步兵迅速占领了别尔哥
罗德，接着又向西南方向的博戈杜霍夫与哈尔科夫推
进。8月中旬，孤注一掷的德军从阿赫特尔卡桥头堡
发起反击，暂时延缓了苏军的南进。但他们的反击却
阻止不了8月21日哈尔科夫的失守——这是自"巴巴罗

↓1943年8月末，红
军在东线乌克兰战场
发起秋季攻势，欲将
德军赶过第聂伯河。
到9月末，德军已经
在撤退而苏军也已在
第聂伯河两岸建立起
桥头堡。虽然德军顽
强抵抗，但红军能在
关键点上集中力量，
一直保持推进的势
头，到12月，德军的
东线壁垒已落入苏军
手中

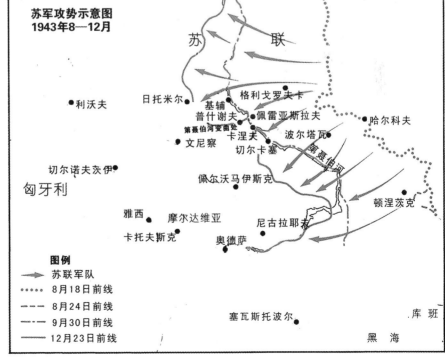

**苏军攻势示意图
1943年8—12月**

苏　　联

匈牙利

利沃夫
日托米尔
基辅
格利戈罗夫卡
普什谢夫
佩雷亚斯拉夫
哈尔科夫
第聂伯河变曲处
卡涅夫
波尔塔瓦
文尼察
切尔卡塞
第聂伯河
切尔诺夫茨伊
佩尔沃马伊斯克
雅西
摩尔达维亚
顿涅茨克
卡托夫斯克
尼古拉耶夫
奥德萨

图例
→　苏联军队
·····　8月18日前线
----　8月24日前线
－－－　9月30日前线
———　12月23日前线

塞瓦斯托波尔

库班

黑　海

萨"行动开始以来这个城市第四次也是最后一次易手。

向第聂伯河挺进

随着"鲁缅采夫"行动的进展，罗科索夫斯基的中央方面军从库尔斯克发起进攻，将涅韦尔-奥廖尔一线已开始的攻击与南面从鲁缅采夫发动的攻击联系在一起。西南方面军和南方面军也在伊西斯姆-塔甘罗格战区对南方集团军群发起攻击。因此到8月底，苏军的大部分战线都展开了战略反攻，要将德军赶过第聂伯河——希特勒此时已将这条河选作"东方壁垒"防御线。1943年秋，德军在战斗力量与部队机动能力均下降的情况下，被迫依靠固定防御而不是战前理论所倡导的弹性防御。

1943年9月中旬，苏军的推进迫使南方集团军群在苏军先头部队夺取桥梁和包围西面的轴心国军队之前撤过了第聂伯河。9月23日，苏军的一

←←德军的6管"烟云"火箭炮极具威慑力，它可以连续发射6枚150毫米火箭

↓图为被德国人夺回不久的日托米尔，但这不过是德国人暂时的胜利

↑苏联游击队被迫离开平原，但他们可以在森林中的营地里饲养动物。奶牛不仅可以提供新鲜的牛奶，必要时还能提供牛肉

支先遣队攻占了河对岸的韦利基·布克林的一座桥头堡。9月下旬，苏军到达了北起戈麦尔南到扎波罗热的第聂伯河沿岸。10月9日，托尔布欣的西方面军（后改称第4乌克兰方面军）在亚速海岸线上的美利托波尔向克莱斯特的A集团军群发起攻击。到10月25日，苏军已推进到彼列科普，将第17集团军堵在了克里米亚。当这些行动展开时，科涅夫的草原方面军（后改称第2乌克兰方面军）从第聂伯罗彼得罗夫斯克与克列缅丘格之间的第聂伯河段以西的桥头堡阵地发起攻击。10月18—25日，科涅夫的先头部队迅速向东南推进，目标是克里沃伊罗格——这是尼科波尔与扎波罗热通向东方的必经之路。然而曼施坦因很快做出反应，派第40装甲军去阻击苏军危险的推进。10月27—29日，德军第40装甲军袭击了力量分散的敌军先头部队，对两个苏联机械化军造成了重创。

夺回基辅

　　德军的这场胜利并没有为他们赢得喘息时间。11月3日，瓦杜丁的部队从第聂伯河上的卢特日桥头堡发起突击，在48小时内夺回了基辅，迫使曼施坦因不得不在11月14日迅速将第48装甲军调至别尔季切夫对付瓦杜丁的装甲部队，阻止其从基辅向西南推进。到11月22日，德军第48装甲军已向东突围将近130千米，夺回了日托米尔，并打退了力量分散的第3近卫坦克集团军。然而这种得益于恶劣天气的胜利只是暂缓而不是阻止了苏军在11月底的推进。到12月中旬，德军只不过占据着基辅南部第聂伯河西岸的小块地域。也许是因为发觉己方的进攻过于迟缓，红军在12月23日发起了新的攻击，决心将可恶的轴心国军队赶出整个西乌克兰。

↓瓦杜丁指挥的渡河（第聂伯河）攻势期间，苏M1931/37型122毫米重型火炮在战斗中

8

冬季风暴

　　库尔斯克攻势失败后，德国国防军的战斗力遭到了严重削弱。苏军最高统帅部不失时机地利用了这一点。

　　1943年11月28日星期天，大约上午10时，苏军四架运输机在战斗机群的护卫下将斯大林送往德黑兰与丘吉尔首相和罗斯福总统会晤商讨整体战略问题。在过去的四个月里，苏联军队阻止了德军在库尔斯克的攻势，并在从苏联中部到黑海之间的广大区域里同时作战，于9月25日夺回了斯摩棱斯克；11月6日渡过第聂伯河，将德军赶出了基辅。此时在某些战区，斯大林的军队距离苏联1941年的西部边界仅有161千米。斯大林敏锐地意识到，丘吉尔不愿看到波兰与巴尔干各国的纳粹政府被共产主义所取代；他几乎确信丘吉尔在拖延着第二战场的开辟，以使德国能集中力量对付苏联。

斯大林的警告

　　在第二天的会议上，斯大林接受了丘吉尔和罗斯福对苏方取得的胜利给予的祝贺，并提醒他们，德军正在迅速恢复元气。此时，德军炮弹正落向列宁格勒，他们在乌克兰发起进攻，夺回了基辅以西的日托米尔，而且强大的德国军队仍然占据着基辅南部第聂伯河西岸的部分地域并控制着克里米亚。简而言之，除非英美盟军能够很快在西线发起主要攻势，否则1944年春季德军极可能再次在东线发动进攻。斯大林暗示，假如英美盟军

←←1943年底党卫军"警卫旗队"师的士兵在东线南部地区的战壕里。此时，大约一半以上的德军都被送上了东线战场

↑1943年11月，游击队解放了奥夫鲁赫这个乌克兰小镇

到1944年春天还不能兑现开辟第二战场的诺言，一旦苏联领土全部解放，苏联将与纳粹德国达成和解。

　　苏军统帅部已经经受住了德军两年半的攻击与反攻，斯大林认为如果再不开辟第二战场，德军无疑会在1944年春天卷土重来。事实上，德军对即将开辟第二战场的考虑已对他们来年的作战计划产生了重大影响。11月3日，希特勒在第51号元首指令中概述了这种战略形势：

　　　　反对布尔什维克主义的、持续了两年半的激烈残酷的斗争已使我们的力量与精力达到极限，考虑到面临的重大危险与整个战略形势，这是很正常的。现在，东线的危险依然存在，但是更大的危险正在西线出现：英美盟军的侵犯。东部地域广大，假如形势一再恶化，我们甚至允许领土上的重大损失，只要最终不危及德国的要害。但西线决不能这样……因此，为了支持其他战场，我不能再容忍西线力量的削弱。

　　资料显示，德国有大约800万人的军队，其中的420万，以及主要来自罗马尼亚、匈牙利和芬兰的75万轴心国士兵被投入到东线战场，此外还包括占总数大约四分之三的军用飞机、装甲战车和大炮。东线上的德军将被迫保持守势，只有等到击败英美盟军的攻势后才能得到大量增援，使希特勒能在1945年重新考虑对苏联的征服。其间苏联的前线力量——据估计只有260万人而不是资料上的500万人——可以简单地通过征调后方多余人员得到加强。1943年12月5日，希特勒下达第22号基本指令，要求将100万后方人员送上战场，并组建了若干宪兵营，它们的任务是突击检查毫无戒备的后勤与行政区域，强行征兵并将他们送上前线。

　　此时，至少1944年全年，德军在苏联战场保持战略防御已成定局，希特勒和他的将军们就如何延缓并阻止苏军恢复攻势展开了激烈的争论。南方集团军群司令格奥尔格·冯·屈希勒尔元帅已得到默许，将他的第18和第16集团军从列宁格勒附近日益暴露的阵地上后撤161千米到达纳尔瓦河、佩普斯湖和普斯科夫河的西岸。在这里，从波罗的海到南面402千米处的维捷布斯克的一条更易防守的代号为"豹"的战线将构建结束。1943年9月，5万人的建设大军已开始工作，他们要建设6 000个地下碉堡（其中

↓一机枪哨位的苏军士兵正在观察第聂伯河。德军为了阻止苏军前进已破坏了桥梁

苏联T-34/76型坦克

↑图为一辆用石灰水粗略伪装过的苏T-34/76型坦克。T-34型坦克自始至终在东线战场服役，远比德军的Ⅳ型坦克出色

→→1943年12月，日托米尔着冬装的德国士兵检查一名被俘的苏联士兵是否藏有武器或其他战利品

许多是混凝土）、80千米的战壕与反坦克坑以及201千米长的铁丝网。另外，在涉及的地区，25万苏联壮劳力正被迫由铁路向西运往拉脱维亚与立陶宛去补充波罗的海各国的劳力。

代号为"蓝色"行动的撤退原定于1943年12月初实施，但希特勒一再拖延，这并非因为他不愿意牺牲领土。与他的作战指挥官们不同，希特勒要考虑到撤退所带来的重大政治影响，他担心北方集团军群的撤退会导致盟国芬兰单方面与苏联达成停战和解。德国海军方面也很不满，因为假如放弃芬兰湾南岸161千米的土地，就会给苏联的潜艇——迄今为止潜伏在喀琅施塔得——潜入波罗的海的机会。基于以上原因，1944年1月5日，希特勒禁止德国军队撤至"豹"阵地。

乌克兰南线，希特勒与将军们讨论建立"东墙"的可能性，但是很多人极力赞成更灵活的弹性防御。德国装甲兵总监海因茨·古德里安上将希望以他在秋天派到南方集团军群的5个新建的装甲师为基础，建立机动性防御。但是如果将这些装甲师集中到一个编队，它们就必须撤出当前的阵地，即放弃领土，这里面存在着一系列政治策略问题。在乌克兰，苏联发起的秋季攻势已迫使德国军队从扎波罗日耶南部的第聂伯河全线撤退——第42军和第11军除外；它们已在基辅突出部，即科尔松与舍甫琴科夫斯基两镇附近的32千米长的河西岸站稳脚跟。德军的主要战线大大后移，这就使科尔松突出部的德国军队面临被歼灭的危险。但是希特勒坚决不允许撤退，认为只要突出部不失，德军就极有可能夺回基辅，而且突出部的存在会大大干扰苏联乌克兰第2方面军可能采取的攻击计划。

扎波罗日耶南部，第聂伯河蜿蜒流向西南，在下游322千米处流入黑海。克莱斯特的A集团军群下辖的第6集团军在这儿守卫着整个西北海岸——从建筑在尼科波尔附近沼泽中的一座大型碉堡群到奥德萨以东161千米处之间的海岸。第6集团军实际上占据着一个巨大的三角地带——底宽161千米，向东延展241千米伸入苏占区。克莱斯特急于将第6集团军撤回到更易防守的阵地，但希特勒却再次禁止后退，而且又一次给出充分的理由：首先，三角形内包括克里沃伊罗格——德军控制下的乌克兰地区的一个重要铁矿中心，还包括尼科波尔——重要的锰矿资源地；其次，苏联的乌克兰第4方面军去年秋天发动的进攻将第17集团军困在克里米亚半岛的海峡，而第聂伯河下游西北岸的德军离此地仅48千米。这样，德军似乎有很好的机会在来年发动反攻，为第17集团军解围。

政治方面的考虑

克莱斯特与南方集团军群司令曼施坦因都认为应该放弃半岛，而不应该考虑发动进攻

←←苏军排雷工兵冒着迫击炮的攻击，在德军的壁垒前剪开铁丝网

↑1943年12月在乌克兰红军中的卫生员。女兵们除了穿着裙子外，没有任何特殊待遇，她们的制服绝大部分都与男式的相同

去解救克里米亚——根据希特勒11月3日的指令，这已经不可能实现了。但是出于政治上的考虑，撤退又一次被否决了。希特勒认为放弃克里米亚将导致中立的土耳其屈服于英国的压力而减少如铬等重要资源的供应，并最终作为交战国加入盟军。如果说克里米亚需要坚守，那么乌克兰的突出部就更应如此，因为从任何一个地方的突然撤退都会引起一系列的政治反应，德军在巴尔干和中欧的盟友将会私下与苏联达成和解。希特勒最担心的是亲德的罗马尼亚独裁者安东内斯库极有可能被其他利益团体推翻。同时他也非常怀疑匈牙利摄政者米克洛什·霍尔蒂的忠诚。基于这些原因，德军应维持当前战线，坚守暴露的前沿阵地（如列宁格勒郊区）和突出部阵地（如科尔松与尼科波尔）以及克里米亚半岛的孤立阵地。

1943年12月，对斯大林来说，一切事情似乎都变得可能了。在德黑兰，他得到丘吉尔和罗斯福的保证：英美盟军最迟在1944年春天进入西欧，也就是说希特勒无法再加强东线的力量。这个保证相当重要，因为苏

↓1943年12月一辆Ⅳ型坦克驶过乌克兰城镇日托米尔。尽管双方此时的装甲武器数量大致相当，但苏军占有质量上的优势，并有效地把力量集中在德军阵线的薄弱点上

↑1943年年末，一架罗马尼亚空军的德国造亨克尔He-111型战机正在填装炸弹准备执行任务

联对轴心国人数上的优势（560万对490万）还不能算作压倒性的优势。此外，尽管苏军比德军拥有更多的战略资源——坦克：5 600辆对5 400辆；火炮与迫击炮：83 000门对54 000门；飞机：8 800架对3 000架——但这种优势远不如1941年6月22日时那样明显，只是苏联兵精将良远胜于过去，而对手却恰恰相反。苏军总计有480个师（每师大约6 000人），35个装甲武装的机械化师，46个坦克旅，80个炮兵师，编成70个独立的集团军，集团军又被编成12个方面军（集团军群）。此外，铁路部队的非凡组织工作使成千上万辆10吨级的美国斯蒂庞克牌卡车能够及时运抵前线，于是这些师、集团军、方面军也就拥有了胜于对手的机动能力；而且德国人将他们的力量部署在易被孤立的突出部——从黑海到波罗的海蜿蜒2 574千米的战线上——也帮了苏军的大忙。

　　到12月4日，苏军统帅部已完成了冬季攻势的准备，主要攻击点选在列宁格勒与西乌克兰战线的外围。为了保持进攻节奏，统帅部为每5个步兵集团军、两个坦克集团军和9个装甲军配备一支预备队，这虽然会削弱突破时

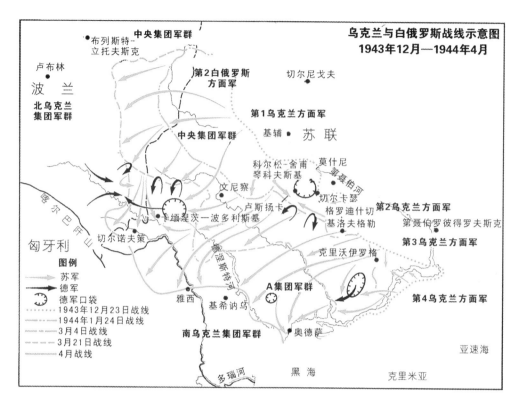

↑1943年12月24日，红军向南方集团军群发动了新的攻势。翌年1月，攻击继续向南。德国第1装甲集团军在科尔松—舍甫琴科夫斯基附近被包围。他们在得到空中供给的情况下顽强抵抗，最终在2月16日开始了突围

的前线力量，但更有利于展开纵深突破。

瓦杜丁的圣诞礼物

圣诞节前夜，瓦杜丁的第1乌克兰方面军按预订计划，从基辅以西向驻扎在日托米尔地区的南方集团军群的前沿阵地进行了50分钟的猛烈炮轰。他的突击师毫不费力地撕破了德军脆弱的防线。截止到第一天晚上，苏军的装甲部队从初始阵地向前推进了32千米，但是圣诞节那天的大雨则延缓了坦克的推进速度。德军最终在12月31日被逐出日托米尔。1月5日，第1乌克兰方面军抵达，切断了中央集团军群同南方集团军群的主要铁路联系。这次战斗的结果是瓦杜丁的部队向德军前线嵌入了一个241千米宽、80千米深的大楔子。

苏军的战果

随着这里战斗的平息，科涅夫的第2乌克兰方面军在东南322千米外活

跃起来。1月7日上午，苏军的先头部队突破了A集团军群的阵地，到达基洛夫格勒市郊。统帅部的意图是把第2和第1乌克兰方面军连成一片，向布格河前进。但是在科尔松–舍甫琴科夫斯基突出部战区，德军第1装甲师在山上挖了许多战壕，对科涅夫的右翼与瓦杜丁的左翼构成了严重威胁，部队如果不暴露交通线进行出击，就无法前进。

接下来的两个星期里，瓦杜丁与科涅夫把配备有4 000门大炮和370辆坦克的27个步兵师、4个集团军与一个机械化军部署在这一突入部分的谷地上。1月24日拂晓，在大规模的火炮轰击过后，科涅夫的大军向西北方向推进，越过突出部，直逼兹韦尼戈罗德卡镇。两天后，瓦杜丁的部队朝东南突击。到1月27日晚上，作为先头部队的第27集团军已经突破了德军的第一道防线。瓦杜丁接着把新组建的第6近卫坦克集团军楔入撕开的口子中去，命令其全速向兹韦尼戈罗德卡推进。当天晚上，第6近卫坦克集团军的一支配有50辆坦克和搭载士兵的机动部队，即第5机械化军第233坦克旅，攻入了兹韦尼戈罗德卡镇的西郊。该旅全速前进，在穿过一座巨大

↓配备有优良火炮和坚固装甲的IV型坦克是唯一服役于整个大战期间的德国坦克，但是它的性能很快就被最新式的苏联坦克比下去。这辆漆成白色的IV型坦克属于党卫军"维京"师

↑一队苏军滑雪兵正在穿越稀疏的树林

的德军后勤仓库后与从东南什波拉镇赶来的科涅夫的坦克部队会合，从而完成了两翼包围。此刻，科尔松–舍甫琴科夫斯基突出部变成了科尔松–舍甫琴科夫斯基"口袋"，瓦杜丁和科涅夫期待着另一个斯大林格勒战役，尽管规模小了许多。他们把德军第11集团军和第42集团军包围起来，其中包括6个步兵师、2个党卫军师（来自斯堪的纳维亚的"维京"师和来自比利时的瓦龙尼亚师）以及一些苏联人的辅助部队，共计56 000人。

　　对曼施坦因和克莱斯特来说，这意味着斯大林格勒战役即将重演。希特勒拒绝让被围部队的指挥官威廉·施特默尔曼将军进行突围，并命令在进行空中补给的同时，曼施坦因调动装甲部队进入阵地，实施救援行动。1月29日，第一架补给飞机降落在科尔松附近，但浓雾和大雪增加了飞行的难度，而2月初的一股暖流又把跑道变成了泥沼。到2月2日时，空军损失了44架飞机，一些是被苏联的高射炮或战斗机击落的，但更多的则是在着陆或起飞事故中损失的。德国工兵和乌克兰辅助人员在科尔松附近一处地势较高、比较干燥的地方匆忙修筑了另一条跑道。首架Ju–52运输机于2月9日在这里降落，此后平均每天运进140吨弹药，并运出伤员。这次大规模空中补给总共运进了多达2 000吨的补给品，其中包括1 300吨弹药，同时运出2 188名伤员——该项行动比起一年前补给斯大林格勒来，有了很大

←1943—1944年的冬天，东方战线上党卫军"维京"师里的一名挪威的非作战军官。很多外国人——特别是拉脱维亚人——加入党卫军，他们以战斗勇敢而闻名

的进步。

2月4日，曼施坦因调动第3和第47装甲集团军展开了救援行动。进攻在头几个小时里进展十分顺利。但是在2月4日夜间，从地中海吹来的一股暖流到达了乌克兰，给苏联南部带去了记忆中最温暖的冬天。2月5日清晨，气温回升到15℃，地面立刻变得一片泥泞。德国的装甲部队只能像蛇一样在泥泞的地面上曲折前进，从而消耗掉了大量燃油。坦克兵们不得不光着脚跳入没膝的泥浆，组成"水桶旅"，从陷在泥浆里的油料车上搬运燃油。苏军也遇到了同样的问题，但他们可以利用缴获的德军燃料，并且沿着第聂伯河北岸成功地修复了斯梅拉至基辅的铁路。由于德军越来越虚弱，苏军越来越强大，2月7日，德军的第一次解围宣告失败。

心理战

一天前，希特勒最终同意被围部队突围，但他们此刻却面临着苏军强大的压力。由于德国空军把重点转移到了保护空中运输线上，苏联的强击

↓切尔卡塞包围圈的生还者们零散地抵达德军防线。德军再也不能经受包围战中如此大的人员损失，但是希特勒的不妥协和苏军的胜利慢慢地耗干了德国的人力资源

机可以随心所欲地飞入包围圈，扫射可能出现的目标，尽管此时所有被围部队都已处在了苏军大炮的射程之内。苏联人通过使用心理战，不断增加压力。飞机撒下成千上万份传单，一面标有被围部队身处绝境的地图；另一面是用德文书写的通行证，上面保证对投降者给予人道待遇，并将在战后早日遣送回国。他们在包围圈周围的山上架起了一组组高音喇叭，里面传出各种许诺和威胁。最有说服力的是，打着白旗的苏联信使送来了被俘的德国将军写给他们所认识的同行的信，极力保证他们在战俘营里将受到与他们同样的待遇。2月10日，在斯大林格勒被俘的塞德利茨·库尔茨巴赫将军，当时任德国军官协会（在苏联创立）会长，代表苏联支持的自由德国委员会发表广播讲话，敦促被围部队投降，保证他们会受到良好的待遇。但是苏联所有的努力都化为了泡影，与保卢斯和塞德利茨·库尔茨巴赫不同，施特默尔曼将军意志坚定，绝不妥协。来自斯堪的纳维亚和比利时的党卫军官兵们知道，苏联人能给予他们的，最多不过是每人头上来一颗子弹。

↓身穿伪装服的苏军在作战

德军缓慢的救援行动最终使希特勒明白，被包围的部队如果不尽早突围，将难逃被歼灭的命运，但是希特勒直到2月6日才同意部队突围。施特默尔曼以"维京"师为掩护部队，用几天的时间把他的部队从东面和东北面撤了回来，并开始向西南进攻苏军包围圈的外线——蒂基特斯河。2月11日，第3装甲军再次向东北发动进攻，试图夺取位于蒂基特斯河上的布桑卡镇和该河附近的列斯扬卡镇，这是距离包围圈的最近路线。解围的德国部队以精锐的第1装甲师为先锋，当天晚上夺取了布桑卡镇，次日晚又夺取了列斯扬卡镇的部分地区。

此时苏军统帅部内的气氛开始变得紧张。2月12日午夜时分，暴怒的斯大林同科涅夫通了电话。若干年后，科涅夫仍然能回忆起这次令他一生中最为紧张的谈话：

↓苏军在北方继续前进。这些步兵裹着厚厚的大衣，以抵御北极圈附近刺骨的严寒

　　　斯大林非常生气，他说，我们早就向全世界大声宣布，大量德国部队被包围在科尔松-舍甫琴科夫斯基地区，可是现在统帅

部却得到情报，被围的德军已经突破了第27集团军的阵地，正在向他们自己的战线撤退。"对于邻近战线的战局形势，你到底知道些什么？"斯大林向我质问道。从他那尖锐的语气中，我觉察到了最高指挥官发出的警告……我只能回答："不必担心，斯大林同志，被围的敌人不会逃脱。"

↑党卫军部队通过一辆正在燃烧的T-34型坦克。图前部的车辆是一种水陆两栖的"吉普"车

科涅夫下令用地雷和其他障碍物建立起坦克不能通过的地带，以加强整个地区的反坦克防御。此外，由于他的仕途（乃至生命）危在旦夕，科涅夫命令部队发动了大规模的进攻，使德军的行动陷入了停顿，只有一支部队除外。这支混合战斗队就是由贝克上校指挥、以"虎"式坦克为主力的第506营，他们能够成功摧毁数倍于己的T-34坦克。在过去的3周里，第506营不可思议地消灭了400辆苏军坦克，攻陷了一连串苏军阵地，但其自身也不断地蒙受损失。2月14日，当第506营夺取了被围地区的制高点——239号高地附近的齐辛茨伊时，只剩下了6辆作战坦克。贝克在这里坚持作战达几个小时，直到被第5近卫坦克军击溃。

↑由于缺乏足够的部队保卫前线，精锐的德军伞兵部队——在低地国家和克里特岛闪击战里的英雄——被用作地面部队，以阻挡苏军的前进

失踪的德军伤员

施特默尔曼并不知道救援部队的到来，他以为他的部队将不得不在距列斯扬卡东北8千米处即距239号高地24千米外的地区孤军奋战。他在2月13日从科尔松撤退时，留下了所有的3 000名伤员和一些护理人员。这些伤员的命运无人知晓。苏联在战后宣布，苏联的突击部队抵达时，发现所有的德军伤员都已头部中弹而亡，由此断定德军在撤退时杀害了全部伤员——这一点遭到了包围圈内幸存者的猛烈驳斥。

2月16日夜11时，施特默尔曼的第一批部队开始了向列斯扬卡突围的努力。这时的德军已无路可退：此前一天，他们吃完了最后一块面包，喝光了最后一瓶烈酒，摧毁了全部的重型装备。长时间的炮击并未引起苏军的多大警惕，端着刺刀的德军士兵趁大部分敌人还在熟睡时，悄然抵达了敌方阵地。大多数人都突围了出去，有些部队的突围方法颇为奇妙。第72师的士兵装成红军，高喊着："Stoi（立定）！"并带着那种必须让他们通过的威严，骗过了苏军士兵，从大群坦克之间冲了出去。

间隔10分钟后，第二批部队开始突围。但是由于受到马车、履带牵引车以及自行火炮的拖累，他们的速度很慢。大约在东南两千米处，许多车辆在很深的沟渠里抛锚而不得不被抛弃，甚至连马车也陷入了积雪和泥浆中。部队只能步行向西南前进，但遭到了239号高地上苏军的猛烈阻击。此时的苏军部队已经完全意识到了德国人的企图，正往这里调集越来越多的部队。德军只能向南回旋，设法脱离239号高地的射程范围，但是不久就遭到另一个苏军阵地同样猛烈的阻击。施特默尔曼一直坚守阵地，等到掩护部队撤出后才加入撤退的行列。但是在人员和车辆的一片混乱中，他不久就与指挥部失去了联系。人们最后一次看到他是在一辆装甲车上，这辆车被一发苏军炮弹炸得粉碎。

撤退变成溃败

　　由于指挥官的消失，失控的德军成了一群惊慌失措的乌合之众，跌跌撞撞地向蒂基特斯河的大致方向溃败。2月17日11时左右，第一拨士兵到达河东岸，但横在他们面前的不是缓缓流淌的小溪，而是一条覆满冰雪的、30米宽、2米深的刺骨湍流。因为要避开239号高地的射程范围，突围部队的渡河点比原计划的列斯扬卡镇偏南了3千米，而第1装甲师的工兵已在那里搭起了一座浮桥。于是，会游泳的士兵和不会游泳的士兵分成了两组，后者被湍急的河水卷向下游，沉入了水底；有些人试图骑马过河，也被卷走。这时，紧跟着的苏联坦克追了上来，一群T–34坦克在距离德军士兵几百米处用机枪和火炮扫射。上百继而数千

↓一组德国迫击炮兵在行动。迫击炮是最令人胆战的步兵武器，尤其是当它在开阔的战场上使用时。但在冰冻的土地上挖的狭小战壕则起不到多少保护它的作用

人像惊慌逃窜的牛群，纷纷冲入河中。数不清的人被河水卷走淹死，其他到达西岸的人则被苏军的迫击炮和大炮炸成碎片。

令人震惊的一幕

听到枪炮声，第1装甲师的部队迅速向南转移，却惊讶地看到成千上万的士兵溃不成军地向西北逃窜。他们一个个惊慌失措，没有武器，没有装备，许多人甚至没有鞋子。无论是军官还是士兵，都拒绝留下帮助他们的同伴继续战斗，这令人感到吃惊。很多人躺在河岸上，受伤呻吟或是被淹个半死。在56 000名被困的人员里，大约有3万人成功突围。戈培尔的宣传竭力把科尔松突围描绘成一场伟大的胜利，一个德国版本的敦克尔刻大撤退，尽管在规模上逊色了许多。但是曼施坦因知道，除了党卫军部队还充满斗志外，其余逃出来的幸存者都不适合立即执行作战任务，他们必须要被送回波兰,进行休息、恢复和训练。

起初，斯大林十分懊恼斯大林格勒战役的一幕没有在科尔松-舍甫琴科夫斯基上演，大量的德军士兵从本应密不透风的包围圈里逃脱。但是当得知他的军队把德国的两个军变成一群四处逃窜，惊慌失措的乌合之众，成千上万的士兵淹死在冰冷的河水中时，他把这比成了1200年冰上战役中的亚历山大·涅夫斯基对特龙骑士的重创。当时，谢尔盖·爱森斯坦的电影《亚历山大·涅夫斯基》正在全苏联公映，这为科尔松-舍甫琴科夫斯基战役提供了衬托。科涅夫被誉为另一个涅夫斯基，并被授予苏联元帅军衔。

苏军的进一步行动

当科尔松-舍甫琴科夫斯基战役正在进行的时候，灾难也同时降临到了距此东南257千米处、部署在尼科波尔突出部的德国第6集团军头上。1月10日，马利诺夫斯基的第3乌克兰方面军开始对突出部的北端发动进攻。80辆坦克在450门大炮和火箭炮的掩护下，突入德军防线近8千米。但是本应紧跟坦克的9个步兵师却落在了后面，使德军的两个装甲师较为轻松地包围了苏联的装甲部队并将之歼灭。随后的72小时里，马利诺夫斯基投入大量步兵部队攻击第6集团军的北翼，迫使它后退了8千米（5英里）。1月13日，托尔布欣的第4乌克兰方面军对突出部的南端发动攻击，却只突破了第6集团军坚固的防线几百米，三天后进攻被迫取消。由于第

↓克里沃罗格的德军在撤退前，摧毁了那里的矿井和工厂。苏联在1944年2月解放的克里沃罗格曾是德军在俄罗斯南部最重要的战略要地，曼施坦因为保卫它而倾尽了全力

↑1944年2月，在克里米亚的德国"野蜂"式自行火炮准备战斗。"野蜂"式装备有150毫米口径的火炮

6集团军的防线看起来十分坚固，克莱斯特便在1月的后两个星期里把4个师调到了其他防区。与此同时，苏军统帅部则加强了第3乌克兰方面军的实力，并使德国人相信，他们正在准备攻击克里米亚的第17集团军。到该月月底，第6集团军只剩下了20个师，平均每个师仅有2 500人；而他们的苏联对手此时已拥有51个步兵师、两个机械化军、两个坦克军和6个坦克旅。

1月30日，第3乌克兰方面军的大炮在一小时内将3万发炮弹倾泻到第6集团军北翼6千米宽的阵地上。但在弹幕升起后，准备前进的苏军步兵却被德军猛烈的炮火打散了战斗队形。马利诺夫斯基做好了承受巨大伤亡的准备，顶住了德军的压力。与此同时，第4乌克兰方面军则深深地嵌入突出部的南端，到2月2日时，已经越过了尼科波尔通向西部的铁路线。那天的18时45分，希特勒的参谋长库尔特·蔡茨勒将军签署命令，允许第6集团军分阶段撤退到尼科波尔以西的新的阵地。

2月5日，第3乌克兰方面军的两个师攻占了尼科波尔西面的交通枢纽阿波斯托洛沃，即将形成包围圈，从而加速了德军的撤退。但是苏联人的行动更为迅速：2月8日晚，第4乌克兰方面军的第6集团军从北面攻入尼科波尔，经过一夜的激战后肃清了城内的德军。此刻，尼科波尔的守军只能向西撤退，那里有一片沿第聂伯河北岸的狭长沼泽，苏联的坦克在那里无法行动。与科尔松包围圈里遭遇巨大灾难的同伴不同，第6集团军是有条不紊地撤退的。

危机中的克里沃罗格

　　由于尼科波尔坚固的防线被彻底摧毁，突出部的德军向克里沃罗格工业区集结，该城1941年被德军攻占。苏军统帅部十分关心第3乌克兰方面军能否以尽可能小的代价收复克里沃罗格，也就是说阻止德国的工兵对那里进行破坏。于是在马利诺夫斯基的命令下，成立了一支由陆军上校斯鲁波夫领导的特种部队，这也是战后苏联特种部队的雏形。

　　在2月份第三周的几天内，斯鲁波夫的特种部队渗入德军防线，沿着萨克萨甘河的北岸与众多发电站内的德国工兵展开流动作战。除个别情况外，特种部队几乎完全阻止了对工业区的破坏。2月22日，马利诺夫斯基收到了斯大林的正式命令，要求当天收复克里沃罗格。驻扎在突出部西北面由沙罗欣将军指挥的第37集团军距离该城的德军阵地最为接近。接到马利诺夫斯基简短的命令后，沙罗欣组织了大群T-34型坦克，搭载着步兵，以典型的苏军进攻方式渡过了萨克萨甘河，攻入该城的西北郊，将残余的德军迅速击退。下午4时，沙罗欣向如释重负的马利诺夫斯基报告，克里沃罗格已经被收复，所有的工业设备均完好无损。

↓1944年春，苏军步兵在T-34型坦克的掩护下奋勇作战。到1944年，红军已成为一部强大的战争机器，期待着一个重创德军的春天

9

斯大林的夏季攻势

1944年德军转入了防御阶段，准备抵抗盟军对法国的进攻，当时很少有人能够预料到东线的国防军很快就将遭受巨大的灾难。

苏军的猛烈进攻到1944年初夏时开始减弱，此时的德国陆军总部里充满着一种乐观的情绪——局势看起来越来越明朗，苏联已经竭尽了全力，而东方战线却依然完整。芬兰仍在参战，它的军队在部分德国部队的支援下扼守着紧贴列宁格勒以北的阵地。北方集团军群守卫在爱沙尼亚和拉脱维亚东部边界附近坚固的天然屏障后面，它的防线从波罗的海沿纳尔瓦河和佩普西湖，直到韦利卡亚河和辛亚亚河。在它的南面，中央集团军群现在控制着一块与白俄罗斯面积基本相同的巨大突出地带。这一突出地带覆盖了大片土地，前线地带包括沼泽、低地、森林和湖泊，长达1 046千米。中央集团军群的防线向东沿第聂伯河的上游指向莫斯科，再折向西沿普里皮亚特沼泽回到波兰东南部的科韦尔。在科韦尔以南，北乌克兰集团军群坚守着普鲁特河前线；沿普鲁特河再折向东南到德涅斯特河和黑海的广大地区则由南乌克兰集团军群守卫。

德军在东线的全部兵力此时已经下降到了277万人，其中德国军队为1 996 000人，轴心国军队为774 000人。但是在阿尔伯特·施佩尔领导的后勤重组下，德军所有武器装备的产量却都得到了惊人的提高。1944年上半年德国工厂总共生产出了近9 000辆坦克和自行火炮——大约是其战争头三年总产量的两倍——以及35 000门大炮，这一数目相当于1942年与1943年

←←一名苏联排长带领他的士兵穿过靠近敌人阵地的森林，用望远镜观察前方。他装备着一支41型冲锋枪

大炮产量的总和。此外，在1944年1—6月间共有18 000架作战飞机投入使用。此时德国所拥有的石油产量也达到顶峰，德国的能源储备达到了其自1940年夏以来的最高值。1944年6月1日的装备报告表明，德军共拥有坦克和自行火炮2 608辆，大炮7 080门，飞机2 200架，而且还有数量更多的武器正在生产当中。

德国的战略

↓德国的Ⅳ型坦克和"虎"式坦克在苏联的树林中前进。与以往一样，由于天气条件的改善，德军的士气也随之提高

德国在1944年夏季的战略是在将预期中的英美对西欧的进攻推回大海的同时坚守东方战线。部署在苏联的德国军队所面临的主要困难是防守区域的士兵人数比例太低：由于战线长达2 896千米，有大片地区只能进行松散的防御——拿中央集团军群来说，它的防线长达1 046千米，比一战时的西线还长402千米，却只有88万名士兵守卫。按照军事理论的要求，应该把战线缩短至1 609千米，同时提高防守密度。但希特勒担心的是，任何大

规模放弃领土的行动都会使他的中欧与巴尔干盟国变得恐慌，从而投向苏联的怀抱。早在3月份德国就控制了匈牙利政府，因为它流露出了与苏联寻求停战的企图。现在，芬兰、斯洛伐克、罗马尼亚以及保加利亚的政府也都正在变得越来越焦虑。另外，大规模的战略撤退除了会带来外交影响外，还将导致士气的低落，甚至有可能引起整个东方战线的瓦解。

"白俄罗斯阳台"

希特勒不愿意丧失任何一块领土，他决心付出一切代价来守卫白俄罗斯突出部（用他自己的话来说则是"白俄罗斯阳台"）。莫斯科仅仅距离中央集团军群的防线402千米，这会一直提醒朋友或是敌人，当德国消除掉英美的威胁之后，德军会再一次攻入苏联的心脏。此外，空军还可以从"白俄罗斯阳台"出发，打击广阔的俄罗斯西部地区，破坏苏军的后勤运输。6月2日，"白俄罗斯阳台"的重要性从一个侧面得到了验证：130架美国B-17"空中堡垒"轰炸机在70架北美P-51"野马"式战斗机的护航下从意大利的福贾空军基地起飞，空袭了匈牙利德布勒森的交通目标，随后在乌克兰的波尔塔瓦、米尔戈罗德和皮里亚丁安全降落。这种被称作"穿梭轰炸"的行动对德国构成了一种新的威胁，曾经被认为不在盟军轰炸范围的安全地区此刻也已不再安全。

↑苏军的一名海军上士

6月21日，德军的一架亨克尔He-177远程侦察机从下西里西亚尾随一队返航的美国轰炸机到达了其设在乌克兰的基地。午夜过后，约有200架亨克尔He-111和容克Ju-88式轰炸机从白俄罗斯的基地起飞，它们在凌晨2时轰炸了成排停放在苏联机场内没有任何保护的美国飞机。在这次袭击中，德国空军共摧毁了地面上的47架B-17轰炸机和14架P-51战斗机，造成了数十名美军飞行员的伤亡，并引燃了100万加仑的航空汽油。这次毁灭性的轰炸导致"穿梭轰炸"被迫取消达数月之久。

此时有关希特勒发布从"白俄罗斯阳台"撤军命令的可能性已不复存在，结果证明这是一个巨大的错误。三个月前，当苏军的春季攻势达到最猛烈的时候，希特勒从3月8日起开始把敌人进攻道路上的一些城市或村镇指定为要塞，它们将起到其在从前的历史时代里堡垒的作用。一方面它们可以确保敌军无法占领这些有着重要军事价值的战略要地；另一方面则可通过使自己被包围牵制住最大数量的敌人，从而为反击创造良好的条件。在攻势最猛烈的时候这一命令效果不大，但是现在，白俄罗斯前方的城镇如维捷布斯克、奥尔沙、莫吉廖夫、博布鲁伊斯克和后方的斯卢茨克、明斯克、巴拉诺维奇和维尔纽斯都已被构筑成了要塞。固执于机动主义的装甲兵指挥官们对这一政策嗤之以鼻，但它其实并不愚蠢。尽管要塞可能具有防御的性质，但它却更有能力因之而击退苏军的进攻，缚住他们的手脚，封锁他们的供应线。

反游击行动

　　似乎是为了坚定坚守阵地的决心，德军在春季和夏季在白俄罗斯展开了大规模的反游击行动。根据苏联相关方面的资料统计，总共有199个旅约374 000名游击队员在多达40万人的后备军的支援下活跃在德军的后方，但事实却并非如此。实际上，苏联的游击队只在很少的地区才表现得十分强大，其中表现最活跃的地区是在"阳台"最东端位于波洛托斯克、维捷

↓游击队是德军面临的一个主要问题。纳粹对身份被判明或者被怀疑是游击队员的人进行了残酷的报复。在这幅照片里，垂死的受害者正被刽子手给予致命的一击

布斯克和奥尔沙之间被称为"乌萨奇游击共和国"的三角地带。为此，德军发动了两次相关联的行动："阵雨"行动和"春日"行动。双方的战斗进行得非常激烈。游击队在雷区后面挖了战壕藏身，并可以得到空中支援，但是当德军施加了更大的压力后，他们开始退入森林和沼泽。5月中旬，德军发动了一次大规模的清洗行动——"鸬鹚"行动，把游击队赶入了一个位于列莱佩尔、森培、鲍里索夫、明斯克与莫洛杰奇诺之间的"小口袋"里。在白俄罗斯的其他地区反游击行动则具有内战的性质：反苏的白俄罗斯伪军追捕他们的同胞，其中最大的一支力量有9 000人，他们在布热涅斯拉夫·卡缅斯基的领导下以专制徽章——圣·乔治十字架——为标记，展开了反苏的游击战争。

　　5月初，德国的情报部门预告了苏军可能发动的两个攻势：一个是在北方沿着中央集团军群和北方集团军群的分界线经波兰到波罗的海沿岸向西进攻——德国陆军总部认为，总的来看，由于这个行动对战术素养的要求很高，苏军统帅部很可能不会将其付诸实施；另外一个攻势是穿过罗马

↑绞刑是处决的手段之一。受害者们长时间被吊在他们被绞死的地方，脖子上挂着牌子，以警告那些继续抵抗的人

尼亚、匈牙利、斯洛伐克直到巴尔干，其目的是迫使德国的盟国退出战争，并建立苏联在东南欧的霸权。这个攻势被认为很有可能实施，所以德军在整个4月份的计划都是为了应付它而在做准备。

"盾与剑"策略

北乌克兰集团军群的指挥官莫德尔陆军元帅相信，他的"盾与剑"策略——防御战与反击战的结合——将会是阻挡苏军前进最有效的手段。通过反复强调其计划中进攻的实质，5月20日，莫德尔获得了希特勒的同意，将中央集团军群的第56装甲军调给了北乌克兰集团军群。这样一来也就意味着中央集团军群失去了其90%的装甲部队，其指挥官陆军元帅布施对此很是不满，因为他的前线已经平静了6个月，苏联守军充分利用了地面上的褶层，藏身在河道或沼泽的后面，整个防线固若金汤，在这种情况下调走他的装甲军，未来的形势将会变得极其危险。

在春季攻势尚未结束之时，苏联就已经开始筹划其夏季攻势。3月份，国防委员会和参谋本部对整个战线进行了深入的分析。经过讨论，他们很快就否定了德军情报部门对红军最有可能发动攻击的方向所做的判断——巴尔干，因为那将使苏军在困难的地带承担太大的风险，而且与此同时，还有相当数量的德军仅距莫斯科402千米——其他一些主张也由于过于模糊或者不能产生重要的效果而被否定。统帅部唯一一致同意的是攻击部署在白俄罗斯的中央集团军群，解放德国占领下的最后一块苏联领土，并为今后切断北方集团军群的退路创造条件。白俄罗斯行动——斯大林称之为"巴格拉季昂"行动——以拿破仑时代俄罗斯最伟大的军事家之一彼得·巴格拉季昂亲王命名，其直接目标是收复明斯克。康斯坦丁·罗科索夫斯基上将率领的第1白俄罗斯方面军将从南部，即普里皮亚特沼泽的边缘发动进攻。同时，伊万·切尔尼亚霍夫斯基上将率领的第3白俄罗斯方面军将从北面发动进攻。巴格拉米扬将军将率领第1波罗的海方面军守卫在北方集团军群的北面，而扎哈罗夫上将率领的第2波罗的海方面军则扮演着相对次要的角色：将德军牵制在原地，并肃清包围圈里的抵抗力量。

为了完成"巴格拉季昂"行动的最后准备工作，5月22日和23日斯大林召集苏军高级将领召开了一次持续两天的重要作战会议。会议第一天在会场上出现的某种气氛暗示，苏军高级将领的能力和独立性将被提高。当

时，罗科索夫斯基提出一项对博布鲁伊斯克的德军前沿阵地进行复杂的双重包围的方案，遭到了斯大林的粗暴否定。斯大林坚持单纯的突入，而罗科索夫斯基则拒绝让步，于是斯大林让他到隔壁房间"认真反思"。但他回来后，仍然坚持自己的方案要优于总指挥的方案。斯大林觉得这人有些不可思议，就命令他回去再反思。这一次莫洛托夫和马林科夫也跟了出去，提醒罗科索夫斯基注意自己是在跟谁争论。但是罗科索夫斯基却仍然坚持自己是正确的，并且说如果斯大林坚持单纯突入他将请求调离岗位。最后还是斯大林做出了让步，并且宣称他喜欢知道自己的工作和拥有自己头脑的将军。

尽管"巴格拉季昂"行动是苏联的主要攻势，苏军最高统帅部同时还筹划了4个辅助性攻击行动，以清除白俄罗斯北翼和南翼的敌军。第一个攻势将由进入卡累利阿地峡的列宁格勒方面军发动，目的是把芬兰军队驱逐出列宁格勒前线。几天后，即希特勒入侵苏联三周年纪念日，"巴格拉季昂"行动开始。7月13日，第1乌克兰方面军将从利沃夫向维斯杜拉河上的桑多梅日进攻，五天后从卢宾向布列斯特—立托夫斯克推进。8月20日，第2和第3乌克兰方面军将发动雅西–基什尼奥夫攻势，深深地突入罗马尼亚。10个星期内，苏军的进攻将沿整个2 735千米长的战线向南展开，使德军搞不清楚下一次进攻会从哪里开始。

苏联的伪装

这五大攻势要求使用复杂的伪装战术，把德军的注意力成功地集中到3个乌克兰方面军的动向上。与此同时，苏联的后勤负责人赫鲁洛夫则在严格保密的情况下，组织了大规模的铁路运输。6月9日，列宁格勒与卡累利阿前线得到了重要增援，使那里的苏军部队拥有士兵45万人、大炮和重型迫击炮1万门、坦克800辆和飞机1 547架。而对面的芬兰部队却只有268 000名士兵、2 000门大炮、110辆坦克和248架飞机，他们在人员与武器装备上完全处于劣势，但他们对击败苏联人仍信心十足。6月10日，在大规模的炮击和空袭过后，三个苏联师突破了芬兰的第一道防线达10千米。五天后，苏军又在库特塞尔卡镇突破了芬兰的第二道防线，在这个镇与芬兰湾之间撕开了一个13千米宽的口子。6月18日，在一次秘密的内阁会议之后，芬兰领导人卡尔·古斯塔夫·曼纳海姆元帅与苏联政府重新建立了秘密接触。然而这一序幕还没来得及进一步拉开，德国就开始派北方集团军群进行了援助，并在6月21日从挪威北部调来940架飞机对芬兰军队进行了支援。

　　在对芬兰发动的攻击还在进行当中时，实施"巴格拉季昂"行动的最后几支作战部队也已部署到位。在6月的前三周内，超过7.5万列满载军队、供给和弹药的火车分赴苏联的三条战线。第1波罗的海方面军和第1、第2、第3白俄罗斯方面军得到了迅速加强，其中士兵人数增长60%、大炮和迫击炮增长85%、坦克和自行火炮增长300%、空军力量增长62%。前线的作战部队达到120万人（另外130万人作为后备力量守卫统帅部），拥有坦克4 000辆、大炮和迫击炮24 400门、飞机5 300架。相比德军中央集团军群38个师的80万兵力、500辆坦克、3 500门大炮和775架作战飞机，苏军在人力上以三比一占据绝对优势。统帅部同时还设法保证苏军在物质装备上的优势更变得为明显——关键突破地区的力量比超过十比一。

　　苏军的大规模运动使德军中央集团军群各部队的指挥官们觉察到有某种不幸的事件即将降临。6月10日，一部德国电台截获了苏军发给游击队

↓1944年，德军机枪手把进攻的苏联士兵困在前波兰边界一带

的一条命令，要求他们从6月19日夜间开始在整个白俄罗斯展开破坏铁路的行动。6月15日，德军第12步兵师的一名营长向到此巡视的第39装甲军的指挥官马丁内克将军报告，他在夜晚能听到苏军的大规模运动。马丁内克表示赞同，但他又说最高指挥部十分肯定什么事都不会发生，临走时他尖刻地嘲讽道："上帝最先惩罚的就是那些熟视无睹的人。"6月19日夜间，残存的游击队在整个德军中央集团军群控制的地域内展开了大规模破坏铁路、桥梁的行动。虽然其中针对数百个目标的行动都被挫败，但截至6月22日，游击队仍然成功地破坏了大约1 000个德军运输系统的组成部件，从而降低了德国部队与供给的移动速度，并极大地限制了德军的顺利撤退。

↓1944年5月，三辆Ⅲ型突击炮碾过厚厚的泥浆向前线驶去。它们的两侧均装有厚重的钢板，用来抵御苏军的弹头，它们周身涂有泽镁特抗磁地雷油

大规模的炮轰

6月23日清晨——由于白俄罗斯上空大片地域都是浓雾弥漫，苏军取消了原定的集中空袭计划转而用24 000门大炮和重型迫击炮同时开炮。长达两个小时的炮击覆盖了德军防线的整个纵深地带，摧毁了德军的通讯中心和弹药库，给德军造成了巨大的分割和混乱。一名退伍士兵回忆道：

……一米接一米的地面被翻起，巨大的弹坑改变了地貌，到处都是弹坑，一个挨着一个。在这个号哭、崩溃、咆哮、爆裂的人间地狱，根本找不出只受过一次炮击的单独的弹坑。尸体和垂死的士兵如同躺在喷泉上，不断地被掀起。那些活着的人蜷缩在他们支离破碎的战壕里，惊恐地想象着即将降临在他们头上的将会是什么。

第一个重要战果来自北面，第1波罗的海方面军和第3白俄罗斯方面军对维捷布斯克发动了联合进攻，那里是由乔治-汉斯·莱因哈特率领的第3装甲集团军负责防卫的中央集团军群白俄罗斯防线的北翼。在这一地区，德军只有很少的坦克或自行火炮，绝大部分装备都是50毫米口径的反坦克炮，它们根本对付不了T-34和其他重型坦克的正面装甲。6月24日上午，苏军第6近卫集团军突破了维捷布斯克以北的第9军阵地，与突破德军第53军阵地的第43集团军汇合。在它的南面，第39集团军正在迅速包围城里的第53军的残部。

↓执行搜索任务的苏军步兵在苏联西部的沼泽中前进，他们的装备放在斜挎在肩头的背包内

苏联76.2毫米1942型ZiZ-3型野战炮

↑1942型是种优良的野战炮，能够（并且经常）被用作反坦克武器。德军缴获了大量这种武器，在认识到它的性能后，用来装备自己的部队

6月22日苏军发动反攻当天，陆军元帅布施正在伯格霍夫同希特勒开会。当他匆忙赶回其设在明斯克的指挥部后，却发现很难"读懂"战局。布施缺乏曼施坦因和隆美尔所具有的那种直觉，对于不断收到的允许撤退的绝望请求，他的反应是提醒部队注意，中央集团军群的任务是坚守每一寸土地，绝不主动放弃任何一块阵地。布施命令维捷布斯克要塞的指挥官弗里德里希·戈尔维策将军把他的部队撤往"要塞"，结果却使戈尔维策的部队被苏军包围。在维捷布斯克城外，莱因哈特将军命令第9军向德维纳撤退。他在6月24日晚请求希特勒允许戈尔维策的部队从城里突围，这一要求起初被拒绝，但到20时25分时希特勒改变了主意，但他坚持要指定一个师留守该要塞。然而一切都已为时太晚，此时第1波罗的海方面军和第3白俄罗斯方面军已经会师，他们包围了德维纳河以北第3装甲集团军的大部。共有2 900架飞机的苏联第1和第3航空集团军对维捷布斯克要塞进行了集中轰炸。由于军械库起火，弹药短缺，6月27日戈尔维策试图突围，他这时才发现德维纳河上的渡桥早已被先前撤退的德国部队炸毁。在密集的空袭和游击队不断的袭击下，戈尔维策的部队乱作一团——在接下来的几天里共有10 000人战死，23 000人被俘。

在维捷布斯克以南96千米处，冯·蒂佩尔斯基希将军指挥的守卫在"阳台"最东端奥尔沙与莫吉廖夫之间的第聂伯河的第4集团军此时也受到了攻击。不过苏军在这里却进展缓慢：加利茨基将军指挥的第11近卫集团军在惯常的炮火打击后前进时，与德军的第78冲锋队师和第25装甲榴弹师遭遇——这两支部队都是为了躲避苏军的猛烈炮击而放弃阵地等到炮火一停又返回阵地的。由于遇到始料不及的强大火力，苏军被迫撤退。直到当天晚上一队苏军侦察兵在穿过德军第78师左翼的沼泽时，发现堤岸上有一段被废弃的窄轨铁路——足以承受坦克的重量，加利茨基利用这个偶然的机会调来他的主要后备军第2近卫坦克军，才在6月25日突破了奥尔沙以北的德军防线。

蒂佩尔斯基希意识到局势正在变得越来越没有希望，于是请求允许分阶段撤退，但被告知要驻守原地。此时他面临着一个困难的选择：如果服从命令，部队就将会被消灭；因此他决定起草两份报告：一份给陆军总部；另一份给下级指挥官。从此以后，下达适时的命令再用虚假的形势报告加以证明的做法在整个下级指挥所广为流行。6月26日至27日夜，最后一列火车满载着德军第78师的伤员离开了奥尔沙火车站。然而这只是一次短暂的旅行，就在距离该城以西的几千米外，正守候在铁路线上的苏军坦克将把列车炸得粉碎。

在奥尔沙被收复之后，第3白俄罗斯方面军转向西南朝着明斯克以北的别列津纳河和鲍里索夫镇前进，追逐着在同一条道路上撤退的德国部队。此时布施才开始意识到这是苏联的主要攻势，于是他调动北乌克兰集团军群的部队向中央集团军群靠拢，但是除了第5装甲师组织的一些反击外，效果都不大。6月30日苏军从鲍里索夫的南北方向渡过别列津纳河，把蒂佩尔斯基希的第4集团军的大部包围在了该河以东地区。

来自沼泽的攻击

与此同时，罗科索夫斯基率领的第1白俄罗斯方面军则向北秘密地穿越了人迹罕至、一望无际的普里皮亚特沼泽，向"白俄罗斯阳台"南翼毫无防备的德军发动了突然进攻。这次行动堪称世界军事史上一幅伟大的篇章，数千名

↓德国工兵准备炸毁格罗德诺城外一座缚满炸药的大桥。有时候苏军的推进速度十分迅速，德军甚至都来不及炸毁桥梁以阻止它们被苏联人夺回

工兵和劳工在茫茫沼泽上铺设了193条"木排路"（如此得名，是由于这种如同肋骨一般的道路是由一排一排的树干铺成的），并在德鲁特河和第聂伯河上架起了数座浮桥。罗科索夫斯基后来对这次伟绩回忆道：

> ……需要特殊的训练。士兵们学会了游泳以及渡过沼泽和河流的各种方法，并且在树林中开辟道路。他们穿着特制的鞋走过沼泽，建造小船、木筏和平台以运输机枪、迫击炮和轻型火炮。坦克兵们也在训练如何在多沼泽的地区进行战斗。

↑芬兰步兵师的一名中尉。他戴着一顶陈旧的1915年款行军钢盔，装备着苏制1940型冲锋枪

罗科索夫斯基的部队在6月24日对德军阵地展开的炮轰令第9和第4集团军大吃一惊，他们一直以为只有轻装步兵和骑兵才能走过普里皮亚特沼泽，然而苏联的第48和第3集团军却从沼泽地里忽然冒了出来！不过尽管苏军用尽了一切办法试图突破德军的防线，但其先头部队还是很快就被猛烈的炮火压制在泥地里。在第一天的晚些时候，守卫博布鲁伊斯克东北部防线的德军第134师向第9集团军的指挥官汉斯·约尔丹将军报告说，他们仍然坚守着阵地，却面临着越来越大的压力。约尔丹认为第134师正在抵御的是苏军的主要攻击，于是就把他的战略后备力量第20装甲师调去支援，以阻止苏军的进攻。

在约尔丹将军做出该决定几个小时后，苏军侦察机就发现了第20装甲师正在向东北转移。罗科索夫斯基抓住这个战机，为正在向西北进攻的第65集团军提供了增援，同时命令第1近卫坦克军越过第65集团军的阵地，向博布鲁伊斯克以西的德军交通线发动进攻。约尔丹此刻意识到整个第9集团军都面临着被包围的危险，他立刻命令第20装甲师掉头向西南转移，攻击第1近卫坦克军的右翼。第20装甲师留下一个坦克连支援第134师，然后在危急的形势下连夜转移。6月26日早6时，它猛然闯入了正在前进的苏军部队。在经过数小时的激战后，第20装甲师击毁了苏军的60辆坦克，但其自身的装甲力量也下降到了40辆坦克，根本无法再去阻挡第1近卫坦克军的前进。

与此同时，苏军的第48和第3集团军则成功地突破了在博布鲁伊斯克以东的德军第134师的防线。在第48集团军牵制住德军的同时，第3集团军在第9坦克军的冲锋下向博布鲁伊斯克以北的别列津纳河前进，并于6月27日清晨夺取了桥头堡，顺利渡河。在那天的晚些时候，从西南赶到的第1近卫坦克军和第9坦克军会师，将约尔丹的第9集团军约7万名官兵包围在了别列津纳河以东今天称作博布鲁伊斯克口袋的里面。此时博布鲁伊斯克城内的数千守军群龙无首，惊慌失措地乱作一团。6月27日晚，526架苏军战机（包括400架轰炸机）向正在穿过森林试图向北逃窜的德军第35军进行了轰炸，一共投下了12 000枚炸弹。次日清晨，苏军向其残部发起进攻。当晚，有6 000名德军士兵投降。此时，博布鲁伊斯克攻势已经开始。德军击退了第一次进攻，但到6月28日拂晓，苏军第48集团军已经渡过别列津纳河，攻入了该城的东郊。苏军在6月29日10点钟发起了最后的进攻，在这座浓烟滚滚的城市街道上大肆杀戮着此刻已成为乌合之众的德军士兵。

在进攻开始后的七天内，苏军就收复了维捷布斯克、奥尔沙、莫吉廖夫和博布鲁伊斯克，从而打破了德军的防御系统。德军的三个集团军共有13万人战死，66 000人被俘，900辆坦克被毁。苏军的先头部队已到达明斯克东北和东南的80千米处，而正在向西奋战的德军第4集团军则距该城至少还有121千米。6月28日布施被希特勒解职，取代他的是莫德尔，莫德尔同时还保留着北乌克兰集团军群司令官的职务。莫德尔上任后的第一个行动就是将北乌克兰集团军群的部分部队调到了中央集团军群。6月29日上午新抵达的第5装甲师，包括第505"虎"式重型坦克营，在鲍里索夫以东的别列津纳河畔建立了桥头堡，目的是为从西南撤退的第4集团军建立一个安全地带。当苏军第5近卫坦克集团军发起进攻后，第505营发动了猛烈

↓1944年7月，搭载着士兵的T-34坦克向乌克兰前进。德军由于越来越多的运兵车的损失，也采取了这种办法

的反击，一举击毁了295辆苏军坦克。7月2日，第5装甲师截获到一条苏军电台的警告广播："如果遇到德军第5装甲师，尽力绕过他们！"这令德军士气顿时高涨起来。

德国部队虽然在战术水平上显示出极高的素养，却并不能阻止苏军在军事行动中赢得胜利。一路败退的第4集团军在大群苏军飞机的轰炸下溃不成军，一位幸存者对这次溃败回忆道："一群群歇斯底里的士兵在河道纵横、桥梁被毁的大片沼泽以及树林里夺路而逃。这里道路奇差、天气闷热、粮食匮乏，并且受到来自四面八方的威胁。"在离1812年拿破仑败退时距离不远的别列津纳河上的一座渡桥上，目睹者不禁感到历史重演。一位装甲师军官对从这座桥附近撤退的部队所造成的严重交通堵塞作了以下描述：

↓一辆苏联T-34坦克在向维斯杜拉河前进的途中被火焰照亮。红军于1944年8月抵达这条位于华沙以南的河流

　　……我以前从未见过……从各个方向来的车辆都涌向这座桥，每辆车都想先过去，必须尽可能快地克服这一障碍。这座桥还能存在多久？下一阵炮火就会把它炸得粉碎。司机们被告知，不许任何陌生的车辆插入他们的车队，也不准停车。大约有10个

车队并排向这座桥驶去，可是每次只能过一辆。公路上的车都想要抓紧每一个机会先过桥。人们在互相诅咒、厮打。一辆马车撞到了另一辆，车轮坏了，于是越来越多的车撞到了这辆马车。宪兵也无能为力。最终每个人都想方设法过了桥，因为他们必须通过。

收复明斯克

与此同时，切尔尼亚霍夫斯基的第3白俄罗斯方面军和罗科索夫斯基的第1白俄罗斯方面军则正在分别从东北和东南方向继续向明斯克逼近。莫德尔起初还想坚守明斯克要塞，但到7月1日他终于认识到他没有足够的一流作战部队能阻挡苏军的前进。7月1日晚，莫德尔下令炸毁城内的军用和民用建筑。7月1日和2日，大约有8 000名伤员、12 000名后勤人员，包括为数众多的妇女辅助人员乘火车撤走。7月2日下午，苏联第2近卫坦克军的坦克从东北面进入该城，但被德军的部分掩护部队击溃。7月3日，第1白俄罗斯方面军第1近卫坦克军的先头部队从东南方向抵达，收复了明斯

↓苏军步兵经过一辆被击毁的"豹"式坦克，向华沙前进。"豹"式是一款性能优良的多功能坦克，但这样的地形却不是它的理想战场

克，从而彻底粉碎了第4集团军的希望。

在第2白俄罗斯方面军集中歼灭第4集团军的同时，切尔尼亚霍夫斯基的第3白俄罗斯方面军则挥师转向西北，收复了莫洛德奇诺，该城控制着明斯克与立陶宛的首都维尔纽斯之间的主要交通线。与此同时，罗科索夫斯基的第1白俄罗斯方面军继续向西进军，夺取了巴拉诺维奇，该城位于波兰与白俄罗斯边界，穿过了明斯克与布列斯特-立托夫斯克之间的主要铁路和公路交通线。第3白俄罗斯方面军7月8日到达维尔纽斯，包围了该城，但被使用重型反坦克炮的4 000名德国守军的殊死抵抗所击退。7月15日6时，第6装甲师的一支混编部队从北方集团军群的防线偷偷越过苏军的阵地迅速向维尔纽斯前进，令苏军十分震惊。这个师与维尔纽斯大约一半的守军会合，在7月16日发起突围。紧追不舍的苏军装甲部队几乎就在维尔纽斯与科夫诺之间追上了这伙德军，却未能将其歼灭，因为德军掩护部队的工兵在苏联人的鼻子底下炸毁了基尔曼茨基以西1.5千米处的一座桥梁。

↓在向波兰进军的途中，一队苏军步兵应摄影师的要求，踏过纳粹的旗帜前进

不过德军这一战术上的胜利却并不能缓解苏军现在可能向考纳斯、里加和波罗的海沿岸进军并切断北方集团军群退路的危险。7月17日，德军情报员截获了一条发给维尔纽斯以北苏联坦克军的命令，要求他们向目

前已经敞开的中央集团军群和北方集团军群的中间地带发动进攻。在7月18日，希特勒的最高统帅部会议上，甚至连戈林也建议北方集团军群撤至德维纳河，但是希特勒却不同意，他认为那将导致德国失去拉脱维亚的石油、瑞典的铁矿砂以及芬兰的镍。希特勒命令北方集团军群"用尽一切办法，拼凑一切能够得到的资源"坚守防线。在7月份的后几周里，北方集团军群向维尔纽斯的西北发动攻击，力图破坏苏联向考纳斯进攻的准备。但是在7月28日，苏军第72近卫军和第45军已经包围了该城，从而加速了整个涅曼防线的崩溃。三天后，苏军的一支近卫机械化军抵达里加以西的里加湾，切断了北方集团军群的退路。

一鼓作气

苏军没有给德军以任何喘息之机。7月13日，当北乌克兰集团军群向一条较短的防线撤退以建立与中央集团军群的残部相联结的战线时，科涅夫派他的第3近卫坦克集团军和第13集团军跟在他们身后，向拉瓦鲁斯卡亚进军。由于这并不是苏军通常会采用的有步骤的攻势，因而虽然这一攻势显得很可笑，却使德国人大吃一惊。7月16日，科涅夫的整个第1乌克兰方面军开始前进。两天后，从南面和北面赶到的苏军装甲先头部队在利沃夫以西48千米处的布格河会师。在他们身后，第13军、5个国防师和党卫

↑德军在"巴格拉季昂"行动中的损失是巨大的。红军只是由于极度疲劳才停止了向德国本土的推进

军加里西亚师共计65 000人被包围在了布罗迪镇。7月21日，德军第1装甲师利用阴云和大雨突入包围圈，解救出大约3 000人，但是其余部队在科涅夫的猛烈攻击下都被迫陷入日益收缩的包围圈。

7月22日，苏军从东、西、北三个方向发动进攻，德军开始了绝望的反攻，试图穿过兹洛泽夫与勒沃夫之间的公路向南突围。科涅夫料到了德军的意图，早已命令炮兵和"喀秋莎"火箭炮部队把他们的火力集中在暂时被撤开的南部地区上。一波又一波的德军士兵涌过公路，穿过开阔地带走上斜坡，向着树林逃去，他们以为一旦通过那里处境就会变得安全。然而平安无事的假象转瞬间便破灭了，越来越多逃窜的部队都被炮火击中，只留下一片死尸和伤员。为数不多的幸存者之一布莱恩少校回忆道："四周都是燃烧的车辆、爆炸的坦克、呻吟的伤者和垂死的士兵。包围圈的上空，太阳完全被烟雾遮蔽，大地在微微颤抖。在这个地狱里，有些人保持冷静的头脑，有些人却茫然不知所措，还有许多人则自杀身亡。"

"布罗迪口袋"是东部战线上所有包围圈中最为悲惨的一个，65 000名德军中有35 000人战死，17 000人被俘。

与此同时，科涅夫的坦克部队则于7月20日抵达拉瓦鲁斯卡亚。两天后，第3近卫和第4坦克集团军准备从南北两面包围利沃夫。7月23日，苏军抵达道佩里米施尔时，切断了德军与利沃夫的联络。科涅夫命令雷巴尔科率领他的部队向西转移，同卡图科夫将军的部队会合，切断德军的交通线。7月27日，当苏军的先头部队抵达距维斯杜拉河24千米时，德军放弃了利沃夫。科涅夫立即命令他的装甲部队向维斯杜拉河前进，而德军此时正准备重新部署以应付新的危机，但是苏军的快速移动削弱了德军的应对措施。7月29日和30日，科涅夫的先头部队抢占了桑多米耶兹以南维斯杜拉河上的许多桥头堡。

在科涅夫的攻势仅仅发动5天后，罗科索夫斯基的第1白俄罗斯方面军的左翼又重新活跃起来。崔可夫的第8近卫集团军和古谢夫上将的第47集团军沿科维尔–卢布林的中轴向西进攻，于7月21日进抵布格河。次日，博格丹诺夫将军的第2坦克集团军开始向卢布林和维斯杜拉河进攻，而第11坦克军和第2近卫骑兵军则向西北进攻，目的是切断正企图在布列斯特–立托夫斯克和比亚韦斯托克附近布防的中央集团军群的退路。

7月24日，苏军抵达了紧靠卢布林以西的麦达内克，在这里解放了第一座纳粹集中营。在过去的两年中共有100多万人在这里被杀害——有些人死于疾病，但绝大多数人都是死于纳粹的毒气室。为了向人们证实他们不是在做骇人听闻的宣传，苏联特意邀请西方记者拍摄了毒气室、火葬场以及被烧成灰的人体残骸。第二天，崔可夫的部队抵达维斯杜拉河，夺取了马格努松附近的一座桥头堡。再往东，苏联的装甲与骑兵部队到达了谢德尔采市的南郊，离东边中央集团军群设在布列斯特–立托夫斯克的防线仅有97千米，从而对德军退往华沙的路线构成了严重威胁。为了解除这一威胁，德国部队从南面进攻谢德尔采，在那里与苏

↓墨索里尼参观在7月刺杀阴谋中被炸毁的希特勒设在东普鲁士拉斯腾堡的指挥部

军展开了拉锯战。战斗一直持续到7月31日，苏军才最终占领了这座已冒着浓烟、一片瓦砾的城市。

莫斯科大游行

7月17日，苏军士兵押解着由来自中央集团军群的57 000名战俘（20多名将军走在队伍前面，其中包括弗里德里希·戈尔维策）组成的一个庞大的长队走过莫斯科街头，两旁是讥笑着的男人和充满仇恨的女人。那些疯狂的、歇斯底里的妇女和女孩们一次又一次冲入队伍，拉扯、击打、撕咬着她们所能接触到的每一个德国人。这一悲惨的结局给东部战场上的德军带来了深深的沮丧，并且久久不能驱散。

7月9日，希特勒把他在东普鲁士的指挥部从伯格霍夫移到了拉斯腾堡附近的"狼穴"。7月20日，一群国防军高级军官认为寻求和平的时机业已成熟，在这里发动了一次失败的刺杀行动。希特勒只受了些轻伤，却震动很大。他开始怀着一种变态心理去解释德国军队在过去的两年中遭遇到的失败：事实很明显，这些失败正是由于仇恨纳粹的普鲁士军官组成的广

↓在红军即将到来的时候，华沙的波兰国民军举行了反抗德军的起义，其目的是用自己的力量解放华沙，建立一个独立的波兰政府。他们很快攻占了华沙的许多街区，甚至还缴获了德军的两辆"豹"式坦克

泛网络对德国军队造成的损害和背叛所造成的。希特勒相信，只要叛乱组织被连根铲除，谋反者们被处死，他的军队就会再次强大，特别是在他自己天才的直接领导下。

7月31日，作为对前一段军事形势的回顾，希特勒总结道：

> ……通过最后的分析，我们能对前线形势做出什么样的判断……如果只看到后方几乎所有重要的职位上都充满了鼓吹破坏者——不是失败主义者，而是鼓吹破坏者，就能做出正确的判断。在过去一到两年里，不是苏联人变得强大了，而是我们自己变得弱小了……倘若我们能够克服士气危机……就我看来，我们就会在东线赢得胜利。

希特勒所说的克服"士气危机"的意思其实就是不允许士兵在敌人面前逃跑。在这个特别需要灵活性的非常时期，希特勒却变得比以往任何时候都更加固执。

↓令波兰人失望的是，苏联军队并没有来帮助他们。在附近清剿游击队的党卫军部队的协助下，德军重新攻占了华沙。党卫军们对城里的无辜平民犯下了一系列滔天的暴行

疲惫的苏军

截至7月底苏联军队已经连续奔波了八个多星期，由于伤亡惨重，许多部队都已筋疲力尽，不得不停下来等待后勤部队的补给。而此时苏军原本正准备渡过维斯杜拉河进攻华沙，同时翻越喀尔巴阡山山脉向斯洛伐克前进。8月1日，伦敦支持的波兰国民军以为苏联人很快就要进入华沙便举行了起义，并且宣布他们代表着合法的波兰政府。国民军很快就攻占了华沙城内除最具有战略意义的交通中心外的大部分街区，然后停下来等着苏军渡过维斯杜拉河。

当时德国人实际上也已经决定放弃华沙，但是当苏军停滞不前后，希姆莱便在8月25日组织了已在进行中的反击，在接下来的五个星期内同波兰起义军展开了激烈的战斗——其间大约有20万名波兰人和17 000名德国人丧生。斯大林以补给不足为由命令部队停止向华沙城内进军，虽然他在英美的压力下曾让齐格蒙特·柏林将军率领的波兰旅试着在9月16日至21日攻入华沙。10月1日，波兰起义失败，残余的国民军被处决——这是战

↓1944年夏，成千上万的德军战俘被押上莫斯科街头，以展示苏联的胜利。很多战俘将死在苏联的劳工营，那些幸存的人在被允许返回祖国前，不得不经过数年的等待

胜者对战败者的权利。

自1939年3月以来即成为德国附属国的邻近的斯洛伐克此时也预感到苏军将会很快到来。斯洛伐克领导人约瑟夫·蒂索是一位罗马天主教神父，他曾把5万多名斯洛伐克士兵送上了德国的东部战线，但是现在他感到转换盟友的时机已经成熟。通过与国内日益壮大的游击队以及苏联军队的接触，蒂索计划在德国人插手前允许苏军翻越喀尔巴阡山的山脉。但是由于活跃的游击队破坏了通往东部的重要铁路线，德国向斯洛伐克增派了部队。8月29日，德军和斯洛伐克常规部队的一次冲突引发了蒂索在几个星期前就开始准备的大规模起义。游击队设法控制了斯洛伐克的中部地区，但是由于苏军无法或者不愿翻越喀尔巴阡山口，德军不久又部署了5个师的兵力并在秋天镇压了这次起义——在此期间他们一共杀害了25 000名斯洛伐克人。

由于第1波罗的海方面军突入里加湾切断了北方集团军群的退路，德军组织了疯狂的反扑。8月中旬，一支匆忙拼凑起来的坦克与自行火炮混编部队向苏军突入部队的左翼发动了攻击，并将其击溃，从而把中央集团

↓1944年8月，苏联士兵在轻机枪的掩护下，向立陶宛西北的马里安波尔前进。不久，他们就将在东普鲁士的土地上作战

↑希特勒与斯洛伐克总统蒂索博士（左）在一起。由于德国的前途已经变得黯淡，希特勒的东欧盟友们十分担心激怒斯大林

军群同北方集团军群的战线重新联结了起来。8月17日，切尔尼亚霍夫斯基的第3白俄罗斯方面军的一支巡逻队进入德国边境，把一面红色镰刀旗象征性地插在了纳粹德国的土地上，以鼓舞士气。对于苏联来说，德军在东普鲁士的防线十分坚固，暂时还不能实施直接进攻。与此同时，立陶宛的4个德军装甲师则企图重新夺取锡乌利亚的铁路与公路枢纽，但是在遇到强大的苏军反坦克武器的反击后，于8月20日停止了进攻。

经过短暂的休整和补充后，叶廖缅科的第2波罗的海方面军和马斯连尼科夫上将的第3波罗的海方面军从9月17日开始继续向里加进攻。德军北方集团军群的新任指挥官菲迪南德·舍尔纳将军尽他的最大可能坚守着阵地，但是他明白，由于他的阵地缺乏纵深保护，他的部队很容易被分割开来并被赶入波罗的海。等待已久的突破发生在10月9日，苏军第5近卫坦克集团军从梅默尔的南北方向攻到了波罗的海岸边，从而把里加地区和库尔兰地区的北方集团军群孤立起来。舍尔纳巧妙地使他的大部分部队摆脱了苏军的包围圈，撤退到库尔兰半岛。他被命令在那里驻防。

向南方进军

当波罗的海的行动正在进行时，苏军最高统帅部在前线的南端又筹划了另一场攻势。不过苏军在乌克兰南部的力量并不像其在白俄罗斯的力量那么强大，马利诺夫斯基的第2乌克兰方面军与托尔布欣的第3乌克兰方面军共有1 314 000名士兵和1874辆坦克和攻击火炮，但是其中有很多士兵都是新近应征入伍的，他们从刚刚被解放的村镇被征而来，套上制服，领支步枪，就被编入步兵师。而他们面对的南乌克兰集团军群则拥有50万德国国防军、170辆坦克与大炮以及405 000名装备较轻的罗马尼亚部队。大部分轴心国军队都被部署在似乎不可逾越的喀尔巴阡山山前，再折向东穿过平原，保卫着雅西和基希讷乌等重要城市。随后，这条防线一直延伸至德涅斯特河上的杜博萨里，再沿该河的下游直到黑海。

苏军最高统帅部决定第2乌克兰方面军进攻雅西西北德国与罗马尼亚军队的防线，然后利用这段防线渡过普鲁特河，插入德军第6集团军的后方——它是罗马尼亚境内最强大的轴心国部队。同时，第3乌克兰方面军则进一步向南进攻宾杰里，再转向北与第2乌克兰方面军会合，从而将凸出的德国部队包围在基希讷乌一带。与此同时，其他苏联部队则将朝着布加勒斯特和普洛耶什蒂油田向南进攻。

8月20日，苏军在密集炮火的掩护下发动了进攻。托尔布欣的第3乌克兰方面军在宾杰里与两支顽强作战的德国师展开激战，德国人在这里坚守阵地达数天之久。但是在北面，第2乌克兰方面军很快就击溃了罗马尼亚部队，因为他们只做了些象征性的抵抗。当天下午，马利诺夫斯基的第6坦克集团军进入宾杰里，第27集团军紧随其后。南乌克兰集团军群的指挥官汉斯·弗里斯纳将军起初并不惊慌，他命令德军和罗马尼亚军团做好向雅西南面的高地撤退的准备，因为那里的后撤阵地特拉简防线已经构筑就

苏联拉-5战斗机

绪。但是当天的形势急剧恶化，苏军的坦克穿过雅西，不费一枪一弹就占领了这块高地。到了晚上，弗里斯纳命令第6集团军（当时占据着东南方的一个凸起地带）向普鲁特河撤退。次日清晨，第3乌克兰方面军突破了宾杰里，苏军的大钳子迅速向第6集团军夹来。

罗马尼亚危机

前线的失败在罗马尼亚引起了一场政治危机。8月23日下午，罗马尼亚国王卡罗尔二世撤掉了亲德的安东内斯库，开始同西方盟军和苏联寻求停战。德军仅存的后备队——一支由防空连和守卫普洛耶什蒂油田的党卫军组成的混合部队拼凑了6 000人向布加勒斯特发动进攻。出乎他们意料的是，罗马尼亚部队虽然十分不情愿同苏联人作战，却特别乐意抵抗德国部队。8月24日上午，这支混合战斗队设法占领了一座电台，但是罗马尼亚部队越来越猛烈的抵抗阻止了他们向市中心前进。弗里斯纳认为，此时能够扭转局势的唯一方法就是杀死卡罗尔二世和他的心腹。这天下午，德国

↓1944年8月，一个着火的小镇外，德军的伞兵躲在一辆"虎"式坦克身后，用望远镜小心地观察着前方的敌人

空军的容克Ju-87式飞机对罗马尼亚皇宫进行了一波又一波的轰炸。虽然这次空袭没能杀死国王，却造成了众多罗马尼亚平民的伤亡，导致罗马尼亚举国团结起来，一致反抗德国。次日，罗马尼亚向德国宣战。

在形势的急剧恶化下，弗里斯纳命令第6集团军和其他驻罗马尼亚的德国部队向匈牙利撤退，并封锁喀尔巴阡山和特兰西瓦尼亚的阿尔卑斯山山口。然而第6集团军的大部分部队此时都已被包围在普鲁特河东岸的两个"口袋"里，另外一些部队则向保加利亚撤退，该国虽然是轴心国的一员，却没有同苏联作战。但仅仅两个星期以后，9月9日，保加利亚也对德国宣战，对他们从前的盟国部队开始了解除武装和抓捕行动。与此同时，苏联部队则正在大量涌入罗马尼亚，8月30日，他们占领了普洛耶什蒂，次日即进入布加勒斯特。

酷热

在苏军的大部队占领罗马尼亚时，第4近卫坦克集团军正在迅速向普

↓苏军向罗马尼亚进攻的同时，一支罗马尼亚部队向前线开进。罗马尼亚不久后将改变立场，转而支持苏联

↑1944年9月，第1乌克兰方面军的指挥官科涅夫元帅（左）与第38集团军指挥官莫斯卡连科将军在喀尔巴阡山杜克拉山口的一个观察所

鲁特河西岸进军，以阻止第6集团军逃窜。德军的这支集团军行动速度很慢，有的部队乘着马牵引的车辆，有的部队则干脆步行。在8月的最后一周里，罗马尼亚东北部的气温骤然升至38℃。一名退伍士兵对当时的情景回忆道：

……士兵们在酷热的天气里行军，他们像狗一样奔拉着舌头，脚下已是伤痕累累，脸上的汗水滚滚地落下。这些人已经连续走了近20个小时，从整个晚上到第二天上午，再到下午，其间只有短暂的休息。"到普鲁特河去！"是步兵团、炮兵、工兵、反坦克兵、通信连、医疗队、辎重队和其他部队共同的口号。

由于苏军已经完全控制了这里的领空，他们的战斗机、轰炸机不断地对这些部队进行攻击，切断他们之间的联系；而红军的骑兵和机械化部队则把掉队的部队包围起来予以歼灭。

8月26日上午，受到重创的第6集团军冲破苏军的重重包围，到达了明泽尔的西南。这里有一条狭长的地带通往普鲁特河，几万名略强于乌合之众的士兵沿着这条路拼命逃窜。苏军的炮弹像雨点一般倾泻在逃亡的人群里，只有大约两万人逃到了河边。由于背后的苏军紧追不舍，他们纷纷跳入普鲁特河，朝着他们以为的西岸游去。可是他们到达后才发现，这只是河中心一个6千米长、遍布沼泽和低洼的小岛，他们再聚集起最后的力气向真正的西岸游去，但遭到布在对岸的苏军机枪的扫射——那里没有他们的战友，相反苏军第4近卫坦克集团军早已等候多时了。

第6集团军的残部大约两万人被围在这个小岛上。苏联的信使打着白旗来到岛上，要他们投降，却没有得到答复，这很可能是由于小岛上没有人能控制局势。不久，炮弹、"喀秋莎"火箭、迫击炮弹就如同暴雨般倾泻到这个小岛上。大约下午4时，先是一小群，接着是成百、上千甚至更多的士兵冲入了河中。一位苏军军官对己方的炮火所造成的大屠杀深感震撼，看到原本混浊的河水已变成一片深红，他不禁想起了待宰的羔羊。第6集团军从地球上彻底消失了——在8月20日约有275 000人的名单中，有125 000人在9月5日前战死，15万人成为战俘——其中有8万人死于罗马尼亚和苏联的战俘营，只有7万人在战争结束十多年后被遣返回国。

新的盟军

随着罗马尼亚公路与铁路系统的敞开，苏联军队迅速从东南部通过喀尔巴阡山进入大片半圆形地带，并且一路收编他们的新盟国——罗马尼亚和保加利亚的军队。托尔布欣的第3乌克兰方面军沿着多瑙河一路向西前进，经过短暂的补充和休整后于9月25日越过边界进入南斯拉夫与铁托率领的游击队会合。第3乌克兰方面军于10月15日抵达贝尔格莱德，从而加速了德军从希腊、阿尔巴尼亚以及南斯拉夫其他地区的撤军行动。随后，第3乌克兰方面军穿过沃伊沃迪那山向匈牙利的南部边界进军。与此同时，马利诺夫斯基率领第2乌克兰方面军肃清了从普洛耶什蒂以北的喀尔巴阡山通往特兰西瓦尼亚山口的残敌，而第53集团军则横扫布加勒斯特以西，翻过喀尔巴阡山，抵达了克卢日以西的匈牙利边界。

↓被德国人称作"斯大林的怒吼"的"喀秋莎"火箭炮令他们胆战心惊。图中位于喀尔巴阡山附近炮兵阵地上的"喀秋莎"火箭炮正在发射

在罗马尼亚于8月25日向德国宣战后，倘若匈牙利也如法炮制，那将是德国噩梦的开始。为了能够继续得到匈牙利的支持，希特勒只能向霍尔蒂海军上将允诺，匈牙利将会得到那些他认为历史上本属于匈牙利的罗马尼亚领土。这一手段曾经稳定了匈牙利军队中的亲德情绪，并且令亲德的"箭-十字架"党欣喜万分。但是霍尔蒂早已对德国的胜利失去了希望，他正在与苏联举行秘密的停战谈判。

此时前线的战况似乎也验证了霍尔蒂的观点。10月6日，苏军从杜克拉山口突破德军防线，通过了喀尔巴阡山。同一天，马利诺夫斯基的部队则击溃了匈牙利的第3集团军。10月8日晚，苏军的一支坦克和骑兵部队进抵德布勒森以西，距离布达佩斯仅113千米。在首都陷入一片极度的恐慌中，霍尔蒂准备退出战争。但是这一次，党卫军头子奥托·斯科尔兹内却先下了手。德国人绑架了霍尔蒂的儿子以作为友好行为的保证，随即强迫霍尔蒂辞职，并在10月16日任命"箭-十字架"党的领导人费伦茨·萨洛希少校为总理。

这时，一些近乎奇迹的事情在德布勒森附近的平原上发生了。10月

↓1944年9月，罗马尼亚村民向顿河哥萨克骑兵欢呼。大战期间，哥萨克人在东部战线上为两边都作过战，而为德国作战的很少有人活下来

10日，两支德军装甲师在德布勒森城下分别向东西进攻，插入苏联先头部队的侧翼，成功地包围了三个苏联军，并迫使他们用了四天时间才得以突围。10月20日，马利诺夫斯基继续发动进攻，并且占领了尼雷吉哈扎，距离德军在南面通往喀尔巴阡山的主要交通线仅有48千米。10月23日，德军的装甲师向北发动进攻，把苏联的三个军包围在了尼雷吉哈佐，显示了德军自闪击战以来罕见的战术能力。六天后，一群幸存的苏军士兵丢下他们的坦克和重武器向南逃去。

战争尚未结束

虽然苏军的这次失败不能与德军在白俄罗斯和罗马尼亚的惨败相比，但是紧接着又从波罗的海前线传来了令人不安的消息。10月16日，第5集团军和第11近卫集团军攻入了东普鲁士，但他们用了四天时间才突破德军的第一道防线，随后只能依赖后备军的投入。这次攻势在付出惨重的伤亡后失败了。虽然德军在整个夏天自丢失"白俄罗斯阳台"以来蒙受了惊人的损失，但是局势很明显，德国还远未被击败。

↓1944年10月，第1捷克斯洛伐克集团军的一辆T-34坦克在杜克拉山口作战。这辆坦克上涂有"利迪策"的字样，以纪念这座曾被纳粹夷为平地的村庄

ПОД ЗНАМЕНЕМ ЛЕНИНА —
К ПОЛНОЙ ПОБЕДЕ!

Государственное издательство "Искусство"
Ленинград 1945 Москва

10

从维斯杜拉河到奥德河

随着维斯杜拉河的苏联红军与西方盟军套在德国身上的绳索越勒越紧，希特勒在绝望中试图靠打赢一场战役来获得高昂的士气，以振兴第三帝国。

↑ 汉斯－乌尔里希·鲁德尔少校。作为一名"施图卡"式飞机的飞行员，他一人就摧毁了600多辆苏联车辆。他被授予带有宝剑和橡树叶的骑士十字勋章

←←苏联的宣传海报。海报上写着："在列宁的旗帜下——直到最后的胜利！"

1944年10月28日，苏军的高级将领聚到莫斯科，准备制订这场战争中最后一次战役的行动计划。苏军在1944年的战役中取得了令人瞩目的胜利，苏军统帅部经估算认为，苏军消灭了敌人96个师、24个旅，并重创了219个师及22个旅，合计150万人，击毁或缴获6 700辆坦克、28 000门火炮和迫击炮以及12 000多架战斗机。然而，从苏军对东普鲁士和匈牙利软弱的攻势来看，击败德国还有很长的路要走。此外，也还有一些其他的制约因素——到10月底为止，苏军的许多部队都已几乎连续征战了四个月：士兵们极度疲劳，车辆需要进行基本的维修，而且苏军的每一次胜利都意味着弹药和必备物资的运输要经过越来越远的距离，而前方的储备已经到了濒临耗尽的危险境地。因此这次会议决定，所有前线部队都转入防御状态，以准备最后的决战。

另外还有一个问题，就是最后的进攻应在哪里发起。苏军统帅部讨论了不同的方案，而此时已享有崇高声望的朱可夫坚持认为，应向华沙的西南进攻，同时朝着洛佩斯–波兹南方向发动猛攻。这一方案如果能够成功实施，将会突破德军在维斯杜拉河的防线，并将为苏军的摩托化部队向纵深推进打开道路。苏军统帅部估计德军在东线的兵力仍将多达300万人，约4 000辆坦克和2 000架飞机。很明显，如果将重点集中在突破防线上，

1944年11月，纳粹宣传部长约瑟夫·戈培尔在柏林的勃兰登堡门前向游行的人民冲锋队敬礼

必然会给进攻带来更大的困难，因此就需要把德军的力量从中心地带分散开，也就是说，要在匈牙利和东普鲁士发动辅助性进攻，把德军从苏军的主攻方向上引开。

在德国，当夏季的大溃败终于结束后，人们又重充满了自信。虽然苏联和西方盟国发动了协同进攻致使德国的大片领土丢失，但是帝国的核心部分仍然保持完整。德国的工业此刻已经完全被用于满足战争的需要：在生产坦克和飞机方面，德国已经远远超越了英国，正在赶上苏联；只有美国的生产能力能给予盟军以数量上的优势。德军人力的不足也在得到解决，新的师正在从20万名改编自海军和空军，并从30万新招募的普通工人里产生。为了使部队能从静止的防御中得到解脱，1944年10月18日，在德国纪念1813年莱比锡战役日那天，希特勒颁布法令成立了人民冲锋队。这一法令规定德国国内所有年龄在16～60岁的男性都有服兵役的义务，从而使德国潜在的国防军的兵力增加到了600万人。几乎与此同时，希姆莱又于11月16日在布拉格签署命令，向苏联各族人民允诺独立。因此，一支拥有5万人的军队——俄罗斯人民解放军，在反对斯大林的安德烈·弗拉索

↓1944年秋末东线的德军"虎"式坦克。来自苏军的空中打击或侦察的危险使它们不得不隐藏在树木参天的道路上

夫将军的领导下也开始组建起来。此人是在1942年5月被俘后转而反对斯大林的。

阿登反击战

希特勒有士兵也有武器，但是德国的能源储备却正在衰竭；而且一个最基本的战略难题——如何在两条战线上同时作战——也仍然没有解决。希特勒决定集中后备军向在阿登的美国第1集团军发动猛烈进攻来解决这一问题，因为这次攻势的目的是突破英美防线，把英国的第2集团军和加拿大的第1集团军围困在比利时和荷兰。在消灭或者重创西面的敌人后，希特勒决定再向东面以相同的方式对付苏联人。虽然两条战线中英美一边更为重要，但希特勒并不打算在东线保持沉寂。11月，他在东普鲁士发动了一次大规模的反攻，把苏军从大部分的德国领土上赶了出去，同时还向匈牙利防线投入了大量部队。

然而，希特勒所有这些行动却都有助于苏联计划的完成。11月11日至27日，马利诺夫斯基的第2乌克兰方面军向布达佩斯北部发动进攻，但因为在该城东北的马特拉山下遇到坚固的匈牙利防线而受挫。在这一进攻失

↑苏联方面军指挥官
马利诺夫斯基元帅

败后没多久，托尔布欣的第3乌克兰方面军就从其在多瑙河北岸的滩头阵地转移到了布达佩斯西南，朝着巴拉顿湖方向发起进攻。当德军把注意力转移到他们右侧的时候，12月5日，第2乌克兰方面军再次对布达佩斯发起进攻，但是不久就由于大雨和泥泞以及六个月的连续作战带给部队的疲劳而放慢了速度。当阿登攻势正在进行时，希特勒命令把布达佩斯变成一个层层设防的坚固堡垒，同时又把东普鲁士的几个装甲师调过来对马利诺夫斯基的部队展开反攻。但是在他这样做了以后，托尔布欣的第3乌克兰方面军又恢复了前进，并一举击溃了德军的装甲部队，因为当步兵被调往北部对付马利诺夫斯基的部队以后他们已经变得十分脆弱。12月26日，第2与第3乌克兰方面军在布达佩斯的西面会师，把10个德国和匈牙利师共计188 000人包围在了该城。

同许多被宣称为要塞的城镇不同，布达佩斯非常适于防守。位于多瑙河东岸的佩斯城是一个工业建筑物混杂的地区，到处都是能变为牢固据点的工业和公共建筑，而坐落在河西岸的布达城则位于众多桥梁和悬崖之上，高高地俯瞰着多瑙河，使其成为一个天然的堡垒。而且德国工兵们还在这一堡垒上修建了许多孔道和碉堡。12月26日，马利诺夫斯基投入了三个军攻打该城，经过三天的激战后，苏军的信使打着停战的旗子要求要塞里的敌人投降，可事实上战斗才刚刚开始。布达佩斯的守军击败了苏联人一次又一次的进攻。对于苏军的劝降，德军指挥官从背后一枪打死了正转身回阵地的信使，以示轻蔑。

马利诺夫斯基在重组了第2乌克兰方面军后于1945年1月7日向佩斯城发起攻击，因为那里的地势有助于他相对容易地部署装甲部队。由于他们的行动被敌人的阵地所压迫，因此在战斗的头几天里苏军部队彼此很难相互协调。苏联人发现城里又长又宽的街道全是死亡陷阱，于是他们不得不一幢建筑挨着一幢建筑进行战斗，把路过的墙上都炸出洞来。德军的抵抗集中在赛马场，运输机可以往那里运进食物和弹药，并且运出伤员。苏军最终于1月12日夺取了赛马场，从而切断了德军的后勤供给。在接下来的6天中，马利诺夫斯基的部队把要塞里的德军向后驱赶到了多瑙河河边，那里通往布达城的桥梁早已被炸毁。1月18日，佩斯城内走投无路的德军向苏军投降。苏军宣称自己在佩斯城战役中的伤亡多达95 000人，其中近36 000人阵亡。

　　穿过多瑙河往西，苏军士兵此刻面对的是布达城狭窄的街道，其末端的众多悬崖和小山使这座城市成为一个天然的要塞。1月20日，随着苏军士兵在布达城西北处多瑙河中心的马吉特岛登陆，进攻揭开了序幕。他们随后在每一条街道上和每一所建筑里与殊死顽抗的德国守军展开了激烈的战斗。很多匈牙利士兵都开始变节或投降。然而，城内却有几千名装备优良的十几岁少年，他们是"箭-十字架"青年运动的成员，他们对布达城内的小巷、屋顶和下水道了如指掌，常常会从被认为是安全的地方突然出现；他们行动时所带的小群德国狼狗则随时会对敌人的逼近发出警告。这些男孩

↓1944年底，德国发现自己被驱赶回一条与1941年6月开始发动"巴巴罗萨"行动时极为相似的战线。自从在斯大林格勒失败以来，希特勒成功的重要武器——德国国防军，已经无法阻挡红军朝着德国本土前进。在祖先的土地上，德国与它的敌人将会进行如何惨烈的战斗呢

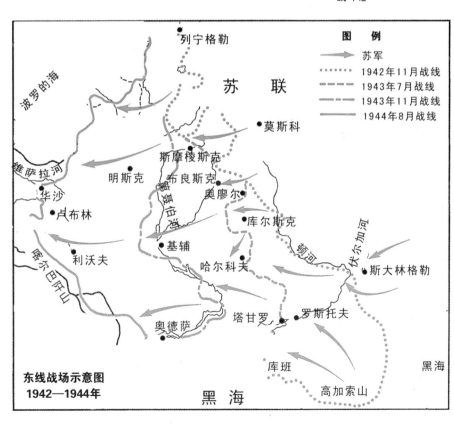

东线战场示意图
1942—1944年

↑苏军的一名坦克军官在即将对德军阵地发动攻击之前，对他的士兵进行部署。T-34坦克可在不同的气温和地貌下执行作战任务

令苏军士兵胆战心惊，使马利诺夫斯基的进攻举步维艰。在布达战役的头三周内，苏军只夺取了该城722个街区中的114个。

2月3日，马利诺夫斯基下达指令，要求必须在2月7日之前拿下布达城。但是到了那天，德军仍然占据着一片山头，并且不断给苏军造成重大伤亡。苏军士兵在不到140米的近距离内集中使用自行火炮，最终在错综复杂的窄巷之中炸开一条通道，逐渐把守军逼入一个越来越小的包围圈。2月12日晚，16 000名残余守军——大多是党卫队——从布达城的西北方突围，沿着利波特梅佐山谷撤退。他们在那里被人数占有绝对优势的苏军包围，并于2月13日全军覆没。2月14日上午10时，布达城内所有有组织的抵抗都随着分散在四处的残敌投降而告终止，这些人总数不足1 000人，从而使俘虏的总数达到了33 000人。

苏军在布达佩斯战役里的目标不仅仅是为了夺取该城，更是要把德军中央集团军群的后备力量从维斯杜拉河上引开，事实上他们确实也成功地做到了这一点。在布达佩斯战役打响后，希特勒命令古德里安把强大的第4党卫装甲军从波兰调往德军在匈牙利的主要基地——布达佩斯东北的科马尔诺进行解围。1月1日22时30分，第4党卫装甲军突破了第3乌克兰方面军的侧翼，几天后德军第3装甲军利用并扩大了该缺口。1月11日，第4党卫装甲军做出撤往科马尔诺的姿态，引诱第3乌克兰方面军的第4近卫集团军进行追赶，从而打破了苏军力量的平衡，这实际上是一招战术策略。1月18日，第4党卫装甲军的坦克令苏军大吃一惊。到了1月20日，德军已经突进到多瑙河畔，把托尔布欣的第3乌克兰方面军切成了两段，随后折向北，踏上了距布达佩斯最近的道路，并于1月24日夜间突破了苏军第5近卫骑兵军和第1近卫机械化军的防守阵他。到了清晨，第4党卫装甲军的前卫部队仅距布达佩斯以南24千米。此时，马利诺夫斯基把他的第23坦克军调给了托尔布欣以加强力量，并最终阻止了德军的进攻。

↓1944年12月7日德国和匈牙利士兵从布达佩斯撤退。最前面的这名士兵装备着一门轻型迫击炮，这在当时几乎就是平原上的德军士兵所能得到的唯一火炮支援

→1945年1月20日，在布达佩斯的一门野战炮。苏军士兵用它在很近的距离内向德军坚固的据点开炮

被削弱的维斯杜拉河防线

　　德军在匈牙利的攻势令人瞩目，有一段时间内甚至让人以为他们将会终止自1943年夏季以来苏军不断取胜的局面。然而，发动这场几乎取得胜利的反攻付出的代价却也是巨大的，因为它意味着把德军的后备力量调离了维斯杜拉河沿岸这一极为重要的防线。到1945年1月的第一周结束时，在总共18个在东线作战的装甲师中，有7个在匈牙利、两个在库尔兰、4个在东普鲁士，守卫维斯杜拉河的只剩下5个师。1月9日，古德里安请求希特勒从西线和匈牙利撤回部队，以对付他认为的将从波兰中部刮来的风暴。古德里安认为，维斯杜拉河沿岸的防线就像一摞纸牌——只要一处被

↓"虎"式II型坦克是一种令人畏惧的坦克，但它局限于机动性不强，并且总是不能被大量装备

德国"虎"式II型坦克

突破，整个防线势必就会崩溃。希特勒勃然大怒，斥责与古德里安持有相同看法的情报处负责人盖伦将军对苏联的能力和意图所做的评估"完全是白痴所为"。此时的希特勒仍然很顽固，阿登与匈牙利攻势都显示出他不打算放弃正在实施的攻击，他要准备应付一场他想象中的进攻。

这样一来，德国驻守维斯杜拉河沿岸的部队就被缩减到约40万人。他们被分成30个师并组成两个集团军，即南部的第4集团军和北部的第9集团军，这两个集团军共拥有1 136辆坦克和自行火炮、5 000门野战炮以及515架作战飞机。由于担心士气低落以及由此产生的大规模逃跑（希特勒认为正是这一点导致了德国在1918年的失败），希特勒强调步兵应该部署在距离战场仅8千米的前沿防御圈内，中央集团军不多的几个装甲预备师也部署得很靠前，大约在前线往后16～19千米的范围内。古德里安不同意这一做法，认为装甲部队太靠近前线，一旦遇到任何攻击都会被敌军牵制而无法组织反击。但他的建议却再次被否决。

↓ 装备着冲锋枪和步枪的罗马尼亚部队（现在站在苏联一方），在1945年1—2月的布达佩斯巷战中

↑苏军士兵在给"喀秋莎"火箭发射架装填弹药,以备下一轮的齐射

苏联的准备

　　与此同时苏军统帅部则一直都在不断地沿维斯杜拉河增调部队,到1945年1月时红军已经形成了巨大的军事优势。自1944年9月以来,苏军工兵一直在忙于把波兰的窄轨铁路扩展成宽大的苏联标准;沿着这些铁路线,64 000个车皮的补给被运到了第1乌克兰方面军设在桑多米亚兹桥头阵地的临时供应站,68 000个车皮的补给被运到了驻扎在马格努舍夫桥头阵地和较小的普拉维桥头阵地的朱可夫的第1白俄罗斯方面军。此时第1乌克兰方面军和第1白俄罗斯方面军加在一起共有16个步兵集团军和4个坦克集团军,拥有220万名士兵、33 500门野战炮和重型迫击炮、7 000多辆坦克和自行火炮,并有5 000架作战飞机给予支援。此时苏军对于伪装这一欺骗、迷惑和安全的艺术已经运用得十分娴熟,以至于在桥头堡的对面地区形成了对德军30至40比1的悬殊人数优势。

　　苏军统帅部原定于1月20日对德军发动总攻,但在1月6日,丘吉尔恳请斯大林提前行动，以减轻德军自12月16日以来发动的阿登攻势给西线的盟军造成的压力，于是斯大林适当地命令加快进攻准备。1945年1月12日凌晨4时35分，在一场漫无天际的暴风雪中，科涅夫的大炮以每千米300门的密度轮子连轮子排成一排向德军第4装甲集团军的正面阵地和第17集团军的右翼发动了暴风雨般的攻击。5时整，随着弹幕的升起，苏军的先头部队从他们的前沿战壕中跳出，开始在雷区排雷并且侦察德军的主要碉堡和火力分布。在有些地带，部队甚至向德军防线突入了3 000米。10时整，科涅夫的炮兵再次行动，向德军的整个防线纵深进行了107分钟的炮击。第4装甲集团军的指挥部由于位置太靠前，被苏军的炮火包围并予摧毁，这就使得德军的防线不久就将失去军事协调和连贯性而陷入瘫痪。一些阵地上的德军士兵不是被吓得半死失去抵抗能力，就是在惊恐中逃离了阵地。

↓1945年1月19日，苏军士兵在波兰的克拉科夫作战。这名射手摆出的姿势似乎是为了配合宣传的需要

快到中午时，暴风雪下得越来越大，能见度降到了几百米。苏军的步兵师在坦克的支援下，在丝毫没有被炮火破坏的137米（150码）宽的道路上发起进攻。大约一个小时后，科涅夫接到报告，他的坦克部队已在宽大的正面集中区域彻底摧毁了第16装甲师的防御阵地，德军在各个地区的抵抗正在迅速瓦解。于是他按照计划中的冒险方案，迅速把机动部队第4坦克集团军和第3近卫坦克集团军投入战斗。到夜幕降临时，这些部队把德军的防线撕开了一个40千米宽、22.5千米深的大口子。在接下来的24小时里，科涅夫的2 000多辆坦克向西穿过被奇冷的冬天冻得僵硬的波兰中部平原，追赶第24装甲军的残部，同时也切断了德军在华沙与克拉科夫之间的铁路与公路交通线。

德军放弃华沙

在北面马格努舍夫桥头阵地对面，德军第9集团军现在正处于高度警

↓德国部队在东欧的一片瓦砾中前进。手拿火焰发射器的士兵身后的这名士兵装备的是StG44型步枪，这是德国早期研制的一种突击步枪。除了枪炮外，德国人认为什么都靠不住

↑在这幅宣传照片中，保加利亚士兵和苏军士兵并肩与德军作战

惕之中。仅在马格努舍夫，朱可夫就集中了50万名士兵和1 000多辆坦克。1月14日清晨，苏军持续25分钟的猛烈炮火降临到了第9集团军的前沿阵地。7时45分，第9集团军的装甲后备军——由第19和第25装甲师组成的第40装甲军接到命令，一旦前沿阵地遭到苏军进攻就立即进行反击。但是这两个装甲师却没有部署在同一条基轴上——第25师在马格努舍夫桥头堡的北面，而第19师则部署在拉多姆的北面，因此在单独作战时每个师都很弱小，根本无法对苏军潮水般的装甲部队构成任何冲击。1月15日，朱可夫命令他的第2近卫坦克集团军和第1近卫坦克集团军向第9集团军已经开始凹陷的正中地带实施突破。随后，第2近卫坦克集团军折向西北，朝着索哈契夫快速推进，那里是通往华沙南部重要的铁路和公路枢纽。同时，苏军第47集团军也已经从下游结冰的河面渡过了维斯杜拉河，正在迅速与第2近卫坦克集团军会合。1月16日晚，德国陆军总部认为华沙已经无法坚守，在没有征得元首同意的情况下就给了A集团军群从华沙城撤出第46集

团军的自由。德军在1月17日撤退后，朱可夫命令由苏联控制的第1波兰集团军从南部进入首都——这被看作是一种狡猾的政治行为，目的是缓和波兰境内充满憎恨的反苏情绪。

　　1月15日和16日，古德里安给德军最高统帅部起草了两份报告。他在报告里向元首发出警告，如果不从西线抽调部队并把在匈牙利牵制马利诺夫斯基和托尔布欣方面军的德军强大的装甲部队重新进行部署的话，东线将必败无疑。但是希特勒不仅拒绝了在西线停止进攻，而且还命令把强大的第6党卫军装甲集团军调往匈牙利，因为他此时相信，战争的结局将最后取决于对布达佩斯的解围和对匈牙利储量中等的油田的控制。1月17日，当希特勒得知华沙失守后，他把所有的指挥官都解职或是逮捕，同时对部队编制进行了一次影响巨大的改组——所有这一切都让本已危急的局势变得更加混乱。他用费迪南德·舍尔纳上将取代了约瑟夫·哈佩上将，并且重新命名A集团军群为中央集团军群。同时，他还成立了由戈特哈德·海因里希为指挥官的维斯杜拉集团军群，用来封堵奥德河与东普鲁士德军之间越来越宽的缺口。他还宣布今后每一个集团军群、集团军、军

↓ 1945年3月，苏军的大炮向从纳尔瓦附近撤退的德军开火。苏军在大战最后的进攻阶段，任何时候都能得到大规模的炮火支援

↑1945年年初，德军的撤退很快就转变成溃败。在这幅照片里，一群骑脚踏车的德军士兵在从前线撤退的路上，经过一辆Ⅳ型"豹"式坦克

或师的指挥官个人都必须承担职责，要确保每一个军事行动的决定——不管是进攻还是撤退，都必须及时报告——以便于元首有时间对此命令进行撤销，粗暴违抗命令的人将被处决。这样一来，希特勒也就取消了他的战地指挥官们的最后一点灵活、独立行动的权利，把他们绑在了一个高度集权、反应迟钝的命令与控制系统上面——而正是与此相反的系统促成了德国1940年和1941年的胜利。

德军的后备军开始向波兰中部调集，但是他们来得太晚了。由勃兰登堡师和赫尔曼·戈林师组成的"大德意志"装甲军在1月14日夜间从东普鲁士向南转移，企图对科涅夫的第1乌克兰方面军发动反击，然而它的右翼却受到了科涅夫的进攻部队的冲击，它被迫在1月16日至18日一点一点地向北撤退。此时"大德意志"装甲军唯一所能做的就是在波兰中部的罗兹周围竖起一道屏障，并做好向西部撤退的战斗准备。在南面，第1乌克兰方面军于1月16日夜间包围了凯尔采城，并于次日攻占了琴斯托霍瓦，把准备向西突围撤退的德军包围在了几个大的"口袋"里。其中最大的

"流浪者口袋"里装着第24装甲军的残部，该部队在沃尔特·内林将军的指挥下经过激战最终撤到了奥德河。

苏军统帅部对推进的速度十分满意，于是就在1月17日向科涅夫和朱可夫下达了新的作战命令。科涅夫分配到的两个主要任务是：他的先头部队（以第3近卫坦克集团军为前锋）向奥德河上的德国城市布雷斯劳迅速挺进；同时第60和第59集团军夺取克拉科夫，其次是西里西亚工业区，那里有不在盟军轰炸机作战范围内的大群工业中心。在第59集团军从北面和西面逼近克拉科夫的同时，第60集团军则从南面发动进攻。由于担心被包围，德军加快了撤退速度，把这座波兰的旧都留给了苏联人。但夺取西里西亚却存在很大的问题。这是一片占地数百平方千米的密集城市化地带，一场类似于布达佩斯战役的长期消耗战似乎不可避免。雷巴尔科的第3近卫坦克集团军一路向西推进，于1月20日越过德国边界临近了奥德河。科涅夫并没有让雷巴尔科强行渡河，而是命令他向左转90度，沿着奥德河的右岸向南前进。第3近卫坦克集团军在运动中改变了方向——这是一个重要的战术成果——成功地打乱了德军在奥德河上游以东的军事部署。面对

↓短程空心装药火箭弹是为数不多能够摧毁苏联坦克的武器中的一种

第3近卫坦克集团军从西、第60与第59集团军从东的包围，德军开始撤往南面的喀尔巴阡山，从而把西里西亚丢给了苏联人。

朱可夫得到的新命令是率领他的第1白俄罗斯方面军向波兹南进军，这是位于德国边界与奥德河之间的最后一座波兰城市。他的庞大的装甲部队避开这座城市，快速穿过波兰中部，一路追赶溃败的德国残军，并在1月26日攻占了波兹南的南面地区，将6万名德军困在了该城。朱可夫的先头部队第1近卫坦克集团军抢占了位于旧波德边境处防守薄弱的梅塞里茨预备阵地。其余的部队也都在大步向奥德河挺进，第2近卫坦克集团军和第5突击集团军的前锋部队于1月31日到达奥德河。同一天上午，第5突击集团军的一支先头部队跨过奥德河，出现在屈斯特伦以北的基尼茨小镇，令当地的居民极为惊恐，因为他们还完全不知道在过去的三周里A集团军群遭遇的巨大灾难。

早在1月中旬斯大林还曾打算命令他的部队全速向柏林进军，但是到了2月2日他却命令部队终止了现在被称作"维斯杜拉–奥得"的行动。1月31日晚，戈培尔在他的日记中写道，窗户下悬挂的冰柱开始融化，水滴落

↓T–34坦克穿越东普鲁士，把相当多数量的德军包围在了北面

↑1945年春聚在镜头前的捷克游击队员。他们装备着苏联以及缴获的德国武器，其中包括MP40冲锋枪

地的声音如同钟琴所发出的乐音一般甜美，这预示着一种解脱。第二天，希姆莱写信给古德里安，信中说："在目前的战局下，天气的变暖是命运赐予我们的礼物，上帝并没有忘记英勇的德国人民。"

2月2日，一股暖流吹过欧洲大部分地区，奥德河的河水和其他河流一样开始暴涨。在上游的冰全部融化之前，渡河已经变得不再可能。此外，波兰中部被冻得僵硬的土地则开始变得泥泞，从而延缓了后勤的供给速度，限制了苏联空军的行动，使他们不得不从草地上起飞。就伤亡情况来看，"维斯杜拉–奥得"行动是苏军所实施的所有行动中伤亡最少的一次——苏军仅仅付出了15 000人阵亡、6万人受伤的代价就击垮了A集团军群，俘虏了15万名德军士兵，并把战线从华沙向西推进到了距柏林仅80千米的地方。

苏军的突破

朱可夫和科涅夫的联合进攻对苏军在东普鲁士同时展开的行动也产

生了很大影响。在那里，切尔尼亚霍夫斯基的第3白俄罗斯方面军在1月13日向沿着因斯特堡–柯尼斯堡中轴线布防的德军发动了正面进攻。苏军原本以为会遇到德军的猛烈抵抗而展开一连串长期的包围战，但是由于大德意志装甲军被调去支援A集团军群，因此东普鲁士的防御遭到了削弱。由于没有后备军，当切尔尼亚霍夫斯基在1月18日命令他的第11近卫集团军和第1坦克军向德军的左翼发动进攻时，德军防线很快就显示出薄弱的迹象，德军很快也就撤退了。由于防线被打乱，德军开始向特普拉茨·柯尼斯堡要塞缓慢而镇定地撤退。2月2日，切尔尼亚霍夫斯基的部队把第3装甲集团军包围在了柯尼斯堡以及相邻的萨姆兰半岛地区。第3白俄罗斯方面军不断发动进攻，向德军施加压力，但其自身也蒙受了巨大的损失，切尔尼亚霍夫斯基本人也在2月19日的战斗中阵亡。

　　在南边，罗科索夫斯基的第2白俄罗斯方面军在1月14日发动进攻，把德国守军断成了两部分：第23和第27军被驱赶往西，而第2和第4集团军

↓1945年春坚守阵地的德军士兵。他们两人都装备着StG44型突击步枪，并配有两颗手榴弹准备应急时使用

的残部则被驱赶往北，到了东普鲁士的南部。苏军随后把大量的装甲部队楔入了马里堡要塞的郊区、维斯杜拉河靠近格鲁齐亚的沿岸以及波罗的海的岸边。1月23日第2白俄罗斯方面军的第5近卫坦克集团军的先头部队趁着夜晚在沿岸公路上疾驰，进入了埃尔宾市，结果却发现城里的居民还没有得到警报，电车还在行驶，一所装甲学校的德军士兵正在沿街道列队行进。苏军的坦克兵打开了坦克的顶灯，穿过主要街道，架着机枪进行扫射。2月10日，经过短暂的休整和补充力量后，罗科索夫斯基的部队向西朝着格鲁齐亚进攻，准备迫使西普鲁士的德军向后撤退。但是由于解冻的天气使得波罗的海沿岸平整的地面变成一片泥泞，因而在只前进了几英里后罗科索夫斯基就于2月19日取消了进攻。

　　由于没有把西普鲁士和波美拉尼亚的德军部队驱退，第1白俄罗斯方面军和第1乌克兰方面军此刻陷入了一个巨大的突入战区。朱可夫的北翼距奥德河远达273千米，向东折向但泽以东直到波罗的海的一个岬角。至于第1乌克兰方面军，它的南翼距尼斯河322千米，沿着苏台德山向东南直到维斯杜拉河的上游。这些长长的侧翼令苏军最高统帅部十分担心：南翼

↓在东线树林里的阿道夫·希特勒"警卫旗队"师的士兵。作为第6党卫装甲集团军的一部，他们不久将参加希特勒在巴拉顿湖附近发动的最后一场攻势

的困难相对要小一些，因为苏军统帅部知道德军在这一地区的后备军主要被牵制在匈牙利；而北翼则非常危险，因为德国海军仍在控制着波罗的海，所以波美拉尼亚和西普鲁士的德军力量能够相对比较容易得到加强。苏军统帅部最担心的就是在横渡奥德河的同时德军会从波罗的海发动进攻，因此在对柏林发动进攻前必须扫清北翼的敌军。

3月初，第1和第2白俄罗斯方面军向北发动了联合进攻。罗科索夫斯基的第3近卫坦克军经过激战控制了科斯林以东的公路和铁路，切断了德军第2集团军的对外交通联系，并继续向但泽和格丁尼亚进军，因为它们是柯尼斯堡和库尔兰德军的主要供应基地。同一天，第1白俄罗斯方面军向什切青东南80千米处，在雷兹布防的第3装甲集团军的中部发动进攻，并于4天后抵达了科尔伯格港的海岸两边。这时，苏联人已把第3装甲集团军向西击退到什切青以东奥德河入海口的滩头阵地；而在它以东的德军第2集团军则被孤立在了科尔伯格、格丁尼亚、但泽等港口的四周。戈培尔特别担心科尔伯格失陷，因为他的电影制片厂刚刚完成了一部主要描写该城于1807年成功抵御拿破仑军队入侵的影片——在科尔伯格即将落入苏联

↑苏军在包围了部分
德军做战斗准备

人之手的非常时刻公映这部影片无疑将会降低它的宣传价值。但是最终科尔伯格还是在3月18日陷落了，不过到那时当地8万名居民中的大部分都已被从海上疏散。罗科索夫斯基的士兵继续勇猛地向东进攻，于3月28日攻占格丁尼亚，两天后攻占了但泽。

虽然波美拉尼亚和西普鲁士的局势日益严峻，希特勒在2月25日命令第6党卫装甲集团军在匈牙利的巴拉顿湖以东附近发动一场攻势。希特勒希望这场名为"春季觉醒"的攻势能够获得一场重要的战术胜利以鼓舞德军的士气，尽管它的直接目的是在苏联军队与瑙吉考尼察油田之间建立一条较宽的缓冲地带。3月6日，10个装甲师（包括大量新型的"虎"式Ⅱ型重型坦克）和5个步兵师向托尔布欣的第3乌克兰方面军的阵地发起进攻，并在苏联的第26和第27集团军之间撕开了一条口子。两天后，德军装甲部队又突破了几道苏军防线，前进了32千米。3月9日托尔布欣紧急要求统帅部允许将他的战略后备力量——第9近卫集团军投入战斗，但遭到拒绝。统帅部所考虑的是一切按计划行事，这一计划就是几天后趁德军疲劳时再进行反击。

此时第6党卫装甲集团军的推进也正在变得极为艰难。温暖的天气使冰雪融化，地面上净是泥泞，德国人发现能源消耗要比预计的高很多。3月16日下午，支援德军前进的第3匈牙利集团军的侧翼遭到攻击，24小时后他们开始溃败。苏军的装甲部队此刻已经逼近了德军的交通线，于是当党卫军拼死抵抗向暂时安全的巴拉顿湖西岸撤退时，"春季觉醒"行动也就变成了一场孤注一掷的撤退。德国人此时本来还能够稳定住前线，但是古德里安收到的第6集团军指挥官的报告却称部队并没有按照应该战斗的方式去战斗。由于担心最后被装入另一个"口袋"，即便是党卫军部队也开始变得溃不成军，而不再是一次战术撤退了。

撇开维也纳

马利诺夫斯基和托尔布欣利用了敌人的突然崩溃，命令部队沿着多瑙河向西北进攻，一天天地逼近维也纳。希特勒派南面的第25装甲师和"元首"掷弹兵师保卫奥地利的首都，并派奥托·斯科泽尼内和他的突击部队想尽一切办法鼓舞士气。当斯科泽尼内于4月份第一周的周末赶到维也纳时，苏联人已经在奥地利首都市郊开始了小规模战斗。斯科泽尼内向希特勒报告说形势"令人沮丧"，到处都充满了"失败的迹象"，现在已经没有可能去创造另一个布达佩斯。于是希特勒决定减少损失，把所有剩余的力量集中起来，在柏林进行最后的决战。

↓德军步兵穿过萨克森州一座已被苏军炮火摧毁的小镇

11

攻克柏林

苏联红军知道德国国防军会誓死保卫德国领土，但是每个苏军战士都想第一个进入希特勒帝国的心脏——柏林。

在1945年4月的前两周，坏消息接二连三地传到希特勒和他的最高指挥部。西面的英美军队渡过莱茵河包围了鲁尔，那里现在已经变成激战的中心。但是此时的希特勒仍然希望先击败苏军后再向西反攻援助鲁尔，为了达到这个目的，他命令在哈尔茨山组建一支由沃尔特·温克将军指挥的新的集团军——在对苏联红军取得胜利后这支部队将作为向英美进攻的先锋。但是从东部传来的消息却同样令人沮丧，维也纳的失守尽管是在预料之中的，但还是让人感到失望。这座奥地利首都曾被指定为要塞，但在苏军抵达之前却几乎没有修筑什么防御工事，战斗的激烈程度也仅仅相当于普通的中等冲突。但是更令人担心的消息则来自柯尼斯堡——这座也许不是全世界却是帝国中最坚固的要塞。

苏军在4月6日恢复了对柯尼斯堡的进攻。亚历山大·华西列夫斯基元帅在这里聚集了4个集团军，拥有近14万名士兵、5 000门火炮和重型迫击炮、538辆坦克与自行火炮、近2 500架飞机。在战斗第一天里，苏军的突击部队从八个不同的地点突入德军阵地，推进到了这个港口的四周。苏军运来了203毫米和280毫米口径的重型火炮，在一些地区近距离地向德军阵地发射了多达500发炮弹，却没能使守军的反击陷入沉寂。

第二天，苏军通过轰炸机增加了轰炸力度，246架重型轰炸机和300架

←←尽管德国的局势已经十分危急，但这名党卫军士兵还是在镜头面前挤出了笑容，也许在他的意识里战争很快就要结束了。虽然狂热的纳粹分子宁愿战死，但很多德国人还是选择了尽量逃向西部向美国人或是英国人投降

伊尔–2型飞机向要塞地区投下了重达550吨重的弹药，摧毁了整个城区。在几组装备有喷火器的工兵的带领下，苏军士兵逐街攻入了柯尼斯堡。4月8日，随着天气放晴，苏军派出了6 000架次的作战飞机飞临该城上空，把守军赶入越来越小的地区。由于已经有25 000名居民丧生，柯尼斯堡的指挥官拉施将军于4月9日21时30分宣布投降。据华西列夫斯基的官员统计，共有42 000名德军士兵战死，92 000人被俘。

希特勒得知柯尼斯堡投降的消息后不禁恼羞成怒。在军事法庭上，拉施被缺席判处死刑（绞死而非枪决），他那不幸的家人也被逮捕并被投入监狱。这座坚固并被寄予厚望的要塞的陷落，使希特勒最终把他的注意力集中到了柏林所面临的危险上。苏联军队早在2月初就已经抵达了距柏林仅80千米的奥德河，但是希特勒却一直对柏林有一天将会成为战场的可能性不愿承认，因此这里几乎没有修筑什么防御工事。3月9日，希特勒下达"为保卫柏林做准备的第1号命令"，要求柏林守军为了保卫首都，要与

↓1945年4月17日，进军维也纳的苏军坦克兵们在音乐声中度过一段美好的短暂休息时刻。这一地区有组织的德军抵抗已经完全终止了

敌人在"每一个街区，每一所房屋，每一个楼层，每一个篱笆，每一个弹坑"展开殊死搏斗，直至剩下"最后一个人，最后一发子弹……"，却仍然几乎什么都没有做。一直到该月月底西方盟军渡过莱茵河后，希特勒才把部队调给第9集团军，在柏林正东沿着奥德河西岸构筑防线。

连贯的防御计划

到了4月的第二周结束，一个连贯的防御计划开始形成。在沿着奥德河从波罗的海到苏台德山脉之间322千米的德军防线上，此时由两个集团军群负责守卫。由第3装甲集团军和第9集团军组成的维斯杜拉集团军群在戈特哈德·海因里希上将的指挥下守御北部和中部，其中第9集团军集中了14个师守卫柏林的正东地区；而舍尔纳中央集团军群里的第4装甲集团军则守御南部。同时，在柏林的一支城防部队也正在形成，即由6个师、200多个冲锋队营和一些安全与警察部队组成的第56装甲军。

↓遭受苏军炮火和空袭破坏的维也纳并没有变成希特勒曾宣布的要塞。在这幅照片里，苏军士兵乘坐一辆美制半履带装甲车

↑被第3乌克兰方面军在奥地利俘虏的德国士兵。他们个个垂头丧气，焦虑不安。大多数战俘被船运到了苏联的劳工营

在武器装备方面，德军在奥德河和柏林的部队装备优良，其中包括10 400门大炮和重型迫击炮、1 500辆坦克和自行火炮、3 300架作战飞机。不过，虽然德军武器的数量庞大，但是在其前线的很多地区，弹药的储备却仅够维持10～14天的激烈战斗，而燃料的储备不足也大大限制了坦克的调遣，并仅够飞机发动一次攻击。而且大约有四分之三的大炮都是由高射炮组成，它们只有当苏联的装甲部队到达射程范围内时才能发挥作用。

整个前线，包括柏林守军在内大约集结了100万人，但其中占相当大比例的都是十几岁的孩子和五六十岁的老人。由这些人组成的部队在军事行动中是无法指望与苏军相抗衡的，但是当他们在战壕里拿着反坦克手榴弹和近距离反坦克火箭炮与敌人的坦克部队作战时，却是一支难以对付的防御力量。除了党卫军和希特勒青年团里的一部分人外，奥德河防线上的德国人没有谁还相信德国在这场战争中取得胜利的可能性，然而绝大多数人却有足够的理由在阵地上坚持作战。他们知道，如果红军突破了防线，德国的心脏将会遭遇空前规模的浩劫。倘若放弃阵地转身逃跑，就算没有被苏联人枪毙，他们也没有机会逃脱被流动宪兵队处决的命运。绝大多数德国人之所以都还在继续战斗，只是因为他们已经别无选择。

希特勒于1月中旬回到柏林，为了躲避盟军的轰炸他把指挥部搬到了在总理府下面的地下堡垒，他在那里一直试图控制德军的防御部署。柯尼斯堡陷落的消息给最高统帅部投下了一道绝望的阴影，但仅仅过了三天，4月12日，从美国传来了一个令人震惊的消息：罗斯福去世了。

希特勒和他的高级参谋们对普鲁士的历史都十分熟悉，他们发现德国此时的处境竟与其在1760年发生的"布兰登堡圣殿奇迹"有着惊人的相似。当时，腓特烈大帝面对奥地利–法国–俄国联盟之所以能从绝境中得以解脱，就是因为俄国沙皇的猝死瓦解了敌方的同盟。4月13日和14日传来了更好的消息：温克的新集团军中的混合特种部队摧毁了美军在易北河以东的桥头堡，并且俘虏了数百名美军士兵。这一胜利与在维也纳几乎同时遭到的失败相比，似乎更能显示出未来形势发展的征兆，因为维也纳从来就没有成为一座真正的要塞。4月中旬，希特勒的斗志比1944年7月从刺杀阴谋中侥幸逃脱时旺盛了许多，他已经从心理上做好了与苏联军队在奥德河上展开最激烈战斗的准备，随后再把矛头对准英美联军，或是将它们驱赶回莱茵河，或是努力同他们结成新的同盟，把苏联赶出欧洲。

对于苏军统帅部和每一个苏军士兵来说，此时在德国只剩下了一个目

↓苏军的大炮准备向泽洛高地发动进攻。朱可夫这一后来进入苏军战术手册的攻势使德国守军尝到了苏军最猛烈炮火的滋味——只有提前撤退才能逃脱。朱可夫的方面军为突破防线和随后的柏林城防战至少准备了700万发炮弹

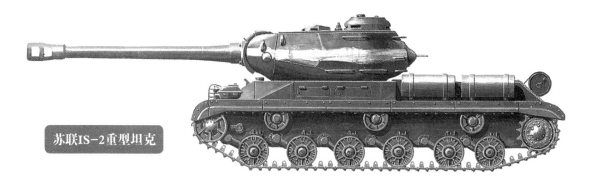

苏联IS-2重型坦克

↑以约瑟夫·斯大林名字命名的IS-2型坦克，是苏联在1944年研制成功的，它可以发射122毫米口径的巨型炮弹。由于弹药非常沉重，每辆坦克只能携带28发炮弹

标——柏林。夺取德国首都的愿望部分是感情上的因素，占领它将被视为对德军在列宁格勒、斯大林格勒以及上千座苏联城镇造成巨大破坏行为的一种报复；同时，这一愿望也是冷酷逻辑的产物：占领柏林将会突出苏联在大战中对德作战的中心地位，而且还会使东欧和中欧作为苏联的势力范围合法化。

不安的斯大林

3月31日，斯大林收到艾森豪威尔的一份保证，英美军队不打算向柏林进军，这让他陷入了恐慌。这位苏联领导人把它完全视为西方盟军的一种欺诈行为。第二天，他故作友好地答复说，他本人也认为柏林已不再具有重要的战略意义，仅仅将其视为一个次要的目标。虽然他是这样说的，但他同时却向苏联的四个方面军下达命令，要求为攻陷柏林进行全方位的部署，最晚不迟于4月16日发起进攻。

在4月的前两周里，苏联军队进行了战争史上规模最大、最为复杂的军事部署。朱可夫的第1白俄罗斯方面军里的18个集团军被从波罗的海沿岸迅速调到柏林的正对面地区。同时，罗科索夫斯基的第2白俄罗斯方面军里的8个集团军则被调到什切青地区的奥德河。此外，科涅夫的第1乌克兰方面军的7个集团军也从苏台德山脉的正南和西南阵地沿尼斯河转移到了该山区的西北一侧。以上所有的军事调动都是在一个南北长322千米、东西宽48千米——略小于大伦敦面积的两倍——的范围内进行，其中涉及250万部队、6 250辆坦克，以及近45 000门大炮、重型迫击炮和火箭发射车。

弹药运输以庞大的规模从依旧位于波兰东部和东普鲁士的军火库被源

源不断地运往前线。根据苏联军需官的精确统计，仅第1白俄罗斯方面军就需要7 147 000枚炮弹以突破德军的防线和随后的柏林战役。在14天里的每一个小时内，10万辆卡车（大多数是美国提供的福特和斯蒂倍克卡车）满载士兵、供给和弹药在波美拉尼亚和西里西亚拥挤的公路和小道中穿梭，它们的行动由于要绕开几处仍然被德军坚守的要塞如布雷斯劳而受到一些限制。再往东，成千列火车和几万辆卡车把数以百万加仑的航空汽油和33万吨的炸弹运到了前方的近100个机场，苏联的7 500架作战飞机将会从那里起飞展开行动。

到4月中旬，苏联已经建立起了压倒性的优势。在北部，第2俄罗斯方面军的33个步兵师、4个坦克和机械化军、3个炮兵师面对着德军第3装甲集团军的11个师。罗科索夫斯基的部队拥有大炮6 642门、坦克941辆，而德军则分别只有700门和242辆。在正对柏林的地区，这一压倒性优势表现得更为明显，朱可夫有77个步兵师、7个坦克和机械化军和8个炮兵师，配备有3 155辆坦克和17 000门大炮，而对面的德国第9集团军则只有14个师、512辆坦克和800门大炮。在东南部，科涅夫拥有40个师、2 100辆坦克

↓Ⅲ型突击炮在柏林郊外抵御苏军于1945年春季末发动的攻势

和自行火炮、14 000门大炮和火箭发射车，其对面中央集团军群里舍尔纳的第4装甲集团军却只有5个师、大约700辆坦克和自行火炮以及500门左右的大炮。

苏军最高统帅部的计划是"在宽阔的前线发动几处强有力的攻击，分割、包围柏林集团军群，然后再各个击破"，以此来完成对柏林守军的歼灭。朱可夫的主要任务是从奥德河西岸此刻已经变得特别拥挤的屈斯特伦桥头堡进行突击，随后向桥头堡的西北进攻，直捣柏林。而此时由于不能带领他的第1乌克兰方面军夺取柏林而妒愤交织的科涅夫则被命令横渡尼斯河夺取科特布斯，向德国首都的西南推进，同时对德累斯顿实施辅助性攻击。在北面朱可夫的右翼，罗科索夫斯基的第2白俄罗斯方面军将向什切青-施韦特地区发动进攻，以阻止第3装甲集团军对柏林守军进行增援。

↓这些面容冷酷的德军士兵正在搭起一挺34型机枪，做好持续开火的准备，试图延缓苏军的前进

苏军的力量看起来似乎无法阻挡。4月16日当地时间凌晨3时，密度达到每千米600门的大炮万炮齐鸣，发起攻击。30分钟后，4万多门大炮将

100万发炮弹和火箭倾泻到了奥德河西岸46米高、1.6千米长平川上的泽洛高地。与此同时，第18航空集团军的745架轰炸机则飞过升起的弹幕，向泽洛高地投下了3 000吨烈性炸弹。

3时30分，以183米的间隔安置在出发线上的143盏探照灯突然打开，照亮了苏军阵地的正前方地带，刺穿了炮火扬起的浓烟与灰尘。随后，苏军的攻击部队匍匐前进，开始进攻，但是他们的处境很快就变得不妙起来。步兵们发现自己正趟在齐腰深的泥沼中，这是因为德军正在慢慢地从322千米远的一个人工湖放水，他们把这一平川变成了沼泽。此外，士兵们发觉探照灯与其说是种帮助，不如说是种妨碍，因为被浓烟反射回来的光束照花了他们的眼睛。而且当他们在泥泞中前进的时候，己方的探照灯还将他们的轮廓清晰地衬托出来。此时高地上原本以为已被摧毁的德军阵地突然焕发出生机，一时间空中充满了数百挺MG42型机枪的尖叫和数千枚迫击炮弹的呼啸。

↓1945年初的柏林城。在被苏军攻克之前，它就已成为一座弹痕累累的城市。柏林遭到了英国、美国，然后是苏联空军的不断轰炸，直到这座帝国的首都成为一片废墟

难民们利用炮火的间隙，穿过几辆被苏军炮火击中的汽车，向新的避难所转移

↑柏林的最后一批守军，他们是人民冲锋队的成员。这些"幸运"的老人至少还装备了步枪——很多被派去同苏军作战的人，每5人才装备着一支反坦克火箭筒。任何放弃阵地逃跑的人都会被仍然在城里巡逻的党卫军飞行队枪决

比索姆河更惨

　　苏军这时的处境比起1916年英国军队第一天进攻索姆河时还要悲惨。红军的整个战斗队在几分钟内便被消灭，没有死的伤员则被淹没在这一平川的泥水里。第二和第三梯队踏着成堆的尸体竭力前进，结果也被消灭了。战地指挥官们传回命令要求关闭探照灯，但是刚下令关闭，有人又命令打开。操作员们按照命令不停地开启和关闭探照灯，致使情况变得更加混乱。黎明时分，桥头堡处形成了一片巨大的交通堵塞。不久，德军炮火准确的间断攻击更是恶化了这一局面。

　　愤怒的朱可夫几乎失去了理性，他放弃了预先精心准备的进攻计划，在中午时把原打算突破阵地后使用的第6装甲军投入了战斗。于是，1 400辆坦克和自行火炮发起冲锋，力图扫清向上通往泽洛高地的道路。但是苏军的坦克被限制在不多的几条道路上前进，其中很多都被德军的88毫米口径反坦克炮击成碎片；其他到达泽洛高地低坡狭窄的通道和反坦克篱前的坦克则在近距离被火箭发射器射出的烈性炮弹所摧毁。据黄昏时飞过战场

上空的德军侦察机报道，奥德河与泽洛高地之间的地带堆满了正在燃烧和被击得粉碎的坦克，散布着成堆的尸体和垂死的伤员。朱可夫的第1白俄罗斯方面军的进攻被完全扼制了。

迄今为止，苏军通过使用大规模炮火准备撕开敌军防守阵地的战术通常都是很奏效的——这在很大程度上也是由于希特勒坚持要在前线塞满部队所致。但是在泽洛高地，朱可夫遇到的却是德军最著名的防守专家——戈特哈德·海因里希。海因里希在苏军即将发动炮火准备前放弃了他的防守阵地，待弹幕升起后又回到了阵地，无疑是一次非凡的战术胜利。

但是对德国人不利的是，科涅夫在尼斯河上发动的攻势却进展得十分顺利。他的第1乌克兰方面军的第一梯队在浓烟的掩护下，用了一个小时渡过了尼斯河，随后沿着小路向西北穿越这一地区繁茂的针叶林。先前的轰炸使许多树木都着了火，前线上空布满了浓烟，因而影响了苏军飞机的进一步支援。德军的第4装甲集团军则趁机在当天下午运用其装甲后备军进行了反击，从而延缓了科涅夫的前进。到晚上时，第1乌克兰方面军从原来的阵地推进了14.4千米，形成了一个27.2千米宽的阵地——虽然并没有如科涅夫所希望的那样远，但是与他强大的竞争对手的表现相比，却是强了许多。

4月16日夜晚，狂怒的斯大林同朱可夫进行了两次长时间的电话交谈。斯大林用对待一个犯错误的下士的口吻向他的首席指挥官训话，要求泽洛高地必须要在次日攻克。他补充说，倘若朱可夫不能胜任这一任务，苏军最高统帅部将命令科涅夫调动他的两个坦克集团军从南面攻入柏林。由于这个巨大战利品面临着丧失的危险，朱可夫和他的参谋们在疯狂的行动中度过了这个夜晚。黎明前，800多架轰炸机攻击了德军的阵地，10时整，无数门大炮再次把炮弹如暴雨般倾泻到泽洛高地上，随后又是苏军飞机一波接一波的轰炸。10时15分，第8近卫集团军的主力和第1近卫坦克集团军发起进攻。德军使用反坦克炮从斜坡上向下射击，将整个坦克部队变成了一堆扭曲燃烧的废铁。但是苏联人却仍在进攻，后续梯队把他们受伤的战友挤到路边。德军第18装甲掷弹师在福克伍尔夫190轰炸机和梅瑟施密特262喷气式战斗机的支援下，猛然切入第1近卫坦克集团军的侧翼，迫使苏联的坦克在步兵身后缓慢前进，从而造成了巨大

↑这名罗马尼亚集团军步兵师的士兵在1945年时与红军并肩作战，虽然他的毛瑟步枪和弹药盒是德国的

的损失。截至刚过下午的时候，苏军的人力情况几近枯竭。军官们不得不把后勤上每一个合适的人集合起来，作为步兵送往第一线。虽然在南面和中间地带进攻部队仍然无法到达高地的顶处，但是在北面，坦克旅已设法攻入了泽洛镇。坦克乘员们从这里的居民房子里取出带有铁丝网的床垫，把它们缠绕在坦克的前装甲上，目的是使反坦克火箭和榴弹偏离方向，或者提前爆炸。到傍晚时，苏军已经完全控制了该镇，但他们仍然无法取得突破。

→这是苏军大炮在柏林市郊作战的一幅著名照片。苏军士兵用大炮向城里每一个被他们怀疑是德军坚固据点的建筑物进行炮击

科涅夫的胜利

南面的科涅夫这一天却一直都过得不错。虽然第4近卫坦克集团军在穿越着火的森林时与德军的第21装甲师遭遇，进攻被完全扼制，但是在它右翼的第3近卫坦克集团军却绕开了德军坚固的阵地，朝着施普雷河前进。一旦到达，他们就可以在没有标尺、水深仅一米的浅水滩处渡过该

↓波兰士兵与苏军士兵乘坐在T-34/85坦克上向柏林胜利前进

河。科涅夫立刻命令第4近卫坦克集团军与德军脱离接触，在第3近卫坦克集团军之后渡过施普雷河。当天晚上，当科涅夫通过电台向斯大林报告他的战果时，这位苏联领导人建议朱可夫的一些坦克部队应当利用第1乌克兰方面军打开的缺口调往南部。科涅夫考虑到自己的利益，设法说服斯大林这是不切实际的。相反，他建议允许第1乌克兰方面军折向北，夺取位于措森的德军指挥部，向柏林的南郊发动进攻。斯大林非常了解人性的弱点，于是表示同意。他利用朱可夫和科涅夫之间早已形成的激烈竞争来加快对柏林的占领。

此时，由于战利品面临丧失的危险，朱可夫在4月18日早晨向他的指挥官们下达了一条充满威胁口吻的命令，苏军将在4月19日12时发动最猛烈的进攻，到那时，他们的部队将得到重组和增援。如果新的进攻仍然不能取得突破，他们将承担个人责任——那就是说被降为列兵，送入惩罚营。在那里，他们将极有可能冒着敌人的炮火，在排除地雷时阵亡。虽然朱可夫恢复了对泽洛高地的进攻，并且宣布不能渡过奥德河的人将被处以死刑，可是由于许多步兵部队都是由缺乏最基本战术知识的后勤人员组

↓ 1945年4月底的柏林。图中所示为斯堪的纳维亚党卫军装甲榴弹师里一辆过时的半履带装甲车

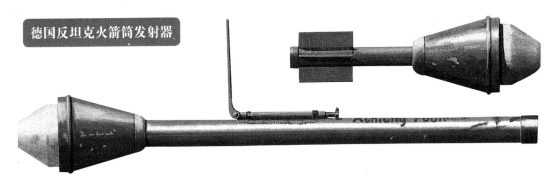

德国反坦克火箭筒发射器

成，所以到了晚上苏军的进展仍然不大——每一次连续的进攻都会由于受到德军步兵和反坦克火箭筒的反击而举步维艰。

　　4月18日午夜，在希特勒的地下避弹所召开的军事会议上，气氛十分乐观。陆军指挥部的长官威廉·凯特尔陆军元帅宣布，苏军在第三天连续发动的进攻再次被击溃。第9集团军的报告宣布（实际上低估了）4月16日击毁了211辆苏军坦克，第二天的数字又比第一天多了106辆，4月18日的数字很可能超过200辆。海因里希报告说战斗正在达到高潮，不久就会有结果，但是弹药和人力储备也将要告罄。希特勒把他所拥有的一切都投了进去。4月19日早上，载满人民冲锋队的公共汽车驶出柏林城，径直向东朝着泽洛高地这个正在消失、流血、死亡的大漩涡驶去。

　　4月19日10时30分，在30分钟的密集炮火和飞机轰炸后，苏联第8近卫集团军再次发起进攻。德国人把他们的预备队投入了前线，他们都是老人和儿童，其中许多人都勇敢地战死了。但是中午过后德军的防线出现了缺口：位于防线右翼的第5突击集团军成功地突破了德军第9伞兵师的防线，在它北边的第3突击集团军也在德国守军的阵地上打开了一个大洞。到了下午，德军第56装甲军被向西击退了19千米，但是这一突入却也使苏军付出了可怕的代价——第56装甲军摧毁了第1白俄罗斯方面军在4月19日损失的226辆坦克中的118辆——不过这一消耗战已经开始向着有利于朱可夫的一面发展。据苏联自己的统计，第1白俄罗斯方面军在泽洛高地上4天的战斗中，付出了3万人战死、近800辆坦克被摧毁的巨大代价。那天晚上，排成长队的难民开始从东面涌入柏林——这是战斗失利的明显迹象。

渡过施普雷河

　　与此同时，科涅夫的第1乌克兰方面军则正在渡过介于施普伦贝格和

↑反坦克火箭筒是一种构造简单的以火箭推动的中空榴弹。它的射程仅为30米，远距离射程的型号直到后来才发明。尽管它的构造简单，却十分有效，令许多苏联坦克手吃过苦头

科特布斯要塞之间的施普雷河。这一地带的走廊仅为16千米，4月19日9时，近1 300门大炮和迫击炮向施普伦贝格展开了猛烈攻击，该城于次日被第33近卫军攻占。4月20日第3近卫坦克集团军向北推进了60千米，它的前锋部队第6近卫坦克军在燃料耗尽时几乎抵达了措森，其先头部队则已到达德国国防军司令部南面的梅巴赫地下综合碉堡群，但他们很快就被部分希特勒青年团和人民冲锋队包围，并被反坦克火箭筒和"莫洛托夫鸡尾酒"燃烧弹消灭。陆军司令部表面上既没有撤退也没有投降：那天晚上，在这座巨大的综合司令部里，无数台打字电报机仍在嘀嗒作响，30米长的电话总机上也还亮着灯。阿尔弗雷德·约德尔上将的代表奥古斯特·温特尔上将向召集起来的全体工作人员发表讲话，要求破坏设备，清空档案。职员们做了他们所能做的一切，但是苏军在次日抵达这里时仍然顺利地接管了这些大多数依然性能良好的设备。

4月20日生日那天希特勒最后一次公开露面，向在奥德河上同苏军坦克英勇作战的部分希特勒青年团成员授勋。他随后便返回了地下避弹室，并永远没有再活着出来。48小时前那令人沉醉的期待化为了深深的绝望：施普伦贝格已于下午6时被科涅夫的部队攻克，南面的苏联军队距离通往柏林的重要高速公路仅有几英里之遥。这时，希特勒批准了政府部门的撤

↓苏军装备正在渡过柏林的一座桥。希特勒曾下令炸毁这些桥，但施佩尔-维斯杜拉集团军群司令官海因里希将军撤销了这道命令，因为柏林的大多数水、电、气等的供应都穿过这些桥，一旦将其毁掉就会使这座城市陷入瘫痪状态。但是为了阻挡苏军的前进，德国人最终还是炸毁了这些桥中的大约120座

退和司令部的分割。海军总司令卡尔·邓尼茨和最高统帅部的部分参谋人员将去往德国北部，其他人则立刻赶往南部。外交部部长约阿希姆·里宾特洛甫被授权通过瑞典渠道，努力同英美展开谈判。人们满以为希特勒也会离开柏林，但他却宣布自己将留在首都，指挥另一场将决定帝国或是苏联军队生死存亡的最高潮的战斗。

早在一个月前赫尔穆特·雷曼中将就已被任命为柏林防卫地区的指挥官，他发现柏林城区沟渠与河流纵横交错，很利于设防。施普雷河和达默河交汇于城东的克佩尼克，流过市中心，在西面的施潘道与自北向南流的哈维尔河汇合。在南面，特尔托运河构成了一条显而易见的防线。由于另一条运河把西门子城的现代工业中心隔在了北面，兰德韦尔运河就把市中心变成了一座孤岛。繁杂的水路和呈S形的郊区铁路环线为连贯的防御系统提供了一个重要的基础。首都被分成10个防御区域，其中的9个区域（以A～H为标记）包括总理府和国会大厦，以Z（"城堡"）命名的第10个区域向四周辐射。战壕和炮台已经挖好，临时建筑的防御工事已经竖起，其他准备工作也已就绪，包括掩盖好的固定坦克。

所有这些努力或许可以让柏林成为一个难以打碎的坚果，但是柏林城里没有足够的部队能够部署在这些防御工事上，因为希特勒把他的全部部

↓国会大厦是德军防御的中心地区之一。在它周围布满了像麻点一样的塞满枪炮的暗堡，令防御阵地非常坚固

↑1945年4月20日希特勒在他56岁生日那天最后一次公开露面。他向在与苏军作战中表现勇敢的希特勒青年团的成员授予铁十字勋章。10天后，他结束了自己的生命

队都投入到了抵御苏军的奥德河防线上。柏林守军总计由6万人组成，他们来自残存的国防军部队、党卫军、空军高射炮部队、警察、消防队、人民冲锋队和希特勒青年团。他们只配有50辆坦克，有相对较多的高射炮，包括柏林城内坚不可摧的四个巨大的高射炮台。

虽然此时苏军已经渡过奥德河，距柏林城仅有80千米，但柏林城内的生活仍然井然有序。在这座遭到了大规模轰炸的城市里，市民们已经学会了如何应付。不过，到了4月20日，绝大多数柏林市民都已无力掌握将要发生的一切了。由于柏林是座拥有宽阔大道和大型公园的城市，曾经摧毁了汉堡和德累斯顿的炮火在这里不会奏效。电车仍在路上行驶，每天还能供应几小时电，煤仍然充足，自来水可以从街道角落里的防火栓中流出，妇女们排着队领取食物，大多数人也都仍然在工厂和办公室上班。但所有的这一切全部在4月21日星期六那天改变了：苏军的第一枚炮弹呼啸着落在了选帝侯大街，造成了多名正在购物的市民的死伤。

↑德军军官在苏军的
柏林指挥部投降。照
片上从左到右依次
是：施托普、凯特尔
和弗雷德堡，分别代
表德国空军、陆军和
海军

攻入柏林的第一支苏军部队

　　第一批攻入柏林的苏军部队是朱可夫的第3和第5突击集团军，他们
在4月21日夜间攻入了柏林东北的威森西和荷恩斯施努豪森。在接下来的
24小时里第3突击集团军的第12近卫军突破潘科沃地区抵达位于电车总站
基线上的炮台，却发现该炮台坚固无比。上面的高射炮以平射的方式迅速
开火，使周围数千米之内敌人的前进成为自杀行为。苏联的第79军从炮台
的西面绕了过去，成功地穿过位于普罗岑湖闸门以西、施普雷河以北的霍
恩佐伦运河，突入了摩亚比特。第79军在那里包围并攻占了柏林臭名昭彰
的摩亚比特综合监狱，解放了数千名苏军战俘，他们随后被武装起来编入
步兵营。由于在监狱中遭受了数年的非人待遇，这些战俘早已不习惯军事
纪律。

　　在南面，科涅夫的部队不断取得迅速进展，他们越过了防御松垮的
德军营队，进入了到处建满房屋的地区。在4月22日展开的进攻中，第3近
卫坦克集团军呈扇形以宽大的阵形向柏林挺进。到了晚上，第6和第7近卫

坦克军的先头部队已经在施塔恩斯多夫和特尔托抵达了特尔托运河。再往东，第9机械化军在9点钟时穿过了高速公路，深深地扎入了柏林南郊的利希滕瑞德，夜幕降临时他们又抵达了马里恩菲尔德和兰克维茨。

希特勒寻找救援

由于苏联军队已经到达柏林的南部和北部市郊，希特勒此时把目光投往柏林城外寻找援军。4月21日，位于首都东北的几个被打败的师重新被组织起来，在施泰纳将军的指挥下夸张地被冠以施泰纳集团军群的名字被命令向南进攻第1白俄罗斯方面军的交通线。在4月22日下午的军事会议上，希特勒得知施泰纳集团军群根本没有按命令发动进攻，而且此时也不可能从更远的地方得到救援：第3装甲集团军已经受到了罗科索夫斯基的第2白俄罗斯方面军的重创，在什切青地区勉强守卫着自己的阵地；第9集团军的残部已在城东南被苏军包围。这时，希特勒号啕大哭，愤怒地咆哮，宣布战争失败了，他将留守柏林，在被苏军俘虏之前结束自己的生命。但是凯特尔随后建议，在哈茨山区集结的温克集团军群可以向东渡过易北河，对柏林进行救援。

↓1945年6月24日，被缴获的纳粹鹰徽军旗在莫斯科举行的苏联胜利大游行中进行展示

苏军井然有序的进攻

4月24日，在温克集团军群还未采取行动之前，第1乌克兰方面军最西侧的部队与第1白俄罗斯方面军在哈韦尔河会师，包围了柏林。苏军在4月26日发动了总攻，一幢建筑挨着一幢建筑有计划地肃清德军的抵抗，就如同他们在布达佩斯所做的那样。数千名市民蜷缩在地下室里，充满恐惧地等待着敌军的到来——女人们极有可能被野蛮地强奸，男人们则会被

←苏军和英军军官在地下避弹室四周搜寻希特勒死亡的证据

毫不犹豫地枪杀。党卫军警察们也频频光顾这里，把他们怀疑是逃兵的人拖出去处决。在那些德军仍然控制的地区，经常可以看到在街灯灯杆上吊着的尸体，他们脖子上挂着的牌子上写着谴责这些人的胆怯和对元首缺乏信赖的字句。

到了4月27日夜，残余的柏林守军被包围在1～5千米宽、16千米长的一条东西向的狭窄走道上。4月29日，苏军部队从两处切过这条走道，把尚在抵抗的德军包围在了三个"小口袋"里。4月30日，他们突入了"堡垒地区"，向由5 000名党卫军、希特勒青年团和人民冲锋队守卫的最后一处尚在抵抗的德军阵地——国会大厦发起攻击。苏军于次日攻克了帝国国会大厦的顶层，把一面红旗挂在了大厦顶上。但是在5月2日，当新任柏林守军指挥官魏德林将军前往朱可夫设在柏林的指挥部投降时，地下室的战斗仍在继续。他带来了一条举世震惊的消息，希特勒已在两天前自杀身亡。

在4月16日至5月2日总共16天的战斗中，苏军付出了10万多人战死的代价。德国方面的死亡人数也大致相当，包括平民和士兵。嗜好精确统计的苏军后勤官员很快就指出，盟军的轰炸机在三年的时间里共向柏林投下了65 000吨烈性炸弹，而苏军的大炮在短短12天里就向城内发射了40 000吨炮弹。

西线的战事因完全达到目的而终止，但是东线的肃清战斗却仍持续了一个星期——其中又有几千人战死——波罗的海地区最后一个包围圈里的德军在苏军飞机和潜艇的攻击下狂乱地撤退了；最后一个要塞也向苏军投降；被包围在捷克斯洛伐克的舍尔纳指挥的近100万名士兵全部成了俘虏。

纳粹主义的高昂代价

苏德战争中的人力损失也许永远都不会真正为人所知，但是至少有2 700万苏联人和700万德意志以及有日耳曼血统的人死亡。在战争结束20年后到这两个国家旅游的人都会在建筑工地或者其他传统上由男性担当的工作岗位上看到相当多数量的中年妇女，这就是男性数量严重不足所导致的结果。希特勒曾经以为他会在最多四个月内占领苏联，但事实却恰恰相反。这场战争持续了将近四年，而且被消灭的竟是他自己的帝国，而他的敌人变成了一个超级大国。

↓战争末期的难民。希特勒向德国人民许诺了一个千年帝国，但是由他自己发动的战争使这个国家成为战败国，陷入分裂

第二次世界大战中的
德国战舰

ISBN 978-7-5426-7127-1

定价：88.00 元

"沙恩霍斯特"号战列巡洋舰

尺　　寸：长 235 米，宽 30 米，吃水深度 9.69 米
排 水 量：标准 32 615 吨，满载 34 564 吨
推进装置：两台瓦格纳锅炉，123.09 兆瓦
速　　度：32 节
续航能力：16 节的速度可航行 16 298 千米
武　　器：9 门 280 毫米主炮，12 门 150 毫米副炮
装　　甲：95 ~ 350 毫米
舰 载 机：4 架阿拉多 Ar 196A-3 弹射飞机
编制人数：1 968 人（56 名军官，1 909 官兵）

"舍尔海军上将"号袖珍战列舰

尺　　寸：长 186 米，宽 20.6 米
排 水 量：10 160 吨
推进装置：双轴推进，8 台 M 柴油机
速　　度：26 节
武　　器：6 门 279 毫米口径主炮，8 门 150 毫米口径副炮
编制人数：926 人

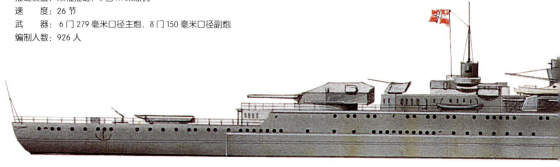

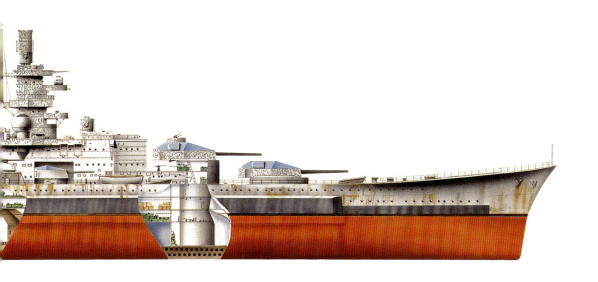

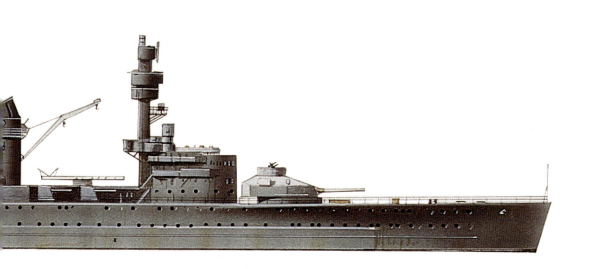

"施佩伯爵"号袖珍战列舰

尺　　寸：长 186 米，宽 20.6 米
排 水 量：10 160 吨
推进装置：双轴推进，8 台 M 式柴油机
速　　度：26 节
续航能力：16 节的速度可航行 16 298 千米
武　　器：6 门 279 毫米口径主炮，8 门 150 毫米口径副炮
装　　甲：95 ~ 350 毫米
舰 载 机：4 架阿拉多 Ar 196A-3 弹射飞机
编制人数：926 人

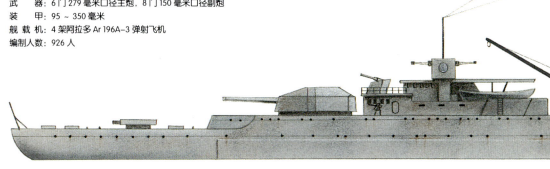

"36"型驱逐舰

排 水 量：标准排水量 2 600 吨，满载排水量 3 600 吨
尺　　寸：舰长 127 米，舰宽 12 米，吃水深度 3.92 米
动力系统：蒸汽轮机，功率 52 199 千瓦，双轴推进
航　　速：最大 36 节
续 航 力：10 935 千米 /19 节
武器系统：3 门 150 毫米口径单管火炮，1 座双联装 150 毫米口径高射炮，两座双联装 37 毫米口径高射炮，5 门 20 毫米口径高射炮，两座四联装 533 毫米口径鱼雷发射管，水雷 60 枚
编制人数：321 人

"希佩尔海军上将"级重巡洋舰

"希佩尔海军上将"号（1937年）、"布吕歇尔"号（1937年）、"欧根亲王"号（1938年）

排 水 量：标准排水量14 475吨，满载排水量18 400吨
尺　　 寸：舰长210.4米，舰宽21.9米，吃水深度7.9米
动力系统：布朗勃法瑞公司生产的蒸汽轮机，功率98 430千瓦，三轴推进
航　　 速：33.4节
防护装甲：水线处70～80毫米，甲板12～50毫米，炮塔70～105毫米
武器系统：8门203毫米口径火炮，12门105毫米火炮，12门37毫米口径防空火炮，24挺20毫米口径高射机枪，12具533毫米口径鱼
　　　　　雷发射管
人员编制：1 450人

"格奈森瑙"号战列巡洋舰

尺　　寸：长 235 米，宽 30 米，吃水深度 9.69 米
排 水 量：标准 32 615 吨，满载 34 564 吨
推进装置：两台瓦格纳锅炉，123.09 兆瓦
速　　度：32 节
续航能力：16 节的速度可航行 16 298 千米
武　　器：9 门 280 毫米主炮，12 门 150 毫米副炮
装　　甲：95 ~ 350 毫米
舰 载 机：4 架阿拉多 Ar 196A-3 弹射飞机
编制人数：1 968 人（56 名军官，1 909 名官兵）

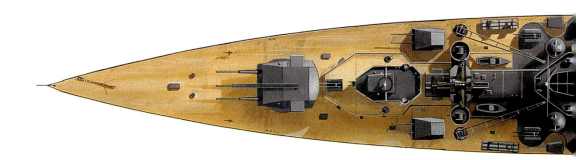

"狼"级驱逐舰

排 水 量：标准 933 吨，满载 1 320 吨
尺　　寸：长 92.6 米，宽 8.65 米，吃水深度 2.83 米
动力系统：两台齿轮蒸汽轮机，功率 17 150 千瓦，双轴推进
航　　速：33 节
续 航 力：5 750 千米 /17 节
武器系统：两门 105 或 127 毫米火炮，4 门 20 毫米机关炮，
　　　　　两具三联装 533 毫米鱼雷发射装置
人员编制：129 人

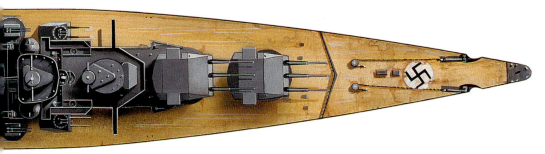

"SP1" 级驱逐舰

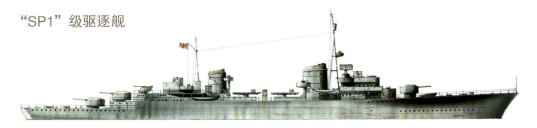

排 水 量：标准排水量 4 540 吨

尺　　寸：舰长 152 米，舰宽 14.5 米，吃水深度 4.6 米

动力系统：两套蒸汽轮机，功率 57 792 千瓦，驱动侧翼双轴推进；1 台柴油动力发动机，驱动中轴推进轴

航　　速：蒸汽动力最大 36 节

武器系统：3 座双联装 150 毫米口径火炮，1 座双联装 88 毫米口径高平两用跑，4 座双联装 37 毫米高射炮，3 座四联装 20 毫米口径高射炮，两座四联装 533 毫米口径鱼雷发射管，水雷 140 枚

人员编制：538 人

"俾斯麦"号战列舰

尺　　寸：长 251 米，宽 36 米，吃水深度 9.3 米
排 水 量：标准 47 000 吨；满载 50 900 吨
推进装置：3 台博隆福斯齿轮传动涡轮机 111. 98 万千瓦
速　　度：31. 1 节
续航能力：15 788 千米
武　　器：8 门 380 毫米主炮，12 门 150 毫米副炮，16 门 105 毫米口径高射炮
装　　甲：110 ~ 360 毫米
舰 载 机：4 架阿拉多 Ar 196A-3 双端弹射飞机
编制人数：2 092 人（103 军官和 1 989 名官兵）

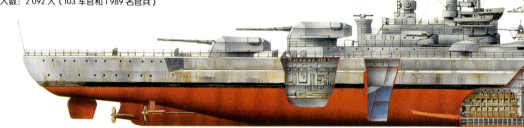

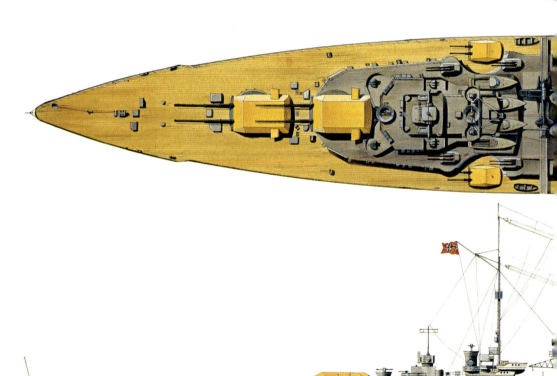

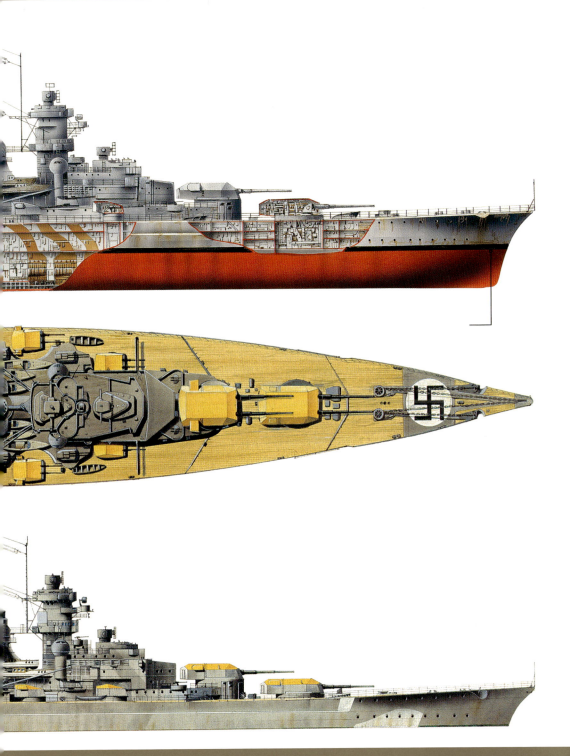

"提尔皮茨"号战列舰

尺　　寸：长 251 米，宽 36 米，吃水深度 9 米

排 水 量：标准 42 900 吨，满载 53 500 吨

推进装置：3 台布朗—博韦齿轮传动涡轮机，产生 102.9 兆瓦

速　　度：29 节

续航能力：19 节的速度可到 16 427 千米

武　　器：8 门 380 毫米主炮，12 门 150 毫米副炮，16 门 105 毫米高射炮，16 门 37 毫米炮，12 门 20
　　　　　毫米 L65 MGs C/38 炮（4 倍），两具 533 毫米 G7A T1 4 倍口径的鱼雷发射管

装　　甲：50 ~ 360 毫米

舰 载 机：4 架阿拉多 Ar 196A-3 双端弹射飞机

编制人数：2 608 人

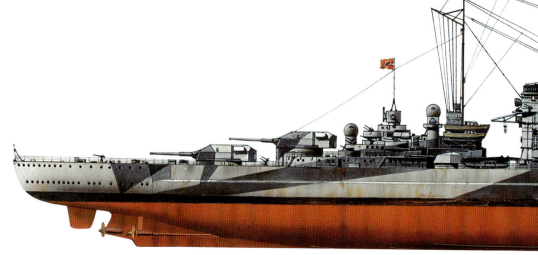

"34" 型驱逐舰

排 水 量：标准 2 230 吨，满载 3 160 吨
尺　　寸：舰长 119.3 米，舰宽 11.3 米，吃水深度 4 米
动力系统：蒸汽轮机，功率 52 199 千瓦，双轴推进
航　　速：最大 38 节，19 节航速最大航程 8 150 千米
武器系统：5 门 127 毫米口径火炮，两座双联装 37 毫米口径高射炮，6 门 20 毫米口
　　　　　径高射炮，2 座四联装 533 毫米口径鱼雷发射管，水雷 60 枚
编制人数：315 人

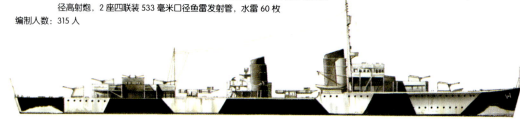

U–99 号潜艇

尺　　寸：长 66.5 米，宽 6.2 米，吃水深度 4.7 米
排 水 量：水面 753 吨，水下 857 吨
推进装置：柴电动力，双轴推进
续 航 力：8 节航速达 3 700 千米
速　　度：水面 13 节，水下 6.9 节
武　　器：5 具 533 毫米口径鱼雷发射管，1 门 86 毫米口径火炮，1 门 20 毫米口径加农炮，可携带 39 枚水雷
编制人数：44 人

VIIC 型类型远洋型潜艇

排 水 量：水面 769 吨，水下 871 吨
尺　　寸：长 66.50 米，宽 6.20 米，吃水 4.75 米
动力系统：水面使用柴油机，功率 2 800 马力，水下使用发电机，功率 750 马力，双轴驱动
航　　速：水面 17.5 节，水下 7.5 节
续 航 力：10 节水面速度可航行 15 750 千米，以 4 节水下速度可航行 150 千米
武器系统：88 毫米炮 1 门，37 毫米防空炮 1 门，20 毫米防空炮两门（以后是 8 门），553 毫米的鱼雷发射管 5 具（艏部 4 具，艉部 1 具），
　　　　　鱼雷 14 枚
编制人数：44 人

U-106 号潜艇

尺　　寸：长 76.5 米，宽 6.8 米，吃水深度 4.6 米
排 水 量：水面 1 068 吨，水下 1 178 吨
推进装置：柴电动力，双轴推进
续 航 力：10 节航速达 13 993 千米
速　　度：水面 18.2 节，水下 7.2 节
武　　器：6 具 533 毫米口径鱼雷发射管，1 门 102 毫米口径火炮，
　　　　　1 门 20 毫米口径加农炮
编制人数：48 人

U-2D 型潜艇

排 水 量：水面 314 吨，水下 364 吨
尺　　寸：全长 43.95 米，宽 4.87 米，吃水 3.90 米
动力系统：水面状态使用柴油机，功率 700 马力；水下状态使用电动机，功率 410 马力，双轴驱动
航　　速：水面 13 节，水下 7.5 节
续 航 力：水上 12 节时为 6 500 于米，水下 4 节时为 105 千米
武器系统：1 门 20 毫米高射炮（以后又增加了 4 门），
　　　　　3 具 533 毫米艏鱼雷发射管（鱼雷 6 枚）
编制人数：25 人

XB 型布雷潜艇

排 水 量：浮出水面时 1 763 吨，潜入水下时 2 177 吨
尺　　寸：长度 89.8 米，宽度 9.2 米，吃水深度 4.1 米
动力系统：露在水面的柴油机，功率 3131 千瓦；水面之下的两轴电动机，功率 820 千瓦
航　　速：浮出水面时 16.5 节，潜入水下时 7 节
行　　程：浮出水面时以 10 节的速度可航行 34 400 千米，潜入水下时以 4 节的速度可航行 175 千米
武器系统：1 门 105 毫米火炮（后来被拆除了），1 门 37 毫米防空炮，1 门（后来增加至 4 门）20 毫米防空炮，两具 533 毫米鱼雷发射管（都
　　　　　朝向后方），每个发射管配备 15 枚鱼雷，66 枚水雷
编制人数：52 人

21 型潜艇

尺　　寸：长 76.7 米，宽 8 米，吃水深度 5.3 米
排 水 量：标准 1 621 吨，满载 2 100 吨
推进装置：两台 6 缸增压柴油发动机提供 2.9 万千瓦，两台双动电动机提供 3.7 万千瓦，两台无声电动发动机提供 166 千瓦
速　　度：水上 15.9 节（柴油），17.9 节（电动），水下 17.2 节（电动），6.1 节（无声运行电机）
续航能力：水上 10 节的速度可行驶 28 706 千米；水下 5 节的速度可行驶 630 千米
武　　器：4 门 20 毫米炮，6 具 533 毫米鱼雷发射管（23 枚鱼雷）
编制人数：57 人

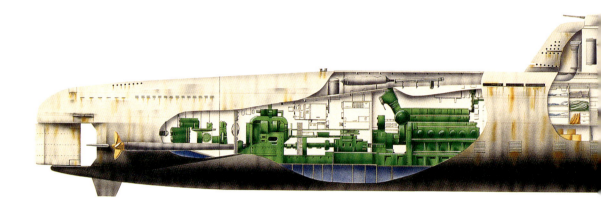

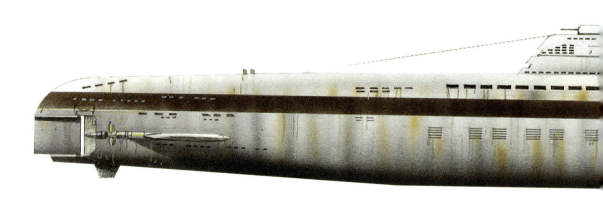

U–110 号潜艇

尺　　寸：长 76.5 米，宽 6.8 米，吃水深度 4.7 米
排 水 量：水面 1 051 吨，水下 1 178 吨
推进装置：两台 MAN 式柴油机和两台电力发动机
续 航 力：12 节航速时达 16 112 千米
速　　度：水面 18.2 节，水下 7.3 节
武　　器： 6 具 533 毫米口径鱼雷发射管，1 门 105 毫米口径火炮，
　　　　　 1 门 37 毫米口径火炮，1 门 20 毫米口径榴弹炮
编制人数：48 人

U–30 号潜艇

尺　　寸：长 64.5 米，宽 5.8 米，吃水深度 4.4 米
排 水 量：水面 636 吨，水下 752 吨
推进装置：柴电动力，双轴推进
续 航 力：8 节航速达 3 700 千米
速　　度：水面 13 节，水下 6.9 节
武　　器：5 具 533 毫米口径鱼雷发射管，33 枚水雷，1 门 86 毫米口径火炮，1 门 20 毫米加农炮
编制人数：44 人

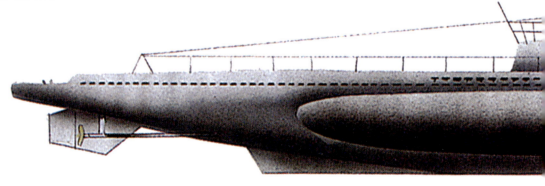

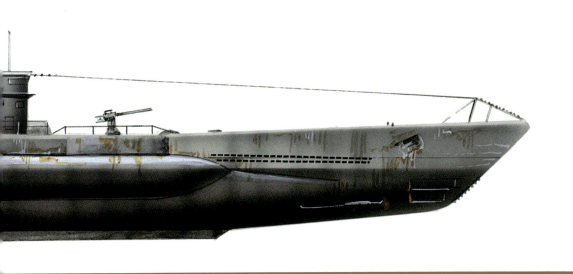

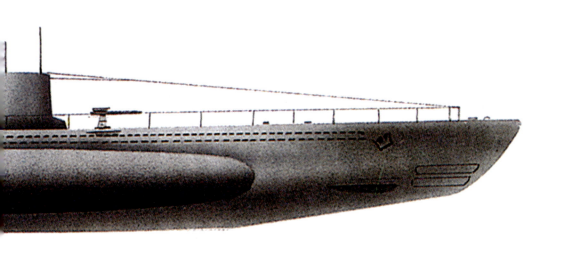

U-441 号潜艇

尺　寸：长 67.1 米，宽 6.2 米，吃水深度 4.8 米
排 水 量：水面 773 吨，水下 878 吨
推进装置：柴油 / 电力发动机
续 航 力：12 节航速时达 12 038 千米
速　度：水面 10 节，水下 12.5 节
武　器：5 具 533 毫米口径鱼雷发射管，1 门 86 毫米口径火炮，1 门 20 毫米口径榴弹炮，39 枚水雷
编制人数：44 人

VII A 级潜艇

尺　寸：长 64.5 米，宽 5.8 米，吃水深度 4.4 米
排 水 量：水面 516 吨，水下 651 吨
推进装置：柴电动力，双轴推进
续 航 力：8 节航速达 3 700 千米
速　度：水面 13 节，水下 6.9 节
武　器：5 具 533 毫米口径鱼雷发射管，1 门 86 毫米口径火炮，1 门 20 毫米口径火炮
编制人数：44 人

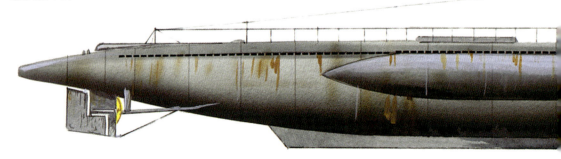

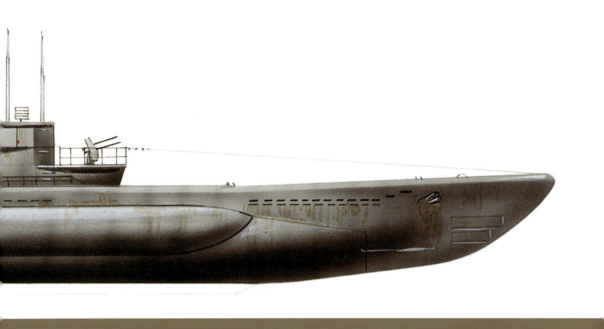

U–551 号潜艇

尺　　寸：长 66.5 米，宽 6.2 米，吃水深度 4.7 米
排 水 量：水面 773 吨，水下 865 吨
推进装置：柴电动力，双轴推进
续 航 力：10 节航速达 13 993 千米
速　　度：水面 17.2 节，水下 8 节
武　　器：5 具 533 毫米口径鱼雷发射管，1 门 86 毫米口径火炮，1 门 20 毫米口径高射炮
编制人数：44 人

U–76 号潜艇

尺　　寸：长 66.5 米，宽 6.2 米，吃水深度 4.7 米
排 水 量：水面 753 吨，水下 857 吨
推进装置：柴电动力，双轴推进
续 航 力：12 节航速时达 12 038 千米
速　　度：水面 17.2 节，水下 8 节
武　　器：5 具 533 毫米口径鱼雷发射管，1 门 86 毫米口径火炮，1 门 20 毫米口径榴弹炮，39 枚水雷
编制人数：44 人

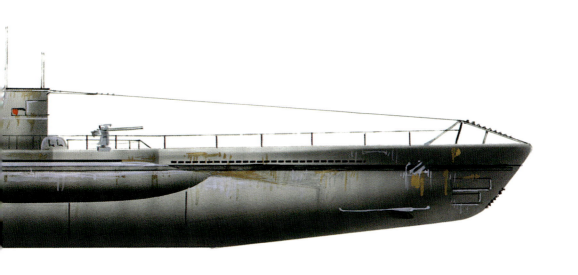

U–123 号潜艇

尺　　寸：长 76.5 米，宽 6.8 米，吃水深度 4.7 米
排 水 量：水面 1 051 吨，水下 1 178 吨
推进装置：两台柴油发动机，两台电力发动机
续 航 力：12 节航速时达 14 000 千米
速　　度：水面 18.2 节，水下 7.3 节
武　　器：6 具 533 毫米口径鱼雷发射管，1 门 105 毫米口径火炮，1 门 37 毫米口径火炮，1 门 20 毫米口径榴弹炮
编制人数：48 人

U–333 号潜艇

尺　　寸：长 67.1 米，宽 6.2 米，吃水深度 4.8 米
排 水 量：水面 761 吨，水下 865 吨
推进装置：两台柴油发动机，两台电力发动机
续 航 力：12 节航速时达 12 038 千米
速　　度：水面 17.2 节，水下 7.6 节
武　　器：5 具 533 毫米口径鱼雷发射管，1 门 86 毫米口径火炮，1 门 20 毫米口径榴弹炮，39 枚水雷
编制人数：44 人

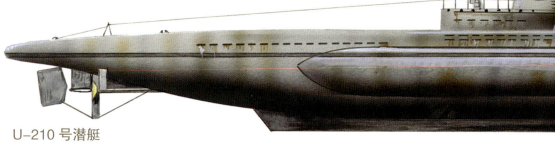

U–210 号潜艇

尺　　寸：长 67.1 米，宽 6.2 米，吃水深度 4.8 米
排 水 量：水面 773 吨，水下 878 吨
推进装置：柴油 / 电力发动机
续 航 力：12 节航速时达 12 038 千米
速　　度：水面 17.2 节，水下 7.6 节
武　　器：5 具 533 毫米口径鱼雷发射管，1 门 86 毫米口径火炮，1 门 20 毫米口径榴弹炮，39 枚水雷
编制人数：44 人

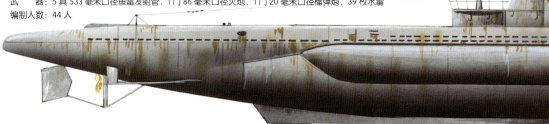

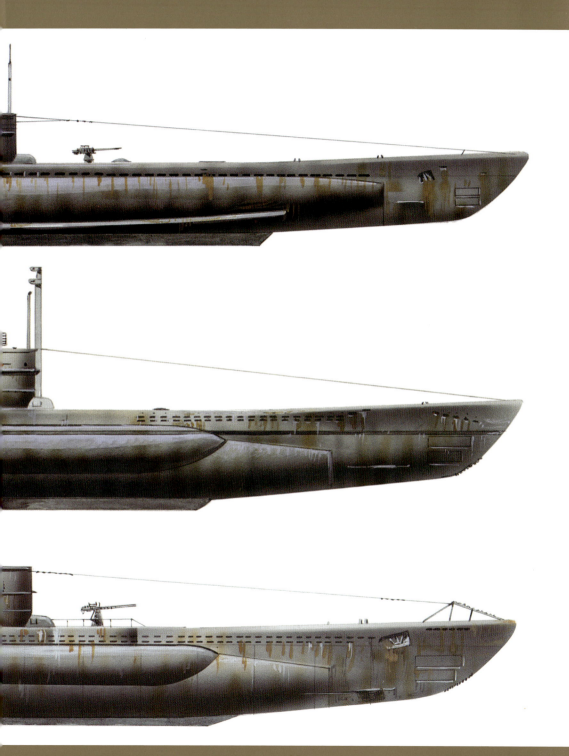

U–156 号潜艇

尺　　寸：长 76.8 米，宽 6.8 米，吃水深度 4.7 米
排 水 量：水面 1 137 吨，水下 1 251 吨
推进装置：柴油 / 电力发动机
续 航 力：12 节航速时达 37 729 千米
速　　度：水面 18.3 节，水下 7.3 节
武　　器：6 具 533 毫米口径鱼雷发射管，1 门 105 毫米口径火炮，1 门 37 毫米口径火炮，1 门 20 毫米口径榴弹炮
编制人数：48 人

U–553 号潜艇

尺　　寸：长 67.1 米，宽 6.2 米，吃水深度 4.8 米
排 水 量：水面 773 吨，水下 878 吨
推进装置：柴油 / 电力发动机
续 航 力：12 节航速时达 12 038 千米
速　　度：水面 17.2 节，水下 7.6 节
武　　器：5 具 533 毫米口径鱼雷发射管，1 门 86 毫米口径火炮，1 门 20 毫米口径榴弹炮，39 枚水雷
编制人数：44 人

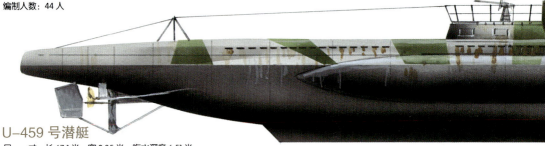

U–459 号潜艇

尺　　寸：长 67.1 米，宽 9.35 米，吃水深度 6.51 米
排 水 量：水面 1 715 吨，水下 1 963 吨
推进装置：柴油 / 电力发动机
续 航 力：10 节航速时达 22 872 千米
速　　度：水面 14 节，水下 6.2 节
武　　器：两门 37 毫米口径火炮，1 门 20 毫米口径榴弹炮或 1 门 37 毫米口径火炮，4 门 20 毫米口径双联装榴弹炮，
　　　　　1 门 20 毫米口径单发榴弹炮
编制人数：53 人

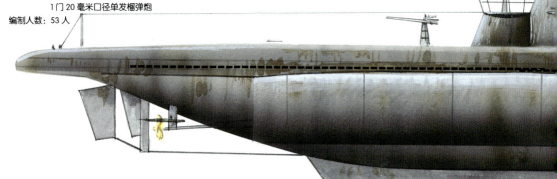

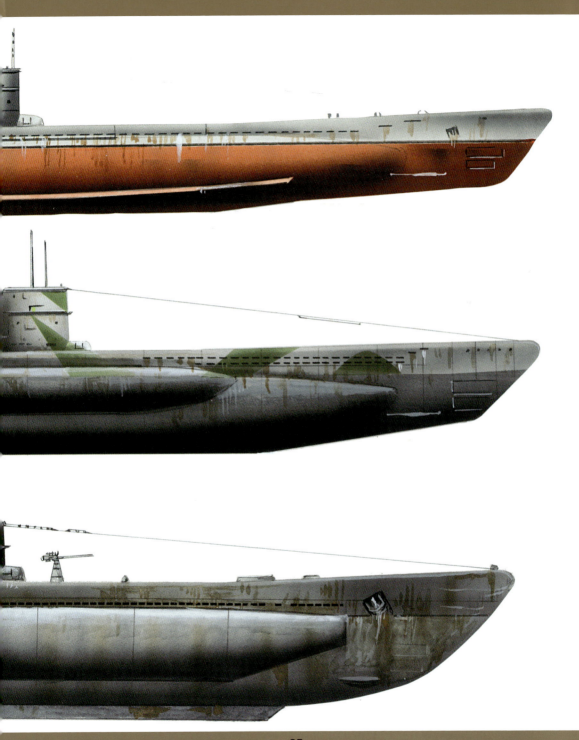

U-17 级潜艇

尺　　寸：长 41.5 米，宽 3.4 米，吃水深度 4.25 米
排 水 量：水面 317 吨，水下 362 吨
推进装置：柴油发动机与"沃尔特"封闭式发动机
续 航 力：3 450 千米
速　　度：水面 9 节，水下 21 ~ 25 节
武　　器：两具 533 毫米口径鱼雷发射管
编制人数：19 人

U-23 级潜艇

尺　　寸：长 34.1 米，宽 3 米，吃水深度 3.75 米
排 水 量：水面 235 吨，水下 260 吨
推进装置：柴油 / 电力发动机
续 航 力：12 节航速时达 2 500 千米
速　　度：水面 10 节，水下 12.5 节
武　　器：两具 533 毫米口径鱼雷发射管
编制人数：14 人

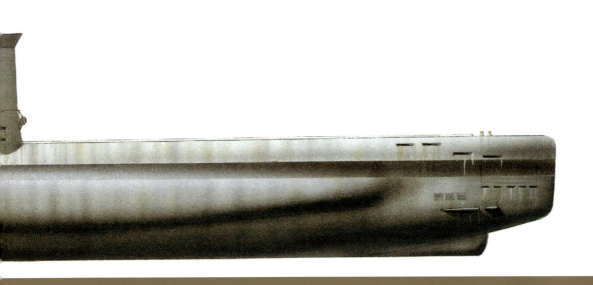

U-118 号补给潜艇

尺　　寸：长 89.8 米，宽 9.2 米，吃水深度 4.11 米
排　水　量：水面 1791 吨，水下 2 212 吨
推进装置：柴油 / 电力发动机
续　航　力：12 节航速时达 117 987 千米
速　　度：水面 16.5 节，水下 7 节
武　　器：两具 533 毫米口径鱼雷发射管，1 ~ 4 门 20 毫米口径榴弹炮，1 门 37 毫米口径火炮，
　　　　　1 门 105 毫米口径火炮，66 枚水雷
编制人数：52 人

U-320 号潜艇

尺　　寸：长 67.1 米，宽 6.2 米，吃水深度 4.8 米
排　水　量：水面 773 吨，水下 878 吨
推进装置：柴油 / 电力发动机
续　航　力：12 节航速时达 12 038 千米
速　　度：水面 10 节，水下 12.5 节
武　　器：5 具 533 毫米口径鱼雷发射管，1 门 86 毫米口径火炮，1 门 20 毫米口径榴弹炮，39 枚水雷
编制人数：44 人

U-570 号潜艇

尺　　寸：长 67.1 米，宽 6.2 米，吃水深度 4.8 米
排　水　量：水面 761 吨，水下 865 吨
推进装置：两台柴油发动机，两台电力发动机
续　航　力：12 节航速时达 12 038 千米
速　　度：水面 18.2 节，水下 7.3 节
武　　器：5 具 533 毫米口径鱼雷发射管，1 门 86 毫米口径火炮，1 门 20 毫米口径榴弹炮，以及 39 枚水雷
编制人数：44 人

7 型 U-47 号潜艇

尺　　寸：长 66.5 米，宽 6.2 米，吃水深度 4.7 米
排 水 量：标准 765 吨，满载 871 吨
推进装置：柴电动力，双轴推进
速　　度：水面航速 17.2 节，水下航速 8 节
续航能力：12 节航速达 12 038 千米
武　　器：5 具 533 毫米口径鱼雷发射管，1 门 86 毫米口径火炮，1 门 20 毫米口径高射炮
编制人数：44 人

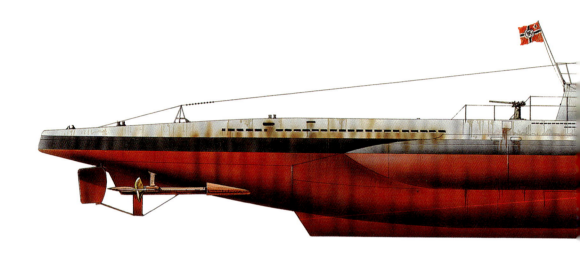

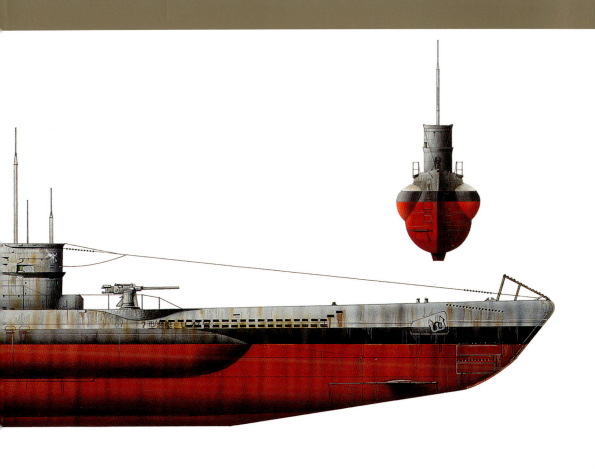